普通高等教育基础课系列教材

复变函数与积分变换

主　编　赖新兴

参　编　钟建环　桂贤敏　尹　铖

机械工业出版社

本书依据教育部高等学校"复变函数与积分变换"课程教学大纲要求编写,知识体系完整,逻辑性、系统性强.全书共 8 章,分两个部分:第一部分为复变函数,包括第 1 章至第 6 章;第二部分为积分变换,包括第 7 章和第 8 章.第 1 章介绍复数与复变函数,第 2 章介绍复变函数解析性,第 3 章介绍复变函数积分,第 4 章介绍级数,第 5 章介绍留数,第 6 章介绍共形映射,第 7 章介绍傅里叶变换,第 8 章介绍拉普拉斯变换.每章配备了小结和习题,书后附有习题参考答案.标 * 号的内容供读者选用.

本书内容丰富,通俗易懂,可作为理工科院校"复变函数与积分变换"或"复变函数"课程的教材或教学参考资料,也可供相关专业的科技工作者和工程技术人员参考.

图书在版编目(CIP)数据

复变函数与积分变换/赖新兴主编.—北京:机械工业出版社,2022.11
(2025.7 重印)
普通高等教育基础课系列教材
ISBN 978-7-111-72000-3

Ⅰ.①复… Ⅱ.①赖… Ⅲ.①复变函数-高等学校-教材②积分变换-高等学校-教材 Ⅳ.①O174.5②O177.6

中国版本图书馆 CIP 数据核字(2022)第 212040 号

机械工业出版社 (北京市百万庄大街 22 号 邮政编码 100037)
策划编辑:汤 嘉 责任编辑:汤 嘉
责任校对:张 征 刘雅娜 封面设计:张 静
责任印制:常天培
河北虎彩印刷有限公司印刷
2025 年 7 月第 1 版第 4 次印刷
184mm×260mm·11.5 印张·295 千字
标准书号:ISBN 978-7-111-72000-3
定价:38.00 元

电话服务 网络服务
客服电话:010-88361066 机 工 官 网:www.cmpbook.com
010-88379833 机 工 官 博:weibo.com/cmp1952
010-68326294 金 书 网:www.golden-book.com
封底无防伪标均为盗版 机工教育服务网:www.cmpedu.com

前　言

　　"复变函数与积分变换"是理工科相关专业学生必修的数学课程,也是高等数学的重要后续课程之一.它的理论与方法被广泛地应用于自然科学的许多领域,如电子工程、控制工程、理论物理、流体力学、弹性力学、热力学、空气动力学、电磁学、地质学等,是专业理论研究和实际应用不可缺少的数学工具.随着计算机科学的飞速发展,数字化已成为现代科学发展的一个重要方向,数字信号处理应用的领域会越来越广泛,这对数字信号的理论和技术就有更多的要求.因此,复变函数与积分变换的基础理论和方法是高等院校理工科相关专业学生必须具备的数学基础理论和方法之一.

　　"复变函数与积分变换"是由复变函数和积分变换两部分内容组成的一门基础课程.复变函数理论创立于 19 世纪,直至今日还在不断地发展着,它是一门既古老又富有生命力的学科.复变函数主要描述了复数之间的相互依赖关系,复变函数的主要研究对象是解析函数.在某些方面它是实变函数微积分的推广与发展.因此,无论是在内容上还是在研究问题的方法和逻辑结构上,它们都有着许多相似之处.但是,复变函数之所以能成为一门独立的课程,还是因为它有自身独特的研究对象和处理方法.积分变换是指通过积分运算将一个函数变换成另一个函数.本书的积分变换重点介绍傅里叶变换和拉普拉斯变换,它们是频谱分析、信号分析、线性系统分析及微分方程求解的重要工具,所以"复变函数与积分变换"也是一门带有工具性质的课程.

　　通过本书的学习,学习者能够掌握复数与复变函数、复变函数解析性、复变函数积分、级数、留数、共形映射、傅里叶变换、拉普拉斯变换等方面的基本概念、基本理论和基本运算技能,为学习后续课程和进一步获得数学知识奠定必要的数学基础.本书在传授知识的同时,通过各个环节逐步培养学习者的抽象思维能力、逻辑推理能力和自学能力,同时特别注意培养学习者的运算能力和综合运用所学知识去分析和解决问题的能力.

　　参加本书编写的有赖新兴(编写第 1 章和第 2 章)、钟建环(编写第 3 章和第 4 章)、尹铖(编写第 5 章和第 6 章)、桂贤敏(编写第 7 章和第 8 章),全书由赖新兴统稿.

　　由于编者水平有限,书中存在疏漏在所难免,恳请读者批评指正.

编　者

目　录

第 1 章

复数与复变函数

复数的概念起源于研究代数方程求根中出现的对负数开平方问题. 17 世纪法国著名数学家笛卡儿给出"虚数"这个名词, 因为当时的观念认为这是不存在的数字. 经过大批数学家长时间的研究和积累, 关于虚数的一些成果不断出现. 18 世纪末, 复数渐渐被大多数人接受, 并被赋予了几何意义, 建立了复数间的运算. 由此, 复数理论才比较完整和系统地建立起来. 随着科学和技术的进步, 复数理论已越来越显示出它的重要性, 它不但对数学本身的发展有着极其重要的意义, 而且已被广泛应用到理论物理、弹性理论、系统分析、信号分析、流体力学、量子力学与天体力学等方面, 在各种抽象空间理论中, 复变函数论还常常为之提供新思想、新模型.

本章主要介绍复数与复变函数, 复数是复变函数的基础. 主要内容有复数的概念、运算、几何表示及复平面上的点集, 复变函数的概念、极限及连续.

1.1　复数及其运算

1.1.1　复数的概念

在中学代数中已经知道, 一元二次方程 $x^2+1=0$ 在实数范围内无解. 为求解方程的需要, 引入了新的数 i, 规定 $i^2=-1$, 且称 i 为虚数单位. 从而方程 $x^2+1=0$ 的根记为 $x=\pm i$, 由此引入复数的定义.

定义 1.1　设 x,y 为任意两个实数, 称 $z=x+yi$ 或 $z=x+iy$ 为**复数**, 其中 x 称为 z 的**实部**, 记为 $x=\mathrm{Re}(z)$, y 称为 z 的**虚部**, 记为 $y=\mathrm{Im}(z)$.

复数及其运算

当 $x=0, y\neq 0$ 时, $z=iy$ 称为**纯虚数**; 当 $y=0$ 时, $z=x$ 为**实数**. 因此复数是实数概念的推广.

两个复数相等当且仅当它们的实部和虚部分别相等. 如设 $z_1=x_1+y_1i, z_2=x_2+y_2i$, 则 $z_1=z_2$ 当且仅当 $x_1=x_2, y_1=y_2$. 由此得出, 一个复数为 0 时, 当且仅当它们的实部和虚部同时为 0.

注: 两个不全为实数的复数不能比较大小.

1.1.2　复数的四则运算

设两个复数为 $z_1 = x_1 + iy_1$，$z_2 = x_2 + iy_2$，它们的加、减、乘、除运算定义如下：

两个复数的和：$z_1 + z_2 = (x_1 + x_2) + i(y_1 + y_2)$；

两个复数的差：$z_1 - z_2 = (x_1 - x_2) + i(y_1 - y_2)$；

两个复数的乘法：$z_1 z_2 = (x_1 + iy_1)(x_2 + iy_2) = (x_1 x_2 - y_1 y_2) + i(x_2 y_1 + x_1 y_2)$；

两个复数的除法：若 $z_2 \neq 0$，则

$$\frac{z_1}{z_2} = \frac{x_1 + iy_1}{x_2 + iy_2} = \frac{(x_1 + iy_1)(x_2 - iy_2)}{(x_2 + iy_2)(x_2 - iy_2)} = \frac{x_1 x_2 + y_1 y_2}{x_2^2 + y_2^2} + i\frac{x_2 y_1 - x_1 y_2}{x_2^2 + y_2^2} \tag{1.1}$$

不难证明，复数的加、减、乘运算和实数的情形一样，也满足以下一些运算律：

（1）**交换律**：$z_1 + z_2 = z_2 + z_1$，$z_1 z_2 = z_2 z_1$；

（2）**结合律**：$z_1 + (z_2 + z_3) = (z_1 + z_2) + z_3$，$z_1(z_2 z_3) = (z_1 z_2)z_3$；

（3）**分配律**：$z_1(z_2 + z_3) = z_1 z_2 + z_1 z_3$.

我们注意到，对复数的运算仍有以下一些结论：

（1）$z + 0 = z$，$0 \cdot z = 0$.

（2）$z \cdot 1 = z$，$z \cdot \dfrac{1}{z} = 1$.

（3）$\dfrac{z_1 + z_2}{z_3} = \dfrac{z_1}{z_3} + \dfrac{z_2}{z_3}$.

（4）$\dfrac{z_1}{z_2} \cdot \dfrac{z_3}{z_4} = \dfrac{z_1 z_3}{z_2 z_4}$.

（5）若 $z_1 z_2 = 0$，则 z_1 与 z_2 至少有一个为零，反之亦然.

这是因为：如果 $z_1 z_2 = 0$，$z_2 \neq 0$，则

$$z_1 = z_1\left(z_2 \cdot \frac{1}{z_2}\right) = (z_1 z_2)\frac{1}{z_2} = 0.$$

1.1.3　共轭复数

定义 1.2　把实部相同而虚部相反的两个复数称为**共轭复数**. 与 z 共轭的复数记为 $\bar{z}$. 如果 $z = x + iy$，则 $\bar{z} = x - iy$.

例 1.1　计算共轭复数对 $x + yi$ 与 $x - yi$ 的乘积.

解　$(x + yi)(x - yi) = x^2 - (yi)^2 = x^2 + y^2$.

结论　一个复数 z 乘以它的共轭复数 $\bar{z}$，结果是一个实数.

不难证明共轭复数具有以下一些性质：

（1）$\overline{z_1 \pm z_2} = \bar{z}_1 \pm \bar{z}_2$，$\overline{z_1 z_2} = \bar{z}_1 \bar{z}_2$，$\overline{\left(\dfrac{z_1}{z_2}\right)} = \dfrac{\bar{z}_1}{\bar{z}_2}$；

（2）$\bar{\bar{z}} = z$；

（3）$z\bar{z} = [\mathrm{Re}(z)]^2 + [\mathrm{Im}(z)]^2$；

（4）$z+\bar{z}=2\mathrm{Re}(z)$，$z-\bar{z}=2\mathrm{i}\mathrm{Im}(z)$.

在计算 $\dfrac{z_1}{z_2}$ 时，可以利用共轭复数的性质（3）把分子、分母同乘以 $\bar{z}$，即做运算：

$$\frac{z_1}{z_2}=\frac{z_1\bar{z}_2}{z_2\bar{z}_2}=\frac{z_1\bar{z}_2}{[\mathrm{Re}(z_2)]^2+[\mathrm{Im}(z_2)]^2},$$

同样可以得到式（1.1）所给出的商.

例 1.2　设 $z=\dfrac{1}{1+\mathrm{i}}+\dfrac{1-2\mathrm{i}}{\mathrm{i}}$，求 $\mathrm{Re}(z)$，$\mathrm{Im}(z)$，$z\bar{z}$.

解　根据共轭复数的性质有

$$z=\frac{1}{1+\mathrm{i}}+\frac{1-2\mathrm{i}}{\mathrm{i}}=\frac{1-\mathrm{i}}{(1+\mathrm{i})(1-\mathrm{i})}+\frac{(1-2\mathrm{i})(-\mathrm{i})}{\mathrm{i}(-\mathrm{i})}$$

$$=\frac{1-\mathrm{i}}{2}+(-\mathrm{i}-2)=\frac{1}{2}-\frac{\mathrm{i}}{2}-\mathrm{i}-2=-\frac{3}{2}-\frac{3}{2}\mathrm{i},$$

$$\mathrm{Re}(z)=-\frac{3}{2},\mathrm{Im}(z)=-\frac{3}{2},z\bar{z}=[\mathrm{Re}(z)]^2+[\mathrm{Im}(z)]^2$$

$$=\left(-\frac{3}{2}\right)^2+\left(-\frac{3}{2}\right)^2=\frac{9}{2}.$$

1.2　复数的几何表示

1.2.1　复平面

一个复数 $z=x+\mathrm{i}y$ 本质上由一对有序实数 (x,y) 唯一确定，于是能够建立全体复数和 xOy 平面上的点之间的一一对应关系. 换句话说，可以用横坐标为 x、纵坐标为 y 的点来表示复数 $z=x+\mathrm{i}y$.

定义 1.3　由于 x 轴上的点对应实数，故称 x 轴为**实轴**；y 轴上非原点的点对应**纯虚数**，故称 y 轴为**虚轴**，这样 xOy 平面就被称为**复平面**或 z **平面**.

1.2.2　复数的模与辐角

在复平面上，复数 z 还与从原点 $O(0,0)$ 到点 $P(x,y)$ 所引的向量 $\overrightarrow{OP}$ 构成一一对应关系. 因此，可以用向量 $\overrightarrow{OP}$ 来表示复数 $z=x+\mathrm{i}y$，如图 1-1 所示，此向量仍记为 z.

定义 1.4　向量 z 的长度称为复数 z 的**模**，记作 $|z|$，如图 1-1 所示.

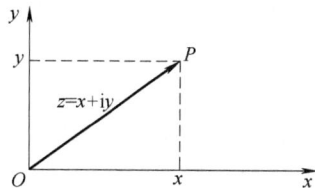

图　1-1

关于复数 z 的模 $|z|$ 有：

（1）$|z|=\sqrt{x^2+y^2}$；

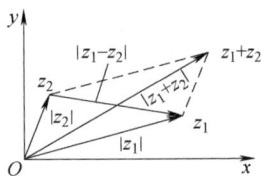

图　1-2

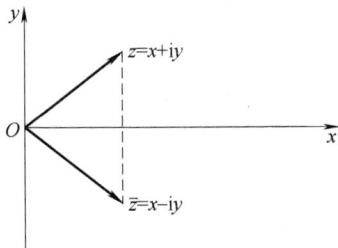

图　1-3

(2) $|z| = |\bar{z}|, z\bar{z} = |z|^2 = |z^2|$;

(3) $|x| \leqslant |z|, |y| \leqslant |z|, |z| \leqslant |x| + |y|$;

(4) $|z_1 z_2| = |z_1||z_2|$;

(5) $|z_1 + z_2| \leqslant |z_1| + |z_2|$;

(6) $|z_1 - z_2| \geqslant ||z_1| - |z_2||$.

其中 $|z_1 - z_2|$ 表示点 z_1 与点 z_2 之间的距离,如图 1-2 所示.

一对共轭复数在复平面内的位置是关于实轴对称的,如图 1-3 所示.

例 1.3 设 z_1, z_2 为两个任意复数,证明:

(1) $|z_1 \bar{z}_2| = |z_1||z_2|$;

(2) $|z_1 + z_2| \leqslant |z_1| + |z_2|$.

证　(1) $|z_1 \bar{z}_2| = \sqrt{(z_1 \bar{z}_2)\overline{(z_1 \bar{z}_2)}} = \sqrt{(z_1 \bar{z}_2)(\bar{z}_1 z_2)}$

$= \sqrt{(z_1 \bar{z}_1)(\bar{z}_2 z_2)} = |z_1||z_2|$.

(2) $|z_1 + z_2|^2 = (z_1 + z_2)\overline{(z_1 + z_2)} = (z_1 + z_2)(\bar{z}_1 + \bar{z}_2)$

$= z_1 \bar{z}_1 + z_2 \bar{z}_2 + \bar{z}_1 z_2 + z_1 \bar{z}_2 = |z_1|^2 + |z_2|^2 + \bar{z}_1 z_2 + z_1 \bar{z}_2$,

因为　　　　　　　$\bar{z}_1 z_2 + z_1 \bar{z}_2 = 2\text{Re}(z_1 \bar{z}_2)$,

所以　　　　　　$|z_1 + z_2|^2 = |z_1|^2 + |z_2|^2 + 2\text{Re}(z_1 \bar{z}_2)$

$\leqslant |z_1|^2 + |z_2|^2 + 2|z_1 \bar{z}_2|$

$= |z_1|^2 + |z_2|^2 + 2|z_1||z_2|$

$= (|z_1| + |z_2|)^2$,

两边同时开平方得 $|z_1 + z_2| \leqslant |z_1| + |z_2|$.

定义 1.5 由实轴的正向到向量 $z(z \neq 0)$ 之间所成角的弧度 θ 称为复数 z 的**辐角**,记作 $\text{Arg}\, z$.

显然 $\text{Arg}\, z$ 有无穷多个值,其中每两个值相差 2π 的整数倍.但 $\text{Arg}\, z$ 中只有一个 θ_0 满足 $-\pi < \theta_0 \leqslant \pi$,称它为复数 z 的**辐角主值**,记作 $\arg z$,则

$\text{Arg}\, z = \arg z + 2k\pi$,其中 k 为任意整数.

$$\tan(\text{Arg}\, z) = \frac{y}{x} \quad (x \neq 0).$$

当 $z \neq 0$ 时,由三角函数知识可知,辐角主值可按如下关系来确定:

$$\arg z = \begin{cases} \arctan \dfrac{y}{x}, & x > 0, \\[2mm] \dfrac{\pi}{2}, & x = 0, y > 0, \\[2mm] \arctan \dfrac{y}{x} + \pi, & x < 0, y \geqslant 0, \\[2mm] \arctan \dfrac{y}{x} - \pi, & x < 0, y < 0, \\[2mm] -\dfrac{\pi}{2}, & x = 0, y < 0, \end{cases}$$

其中 $-\dfrac{\pi}{2}<\arctan\dfrac{y}{x}<\dfrac{\pi}{2}$.

特殊地, 当 $z=0$ 时, z 的模为 0, 而辐角不确定.

1.2.3　复数的三角表示与指数表示

设复数 $z=x+\mathrm{i}y$ 的模为 $|z|=r$, 辐角为 $\operatorname{Arg} z=\theta$. 已知 z 的实部和虚部与它的模和辐角有下列关系:

$$\begin{cases} x=r\cos\theta, \\ y=r\sin\theta. \end{cases}$$

因此, 也可把 z 表示为

$$z=r(\cos\theta+\mathrm{i}\sin\theta),$$

称为复数的**三角表示式**.

再利用著名的**欧拉(Euler)公式**

$$\mathrm{e}^{\mathrm{i}\theta}=\cos\theta+\mathrm{i}\sin\theta,$$

复数又可以表示为

$$z=r\mathrm{e}^{\mathrm{i}\theta},$$

这种表示形式称为复数的**指数表示式**.

复数的各种表示法可以相互转化, 以适应讨论不同问题时的需要.

例 1.4　将下列复数化为三角表示式与指数表示式.

(1) $z=-\sqrt{12}-2\mathrm{i}$;

(2) $z=\sin\dfrac{\pi}{5}+\mathrm{i}\cos\dfrac{\pi}{5}$.

解　(1) $r=|z|=\sqrt{12+4}=4$, 因为 z 在第三象限, 所以,

$$\theta=\arctan\left(\frac{-2}{-\sqrt{12}}\right)-\pi=\arctan\frac{\sqrt{3}}{3}-\pi=-\frac{5}{6}\pi,$$

故三角表示式为 $z=4\left[\cos\left(-\dfrac{5}{6}\pi\right)+\mathrm{i}\sin\left(-\dfrac{5}{6}\pi\right)\right]$, 指数表示式为 $z=4\mathrm{e}^{-\frac{5}{6}\pi\mathrm{i}}$.

(2) 显然, $r=|z|=1$,

$$\sin\frac{\pi}{5}=\cos\left(\frac{\pi}{2}-\frac{\pi}{5}\right)=\cos\frac{3\pi}{10},$$

$$\cos\frac{\pi}{5}=\sin\left(\frac{\pi}{2}-\frac{\pi}{5}\right)=\sin\frac{3\pi}{10},$$

故三角表示式为 $z=\cos\dfrac{3\pi}{10}+\mathrm{i}\sin\dfrac{3\pi}{10}$, 指数表示式为 $z=\mathrm{e}^{\frac{3}{10}\pi\mathrm{i}}$.

1.2.4　复球面

除了用平面上的点表示复数外, 还可以用球面上的点表示复数. 在某些实际应用中, 用球面上的点表示复数更加直观、方便. 现在

来介绍这种表示方法.

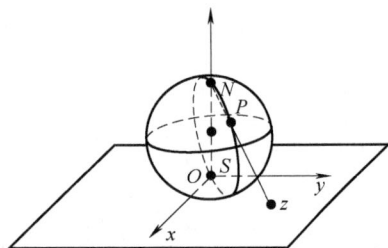

图　1-4

取一个与复平面切于原点 O 的球面,球面上的一点 S 与原点 O 重合,如图 1-4 所示.通过 S 作垂直于复平面的直线,与球面相交于另一点 N,称 N 为**北极**,S 为**南极**.

对于复平面内任何一点 z,如果用一条线段把点 z 与北极 N 连起来,那么该线段一定与球面相交于异于 N 的唯一点 P.反过来,对于球面上任何一个异于 N 的点 P,用一条线段把 P 与 N 连接起来,这条线段的延长线就与复平面相交于一点 z.这表明:球面上的点(除了北极 N 外)与复平面内的点之间存在着一一对应的关系.因此,也可以用球面上的点表示复数.

但是,对于球面上的北极 N,没有复平面内的一个点与它对应.从图 1-4 中容易看到,当 z 点无限远离原点时,或者说,当复数 z 的模 $|z|$ 无限变大时,点 P 就无限地接近于点 N,为了使复平面与球面上的点无例外地都能一一对应起来,我们规定:复平面上有一个唯一的"**无穷远点**",它与球面上的北极 N 相对应.相应地,我们又规定:复数中有一个唯一的"**无穷大**"与复平面上的无穷远点相对应,记作 ∞.对于复数 ∞ 来说,实部、虚部与辐角都无意义,但规定它的模为正无穷大,即 $|\infty| = +\infty$.

这样一来,对于球面上的每一个点,就有唯一的一个复数与它对应,这样的球面称为**复球面**.把包括无穷远点在内的复平面称为**扩充复平面**.不包括无穷远点在内的复平面称为**有限复平面**,或者称为**复平面**.

在扩充复平面上,**无穷远点的邻域**是指包含无穷远点自身在内且满足 $|z| > M$ 的所有点的集合.也可以理解为某圆周 $|z| = M$ 的外部.不包含无穷远点自身在内,仅满足 $|z| > M$ 的所有点的集合,称为**无穷远点的去心邻域**,可表示为 $\{z \mid M < |z| < +\infty\}$.

复球面在某些方面比复平面更为优越.例如,复球面能够把扩充复平面的无穷远点明显地表示出来.又如,复球面上过北极 N 的任意一个圆周,恰好对应了复平面上的一条直线,即该圆所在平面与复平面的交线;反过来,复平面上的任意一条直线恰好对应于复球面上过北极点 N 的圆周.所以通常将复平面上的任意一条直线看作过无穷远点的一个圆.

为了今后的需要,关于 ∞ 及有限复数 z 之间的运算做如下规定:

(1) $z + \infty = \infty + z = \infty \quad (z \neq \infty)$;

(2) $z - \infty = \infty - z = \infty \quad (z \neq \infty)$;

(3) $z \cdot \infty = \infty \cdot z = \infty \quad (z \neq 0)$;

(4) $\dfrac{z}{\infty} = 0, \dfrac{\infty}{z} = \infty \quad (z \neq \infty), \dfrac{z}{0} = \infty \quad (z \neq 0)$;

（5）$\infty\pm\infty$，$0\cdot\infty$，$\dfrac{\infty}{\infty}$，$\dfrac{0}{0}$ 都无意义．

需要说明的是，本节引入的扩充复平面和无穷远点，在某些问题的讨论中会带来方便．但在本书以后各处，如无特殊说明，所谓"平面"一般仍指有限平面，"点"仍指有限平面上的点．

1.3　复数的乘积与商　乘幂与方根

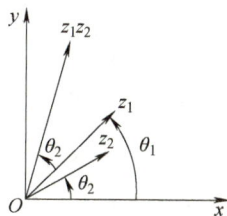

1.3.1　复数的乘积与商

利用复数的三角表示式或指数表示式，可得如下乘除法和乘幂方根运算的结论．

定理 1.1　两个复数乘积的模等于它们模的乘积；两个复数乘积的辐角等于它们辐角的和．

证　设复数 z_1 和 z_2 的三角表示式分别为

$$z_1=r_1(\cos\theta_1+\mathrm{i}\sin\theta_1),z_2=r_2(\cos\theta_2+\mathrm{i}\sin\theta_2),$$

则有

$$
\begin{aligned}
z_1z_2 &=r_1(\cos\theta_1+\mathrm{i}\sin\theta_1)r_2(\cos\theta_2+\mathrm{i}\sin\theta_2)\\
&=r_1r_2\big[(\cos\theta_1\cos\theta_2-\sin\theta_1\sin\theta_2)+\mathrm{i}(\sin\theta_1\cos\theta_2+\cos\theta_1\sin\theta_2)\big]\\
&=r_1r_2\big[\cos(\theta_1+\theta_2)+\mathrm{i}\sin(\theta_1+\theta_2)\big]
\end{aligned}
$$

因此，　$|z_1z_2|=|z_1||z_2|$，$\mathrm{Arg}(z_1z_2)=\mathrm{Arg}\,z_1+\mathrm{Arg}\,z_2$．

注：（1）由于辐角的多值性，上述关于辐角的等式应理解为集合相等，即对于左端的任一值，右端必有一值和它对应，反之亦然．

（2）z_1z_2 的几何描述：把 z_1 所对应的向量伸缩 $|z_2|$ 倍，然后再逆时针旋转一个角度 $\theta_2=\arg z_2$ 得到的向量，如图 1-5 所示；特别地，当 $|z_2|=1$ 时，只需旋转一个角度 $\theta_2=\arg z_2$，如 $\mathrm{i}z$ 相当于将 z 逆时针旋转 $\dfrac{\pi}{2}$，而 $-z$ 相当于将 z 逆时针旋转 π；当 $\arg z_2=0$ 时，z_1z_2 所对应的向量是把 z_1 所对应的向量伸缩 $|z_2|$ 倍而得到的向量．

（3）利用复数的指数表示形式，设 $z_1=r_1\mathrm{e}^{\mathrm{i}\theta_1}$，$z_2=r_2\mathrm{e}^{\mathrm{i}\theta_2}$，则

$$z_1z_2=r_1r_2\mathrm{e}^{\mathrm{i}(\theta_1+\theta_2)}.$$

结论可推广到有限个复数相乘．

推论 1.1　有限多个复数乘积的模等于它们模的乘积；乘积的辐角等于它们辐角的和．

设 $z_k=r_k(\cos\theta_k+\mathrm{i}\sin\theta_k)=r_k\mathrm{e}^{\mathrm{i}\theta_k}$　$(k=1,2,\cdots,n)$，则

$$
\begin{aligned}
z_1z_2\cdots z_n &=r_1r_2\cdots r_n\big[\cos(\theta_1+\theta_2+\cdots+\theta_n)+\mathrm{i}\sin(\theta_1+\theta_2+\cdots+\theta_n)\big]\\
&=r_1r_2\cdots r_n\mathrm{e}^{\mathrm{i}(\theta_1+\theta_2+\cdots+\theta_n)}.
\end{aligned}
$$

从而

$$|z_1z_2\cdots z_n|=|z_1||z_2|\cdots|z_n|,$$

复数的乘积与商

图　1-5

$$\mathrm{Arg}(z_1 z_2 \cdots z_n) = \mathrm{Arg}\, z_1 + \mathrm{Arg}\, z_2 + \cdots + \mathrm{Arg}\, z_n.$$

定理 1.2   两个复数商的模等于它们的模的商；两个复数商的辐角等于被除数与除数的辐角之差(除数不为零)．

证   设复数 z_1 和 z_2 的三角表示式分别为

$$z_1 = r_1(\cos\theta_1 + \mathrm{i}\sin\theta_1), \quad z_2 = r_2(\cos\theta_2 + \mathrm{i}\sin\theta_2), \text{且 } z_2 \neq 0.$$

当 $z_2 \neq 0$ 时,有 $z_1 = \dfrac{z_1}{z_2} z_2$,从而有

$$|z_1| = \left|\frac{z_1}{z_2}\right| |z_2| \quad (|z_2| \neq 0),$$

$$\mathrm{Arg}\, z_1 = \mathrm{Arg}\left(\frac{z_1}{z_2}\right) + \mathrm{Arg}\, z_2.$$

于是有

$$\left|\frac{z_1}{z_2}\right| = \frac{|z_1|}{|z_2|}, \mathrm{Arg}\left(\frac{z_1}{z_2}\right) = \mathrm{Arg}\, z_1 - \mathrm{Arg}\, z_2.$$

如果用指数形式表示复数,设两个复数分别为 $z_1 = r_1 \mathrm{e}^{\mathrm{i}\theta_1}$, $z_2 = r_2 \mathrm{e}^{\mathrm{i}\theta_2}$,则

$$\frac{z_1}{z_2} = \frac{r_1}{r_2}\big[\cos(\theta_1 - \theta_2) + \mathrm{i}\sin(\theta_1 - \theta_2)\big]$$

$$= \frac{r_1}{r_2}\mathrm{e}^{\mathrm{i}(\theta_1 - \theta_2)} \quad (r_2 \neq 0).$$

例 1.5   设 $z_1 = \dfrac{1}{2}(1 - \sqrt{3}\,\mathrm{i})$, $z_2 = \sin\dfrac{\pi}{3} - \mathrm{i}\cos\dfrac{\pi}{3}$,求 $z_1 z_2$ 和 $\dfrac{z_1}{z_2}$.

解   因为

$$z_1 = \cos\left(-\frac{\pi}{3}\right) + \mathrm{i}\sin\left(-\frac{\pi}{3}\right),$$

$$z_2 = \cos\left(-\frac{\pi}{6}\right) + \mathrm{i}\sin\left(-\frac{\pi}{6}\right),$$

所以

$$z_1 z_2 = \cos\left(-\frac{\pi}{3} - \frac{\pi}{6}\right) + \mathrm{i}\sin\left(-\frac{\pi}{3} - \frac{\pi}{6}\right) = -\mathrm{i},$$

$$\frac{z_1}{z_2} = \cos\left(-\frac{\pi}{3} + \frac{\pi}{6}\right) + \mathrm{i}\sin\left(-\frac{\pi}{3} + \frac{\pi}{6}\right) = \frac{\sqrt{3}}{2} - \frac{1}{2}\mathrm{i}.$$

1.3.2 复数的乘幂与方根

定义 1.6   设 n 为一个正整数, n 个相同的非零复数 z 的乘积称为 z 的 n 次幂,记作 z^n,即 $z^n = \underbrace{zz \cdots z}_{n\text{个}}$.

复数的乘幂与方根

设复数 z 的三角表示式为 $z = r(\cos\theta + \mathrm{i}\sin\theta)$,将有限个复数乘法运算中的 $z_k(k = 1, 2, \cdots, n)$ 都取作 z,得

$$z^n = r^n(\cos n\theta + \mathrm{i}\sin n\theta).$$

结论: $|z^n| = |z|^n$, $\mathrm{Arg}(z^n) = n\arg z + 2k\pi, k \in \mathbf{Z}.$

特别地,当 $r=|z|=1$ 时,即 $z=\cos\theta+\mathrm{i}\sin\theta$ 时,有**棣莫弗**(De Moivre)公式:

$$(\cos\theta+\mathrm{i}\sin\theta)^n=\cos n\theta+\mathrm{i}\sin n\theta.$$

定义 $z^{-n}=\dfrac{1}{z^n}$,那么当 n 为正整数时,有

$$z^{-n}=\frac{1}{z^n}=\frac{\cos 0+\mathrm{i}\sin 0}{r^n(\cos n\theta+\mathrm{i}\sin n\theta)}$$

$$=\frac{1}{r^n}\big[\cos(0-n\theta)+\mathrm{i}\sin(0-n\theta)\big]$$

$$=r^{-n}\big[\cos(-n\theta)+\mathrm{i}\sin(-n\theta)\big].$$

规定: $z^0=1.$

例 **1.6**　计算 $(-1-\sqrt{3}\,\mathrm{i})^8$.

解　设 $z=-1-\sqrt{3}\,\mathrm{i}$,则

$$|z|=\sqrt{(-1)^2+(-\sqrt{3})^2}=2,$$

$$\arg z=\arg(-1-\sqrt{3}\,\mathrm{i})=\frac{\pi}{3}-\pi=-\frac{2\pi}{3}.$$

故

$$z=-1-\sqrt{3}\,\mathrm{i}=2\left[\cos\left(-\frac{2\pi}{3}\right)+\mathrm{i}\sin\left(-\frac{2\pi}{3}\right)\right],$$

所以

$$z^8=2^8\left[\cos\left(-\frac{16\pi}{3}\right)+\mathrm{i}\sin\left(-\frac{16\pi}{3}\right)\right]$$

$$=2^8\left[\cos\left(\frac{2\pi}{3}\right)+\mathrm{i}\sin\left(\frac{2\pi}{3}\right)\right]$$

$$=2^8\left(\frac{-1+\sqrt{3}\,\mathrm{i}}{2}\right)$$

$$=-2^7+2^7\sqrt{3}\,\mathrm{i}.$$

定义 1.7　对于非零复数 z 及正整数 $n(n\geqslant 2)$,把满足方程 $w^n=z$ 的复数 w 称为复数 z 的 n **次方根**,记作 $\sqrt[n]{z}$ 或 $z^{\frac{1}{n}}$.

求复数 z 的 n 次方根 w,就相当于解方程 $w^n=z$.

设 $z=r(\cos\theta+\mathrm{i}\sin\theta)$,$w=\rho(\cos\varphi+\mathrm{i}\sin\varphi)$,则

$$\rho^n(\cos n\varphi+\mathrm{i}\sin n\varphi)=r(\cos\theta+\mathrm{i}\sin\theta).$$

再根据两个复数相等的定义,知

$$\rho^n=r,\cos n\varphi=\cos\theta,\sin n\varphi=\sin\theta,$$

显然　　　　　$$n\varphi=\theta+2k\pi\quad(k\in\mathbf{Z}),$$

从而

$$\rho=r^{\frac{1}{n}},\varphi=\frac{\theta+2k\pi}{n}\quad(k\in\mathbf{Z}).$$

因此,复数 z 的 n 次方根为

$$w = \sqrt[n]{z} = r^{\frac{1}{n}}\left(\cos\frac{\theta+2k\pi}{n}+\mathrm{i}\sin\frac{\theta+2k\pi}{n}\right) = r^{\frac{1}{n}}\mathrm{e}^{\mathrm{i}\frac{\theta+2k\pi}{n}} \quad (k\in\mathbf{Z}).$$

只要取 $k=0,1,2,\cdots,n-1$ 就可以得到非零复数 z 的全部互异的 n 次方根,共 n 个,依次记为

$$w_0 = r^{\frac{1}{n}}\left(\cos\frac{\theta}{n}+\mathrm{i}\sin\frac{\theta}{n}\right),$$

$$w_1 = r^{\frac{1}{n}}\left(\cos\frac{\theta+2\pi}{n}+\mathrm{i}\sin\frac{\theta+2\pi}{n}\right),$$

$$\vdots$$

$$w_{n-1} = r^{\frac{1}{n}}\left(\cos\frac{\theta+2(n-1)\pi}{n}+\mathrm{i}\sin\frac{\theta+2(n-1)\pi}{n}\right).$$

即

$$w_k = (\sqrt[n]{z})_k = r^{\frac{1}{n}}\left(\cos\frac{\theta+2k\pi}{n}+\mathrm{i}\sin\frac{\theta+2k\pi}{n}\right) \quad (k=0,1,2,\cdots,n-1).$$

而当 k 取其他整数时,得到的一定是上述 n 个根中的某一个. 事实上,对于任何的整数 m,有

$$w_{m+n} = r^{\frac{1}{n}}\left(\cos\frac{\theta+2(m+n)\pi}{n}+\mathrm{i}\sin\frac{\theta+2(m+n)\pi}{n}\right)$$

$$= r^{\frac{1}{n}}\left(\cos\frac{\theta+2m\pi}{n}+\mathrm{i}\sin\frac{\theta+2m\pi}{n}\right) = w_m.$$

若令 $w_0 = r^{\frac{1}{n}}\mathrm{e}^{\mathrm{i}\frac{\theta}{n}}$,则

$$w_k = r^{\frac{1}{n}}\mathrm{e}^{\mathrm{i}\frac{\theta+2k\pi}{n}} = r^{\frac{1}{n}}\mathrm{e}^{\mathrm{i}\frac{\theta}{n}}\mathrm{e}^{\mathrm{i}\frac{2k\pi}{n}} = w_0\mathrm{e}^{\mathrm{i}\frac{2k\pi}{n}} \quad (k=0,1,2,\cdots,n-1).$$

当 k 依次往后或往前连续取 n 个相邻整数时,w_k 的值就在 $w_0,w_1,\cdots,w_{n-1}$ 这 n 个数之间循环一遍. 即由 w_0 依次绕原点旋转 $\frac{2\pi}{n}$,$2\cdot\frac{2\pi}{n}$,$3\cdot\frac{2\pi}{n}$,$\cdots$,$(n-1)\cdot\frac{2\pi}{n}$,可依次得到 $w_1,\cdots,w_{n-1}$;当 k 取到 n 时,又与 w_0 重合了. 由此可见,z 的 n 个互异的 n 次方根 w_0,$w_1,\cdots,w_{n-1}$ 均匀分布在以原点为圆心,以 $r^{\frac{1}{n}}$ 为半径的圆周上,即它们是内接于该圆周的正 n 边形的 n 个顶点,如图 1-6 所示.

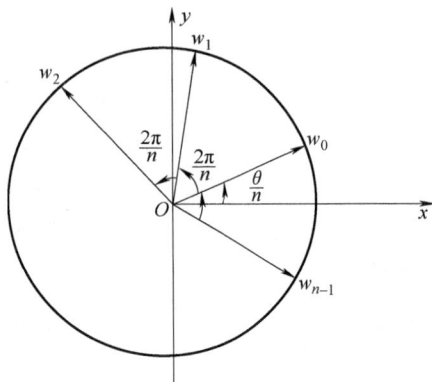

图 1-6

例 1.7　计算 $\sqrt[3]{1-\mathrm{i}}$ 的值.

解
$$1-\mathrm{i} = \sqrt{2}\left(\frac{1}{\sqrt{2}}-\frac{1}{\sqrt{2}}\mathrm{i}\right)$$

$$= \sqrt{2}\left[\cos\left(-\frac{\pi}{4}\right)+\mathrm{i}\sin\left(-\frac{\pi}{4}\right)\right],$$

$$\sqrt[3]{1-\mathrm{i}} = \sqrt[6]{2}\left(\cos\frac{-\dfrac{\pi}{4}+2k\pi}{3} + \mathrm{i}\sin\frac{-\dfrac{\pi}{4}+2k\pi}{3}\right) \quad (k=0,1,2).$$

即

$$w_0 = \sqrt[6]{2}\left[\cos\left(-\frac{\pi}{12}\right) + \mathrm{i}\sin\left(-\frac{\pi}{12}\right)\right],$$

$$w_1 = \sqrt[6]{2}\left[\cos\frac{7\pi}{12} + \mathrm{i}\sin\frac{7\pi}{12}\right],$$

$$w_2 = \sqrt[6]{2}\left[\cos\frac{5\pi}{4} + \mathrm{i}\sin\frac{5\pi}{4}\right]$$

1.4　复平面上的点集

1.4.1　点集的概念

作为变量的复数有其变化范围,即它在复平面上的某个点集内变化.在这里先介绍平面点集的一些基本概念.

复平面上的点集

定义 1.8　平面上以 z_0 为圆心、正数 δ 为半径的圆的内部

$$|z-z_0| < \delta$$

所确定的点集称为点 z_0 的 δ-**邻域**.由不等式

$$0 < |z-z_0| < \delta$$

所确定的点集称为点 z_0 的 δ-**去心邻域**.

定义 1.9　设 G 为一平面点集,若 G 中点 z_0 有一邻域完全含于 G 中,则称 z_0 为 G 的**内点**;若 G 中的任意点都是内点,则称 G 为**开集**.若在点 z_0 的任意邻域中,既有属于 G 又有不属于 G 的点,则称 z_0 为 G 的**边界点**;G 的边界点的全体称为 G 的**边界**,记为 ∂D.

边界点可以属于 G,也可以不属于 G.

定义 1.10　若点 z_0 有一个 δ-邻域完全不属于 G,则称 z_0 为 G 的**外点**.若某一点 z_0 的任意邻域都含有 G 的无穷多个点,则称 z_0 为 G 的**聚点**;若 G 的每个聚点都属于 G,则称 G 为**闭集**.

定义 1.11　如果存在正数 M,对于 G 内任一点 z 都有 $|z| < M$,即 G 可以含在某个以原点为圆心的圆内,则称 G 是**有界**的,否则称它为**无界**的.

例 1.8　判断下列平面点集是否有界.

（1）圆环点集 $r_1 < |z-z_0| < r_2$;

（2）上半平面 $\text{Im } z>0$；

（3）角形点集 $0<\arg z<\varphi$；

（4）带形点集 $a<\text{Im } z<b$.

解　（1）点集有界，（2）、（3）、（4）点集无界.

1.4.2　区域

在研究函数时，不是对复平面上杂乱的点集进行讨论，而是更关心在连成一片的区域里有定义的函数.

> **定义 1.12**　所谓**区域** D，是指满足下列两个条件的平面点集：
>
> （1）D 是开集；
>
> （2）D 是连通的，即点集 D 中任何两点，都可以用一条完全含于 D 内的折线连接起来.

换言之，区域就是连通的开集. 区域 D 与它的边界 ∂D 一起构成**闭区域**或**闭域**，记为 $\overline{D}$，即

$$\overline{D}=D+\partial D.$$

注：区域是开集，闭区域是闭集，除了全平面既是区域又是闭区域这一特例外，闭区域并不是区域.

1.4.3　曲线

下面介绍有关平面曲线的概念.

> **定义 1.13**　设 $x(t),y(t)$ 为闭区间 $[\alpha,\beta]$ 上的两个连续的实变函数，则由复数方程
>
> $$z=z(t)=x(t)+\mathrm{i}y(t)\quad(\alpha\leqslant t\leqslant\beta)$$

所确定的平面点集称为复平面上的一条**连续曲线**. 对于已给的一条连续曲线 $C:z=z(t)$，如果对 $[\alpha,\beta]$ 上任意不同的两点 t_1 及 t_2，且它们不同时是 $[\alpha,\beta]$ 的端点，有 $z(t_1)\neq z(t_2)$，则称 C 为一条**简单曲线**或**若尔当（Jordan）曲线**；当 $z(\alpha)=z(\beta)$ 时，则称 C 为一条**简单闭曲线**或**若尔当闭曲线**.

> **定义 1.14**　如果在 $\alpha\leqslant t\leqslant\beta$ 上，$x'(t)$ 和 $y'(t)$ 都是连续的，且
>
> $$z'(t)=x'(t)+\mathrm{i}y'(t),z'(t)\neq0,$$
>
> 则称曲线 $C:z=z(t)$，$\alpha\leqslant t\leqslant\beta$ 为一条**光滑曲线**. 由有限段光滑曲线连接而成的曲线称为**逐段光滑曲线**.

定理 1.3（若尔当曲线定理）　任意一条简单闭曲线 C 将复平面唯一地分成三个部分. 除了 C 外，其中一个是有界区域，称为 C 的**内部**；另一个是无界区域，称为 C 的**外部**；C 是内部和外部的公共边界.

例 1.9　判断如图 1-7 所示的曲线是否为简单闭曲线.

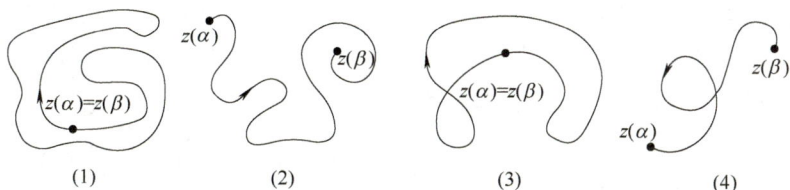

图　1-7

解　第(1)条和第(2)条曲线是简单曲线,第(3)条和第(4)条曲线不是简单曲线;

第(1)条和第(3)条曲线是闭曲线,第(2)条和第(4)条曲线不是闭曲线.

1.4.4　单连通区域与多连通区域

根据简单闭曲线的特征,我们可以区分区域的连通情况.

定义 1.15　如果区域 D 内任意一条简单闭曲线的内部均含于 D 内,则称 D 为**单连通区域**;不是单连通的区域称为**多(复)连通区域**,如图 1-8 所示.

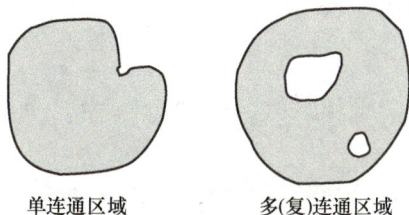

单连通区域　　　　多(复)连通区域

图　1-8

直观地说,没有"洞"的区域是单连通区域,有"洞"的区域是多连通区域.

带形域、角形域、上半平面等都是单连通区域,圆的外部、圆环等是多连通区域.

一条简单闭曲线的内部是单连通区域.单连通区域 D 具有这样的特征:属于 D 的任何一条简单闭曲线,在 D 内可以经过连续的变形而缩成一点,而多连通区域就不具有这个特征.

1.5　复变函数

1.5.1　复变函数的概念

以前我们学习过实变函数,现在我们来学习复变函数.

现实生活中,经常要考虑平面上的电场,每一点(x,y)上的电场强度是一个向量$\boldsymbol{I}=(I_x,I_y)$,它与点(x,y)的位置有关. 可以把$\boldsymbol{I}$看作复数$\boldsymbol{I}=I_x+\mathrm{i}I_y$,它是依赖于点$z=(x,y)$的函数,记作$\boldsymbol{I}=\boldsymbol{I}(z)$,这就是复变量$z$的函数. 下面给出复变函数的严格定义.

> **定义 1.16** 设G是一个复数集. 若对G中每一个复数$z=x+\mathrm{i}y$,按照一定的法则有确定的复数$w=u+\mathrm{i}v$与之对应,则称w为G上关于z的**复变函数**,简称**复变函数**,记作$w=f(z)$.其中z是自变量,w是因变量,集合G称为函数$w=f(z)$的**定义域**,与G中z对应的w的全体构成的集合G^*称为函数$w=f(z)$的**值域**.

如果G中每一个z,有且仅有一个w与之对应,则称此函数为**单值函数**,否则称为**多值函数**.

例如,$w=z^3$,$w=2\bar{z}$,$w=\dfrac{3z-1}{z-2}$$(z\neq2)$均为$z$的单值函数,而函数$w=\sqrt[4]{z}$,$w=\mathrm{Arg}\,z$均为$z$的多值函数.

与实变函数类似,复变函数也有反函数的概念.

> **定义 1.17** 设G^*为w平面上的点集,G为z平面上的点集,若$w\in G^*$,经$w=f(z)$后,在G中有一个(或几个)z值与之对应,则称z为w的**反函数**,记作
> $$z=f^{-1}(w).$$

当$w=f(z)$为单值函数时,其反函数$z=f^{-1}(w)$可能是多值的,例如$w=z^2$.

如果函数$w=f(z)$与它的反函数$z=f^{-1}(w)$都是单值的,那么称$w=f(z)$是**一一对应**的.

由于给定了一个复数$z=x+\mathrm{i}y$就相当于给定了两个实数x和y,而复数$w=u+\mathrm{i}v$也同样对应一对实数u和v,所以复变函数$w=f(z)$又可以表示为

$$u+\mathrm{i}v=f(x+\mathrm{i}y)=u(x,y)+\mathrm{i}v(x,y),$$

此式相当于两个关系式

$$u=u(x,y),v=v(x,y),$$

这是自变量为x和y的两个实变函数.

这样,一个复变函数$w=f(z)$就相当于一对二元实变函数,$w=f(z)$的性质取决于$u=u(x,y)$和$v=v(x,y)$的性质.

例如,函数$w=z^2$,令$z=x+\mathrm{i}y$,$w=u+\mathrm{i}v$,则

$$u+\mathrm{i}v=(x+\mathrm{i}y)^2=x^2-y^2+2xy\mathrm{i},$$

于是函数$w=z^2$对应于两个二元实变函数:

$$u=x^2-y^2,v=2xy.$$

反过来,给定两个二元实变函数$u=u(x,y)$和$v=v(x,y)$,可以将其表示成一个复变函数

$$f(z)=u(x,y)+\mathrm{i}v(x,y).$$

这种表示方式在某些问题的研究中是非常方便和有用的．例如，由两个二元实变函数 $u=u(x,y)$ 和 $v=v(x,y)$ 确定的平面向量场

$$\boldsymbol{A}=u(x,y)\boldsymbol{i}+v(x,y)\boldsymbol{j}$$

就可以用复变函数表示为

$$f(z)=u(x,y)+\mathrm{i}v(x,y).$$

这样，对向量场的研究就可以转化为对复变函数的研究.

例 1.10　用复变函数表示平面向量场 $\boldsymbol{A}=(x^2-y^2)\boldsymbol{i}+2xy\boldsymbol{j}$.

解　根据复数的向量表示，可将向量场 $\boldsymbol{A}$ 用复变函数表示为

$$w=(x^2-y^2)+2xy\mathrm{i}.$$

设 $z=x+\mathrm{i}y$，则向量场 $\boldsymbol{A}$ 又可以表示为

$$w=x^2+2xy\mathrm{i}+(y\mathrm{i})^2=(x+y\mathrm{i})^2=(z)^2.$$

不难看出，这种表示非常简洁明了.

1.5.2　映射的概念

在高等数学中，常用几何图形来直观地表示函数．对于复变函数，就不能用同一个平面或同一个三维空间来直观地表示，需要把复变函数看成两个复平面上的点集之间的对应关系.

定义 1.18　对于复变函数 $w=f(z)(z\in G)$，自变量 z 和因变量 w 所在的复平面分别记作 z 平面和 w 平面，复变函数理解为两个复平面上的点集之间的对应关系，即：复变函数 $w=f(z)(z\in G)$ 给出了从 z 平面上的点集 G（定义集合）到 w 平面上的点集 G^*（函数值集合）之间的一个**映射**（或**变换**），这个映射称为由函数 $w=f(z)(z\in G)$ 构成的**映射**.与点 z 对应的点 w 称为点 z 的**像**（或**像点**），同时点 z 称为点 w 的**原像**.

值得注意的是，像的原像可能不止一点.

如果复变函数 $w=f(z)(z\in G)$ 给出了从 z 平面上的点集 G 到 w 平面上的点集 G^* 之间的一个一一对应，则称该映射是**一一映射**.

为了方便，以后不再区分函数和映射（变换）.

例 1.11　在映射 $w=z^2$ 下求下列平面点集在 w 平面上的像.

（1）线段 $0<r<2,\theta=\dfrac{\pi}{4}$；

（2）双曲线 $x^2-y^2=4$；

（3）扇形域 $0<\theta<\dfrac{\pi}{4},0<r<2$.

解　（1）设 $z=re^{\mathrm{i}\theta},w=\rho e^{\mathrm{i}\varphi}$，则 $\rho=r^2,\varphi=2\theta$.

故线段 $0<r<2,\theta=\dfrac{\pi}{4}$ 映射为 $0<\rho<4,\varphi=\dfrac{\pi}{2}$.经过映射之后还是线段，如图 1-9 所示.

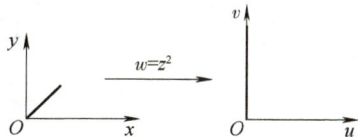

图 1-9

（2）令 $z=x+\mathrm{i}y$，$w=u+\mathrm{i}v$，则 $u+\mathrm{i}v=x^2-y^2+2xy\mathrm{i}$，即 $u=x^2-y^2$，因为 $x^2-y^2=4$，所以 $u=4$，为平行于 v 轴的直线，如图 1-10 所示.

（3）设 $z=r\mathrm{e}^{\mathrm{i}\theta}$，$w=\rho\mathrm{e}^{\mathrm{i}\varphi}$，则 $\rho=r^2$，$\varphi=2\theta$. 故扇形域 $0<\theta<\dfrac{\pi}{4}$，$0<r<$

2. 映射为 $0<\varphi<\dfrac{\pi}{2}$，$0<\rho<4$，仍是扇形域，如图 1-11 所示.

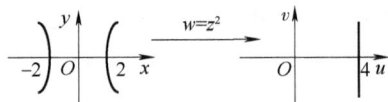
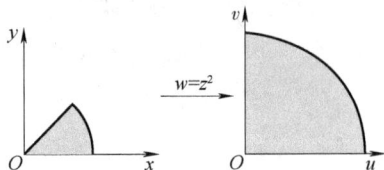

图 1-10　　　　　　图 1-11

1.6 复变函数的极限与连续

1.6.1 复变函数的极限

复变函数的
极限与连续

由高等数学中实变函数极限的概念我们可以设想，如果复变函数 $f(z)$ 在 z_0 的某去心邻域内有定义，不论 z 以何种方式无限逼近于 z_0 时，对应的函数值 $f(z)$ 都无限接近于某一个确定的常数 A，那么就可以称 A 为 $f(z)$ 在 z 趋于 z_0 过程中的极限. 函数 $f(z)$ 的极限定义如下：

> **定义 1.19** 设函数 $w=f(z)$ 在 z_0 的某去心邻域内有定义，存在一个确定的常数 A，如果对任意给定的正数 ε（不论它多么小），总存在正数 $\delta(\varepsilon)$，使得对于满足不等式 $0<|z-z_0|<\delta(\varepsilon)$ 的一切 z，其函数值 $f(z)$ 都满足不等式
> $$|f(z)-A|<\varepsilon,$$
> 那么，常数 A 就叫作函数 $f(z)$ 当 $z\to z_0$ 时的**极限**，记作
> $$\lim_{z\to z_0}f(z)=A \ \text{或} \ f(z)\to A(\text{当} \ z\to z_0).$$

值得注意的是，定义中 $z\to z_0$ 的方式是任意的，即无论从什么方向，以何种方式趋向于 z_0，$f(z)$ 都要趋向于同一个常数 A，这比一元实变函数极限定义的要求苛刻得多.

可以把一个复变量函数用两个二元实变函数来表示，那么关于函数 $f(z)$ 极限的讨论自然就转到了两个二元实变函数上，下面的定理便说明了这一切.

定理 1.4　设 $f(z)=u(x,y)+\mathrm{i}v(x,y)$, $A=u_0+\mathrm{i}v_0$, $z_0=x_0+\mathrm{i}y_0$, $\lim\limits_{z\to z_0}f(z)=A$ 的充要条件是

$$\lim_{\substack{x\to x_0\\y\to y_0}}u(x,y)=u_0,\qquad \lim_{\substack{x\to x_0\\y\to y_0}}v(x,y)=v_0.$$

证　**必要性**　设 $\lim\limits_{z\to z_0}f(z)=A$, 则根据复变函数极限的定义, 对于任意给定的 $\varepsilon>0$, 总存在相应的正数 δ, 使得当

$$0<|z-z_0|=|(x-x_0)+\mathrm{i}(y-y_0)|=\sqrt{(x-x_0)^2+(y-y_0)^2}<\delta$$

时, 恒有

$$|f(z)-A|=|(u-u_0)+\mathrm{i}(v-v_0)|=\sqrt{(u-u_0)^2+(v-v_0)^2}<\varepsilon.$$

因此, 当 $0<\sqrt{(x-x_0)^2+(y-y_0)^2}<\delta$ 时, 有

$$|u-u_0|\leqslant\sqrt{(u-u_0)^2+(v-v_0)^2}<\varepsilon.$$

这就是说

$$\lim_{\substack{x\to x_0\\y\to y_0}}u(x,y)=u_0.$$

同理, 可以证明

$$\lim_{\substack{x\to x_0\\y\to y_0}}v(x,y)=v_0.$$

充分性　设 $\lim\limits_{\substack{x\to x_0\\y\to y_0}}u(x,y)=u_0$, 且 $\lim\limits_{\substack{x\to x_0\\y\to y_0}}v(x,y)=v_0$. 依据实变二元函数极限的定义, 对于任意给定的 $\varepsilon>0$, 总存在相应的正数 δ, 使得当

$$0<\sqrt{(x-x_0)^2+(y-y_0)^2}<\delta$$

时, 恒有

$$|u(x,y)-u_0|<\frac{\varepsilon}{\sqrt2},\ |v(x,y)-v_0|<\frac{\varepsilon}{\sqrt2}.$$

因此, 当 $0<|z-z_0|=\sqrt{(x-x_0)^2+(y-y_0)^2}<\delta$ 时, 恒有

$$|f(z)-A|=|(u-u_0)+\mathrm{i}(v-v_0)|=\sqrt{(u-u_0)^2+(v-v_0)^2}$$
$$<\sqrt{\left(\frac{\varepsilon}{\sqrt2}\right)^2+\left(\frac{\varepsilon}{\sqrt2}\right)^2}=\varepsilon.$$

即 $\lim\limits_{z\to z_0}f(z)=A$.

注: 求复变函数 $f(z)=u(x,y)+\mathrm{i}v(x,y)$ 的极限问题可以转化为求该函数的实部 $u(x,y)$ 与虚部 $v(x,y)$ 的极限问题.

由此定理, 可以证明复变函数极限的四则运算法则. 它与实变函数极限的四则运算法则类似.

定理 1.5　设 $\lim\limits_{z\to z_0}f(z)=A$, $\lim\limits_{z\to z_0}g(z)=B$, 则

（1）$\lim\limits_{z\to z_0}[f(z)\pm g(z)]=A\pm B$;

（2）$\lim\limits_{z\to z_0}[f(z)g(z)]=AB$;

（3）$\lim\limits_{z \to z_0} \dfrac{f(z)}{g(z)} = \dfrac{A}{B}$ $\quad (B \neq 0)$.

证 （1）设 $z = x + iy, z_0 = x_0 + iy_0, A = u_1 + iv_1, B = u_2 + iv_2$，并设

$$f(z) = u_1(x,y) + iv_1(x,y), g(z) = u_2(x,y) + iv_2(x,y),$$

则

$$f(z) + g(z) = [u_1(x,y) + u_2(x,y)] + i[v_1(x,y) + v_2(x,y)],$$
$$A + B = (u_1 + u_2) + i(v_1 + v_2).$$

因为 $\lim\limits_{z \to z_0} f(z) = A$，故由极限存在的充要条件知

$$\lim\limits_{\substack{x \to x_0 \\ y \to y_0}} u_1(x,y) = u_1, \quad \lim\limits_{\substack{x \to x_0 \\ y \to y_0}} v_1(x,y) = v_1.$$

同理，由 $\lim\limits_{z \to z_0} g(z) = B$ 可知

$$\lim\limits_{\substack{x \to x_0 \\ y \to y_0}} u_2(x,y) = u_2, \quad \lim\limits_{\substack{x \to x_0 \\ y \to y_0}} v_2(x,y) = v_2.$$

从而

$$\lim\limits_{\substack{x \to x_0 \\ y \to y_0}} [u_1(x,y) + u_2(x,y)] = u_1 + u_2,$$
$$\lim\limits_{\substack{x \to x_0 \\ y \to y_0}} [v_1(x,y) + v_2(x,y)] = v_1 + v_2,$$

故由定理 1.4 知

$$\lim\limits_{\substack{x \to x_0 \\ y \to y_0}} \{[u_1(x,y) + u_2(x,y)] + i[v_1(x,y) + v_2(x,y)]\} = (u_1 + u_2) + i(v_1 + v_2),$$

即

$$\lim\limits_{z \to z_0} [f(z) \pm g(z)] = A \pm B.$$

（2）和（3）的证明方法完全类似.

推论 1.2 设 $\lim\limits_{z \to z_0} f(z) = A, C$ 为任意常数，则

$$\lim\limits_{z \to z_0} [Cf(z)] = C \lim\limits_{z \to z_0} f(z) = CA;$$
$$\lim\limits_{z \to z_0} f^k(z) = [\lim\limits_{z \to z_0} f(z)]^k = A^k.$$

例 1.12 证明：当 $z \to 0$ 时，函数 $f(z) = \dfrac{\mathrm{Re}(z)}{|z|}$ 的极限不存在.

证 令 $z = x + iy$，则 $f(z) = \dfrac{x}{\sqrt{x^2 + y^2}}$，

$$u(x,y) = \dfrac{x}{\sqrt{x^2 + y^2}}, \quad v(x,y) = 0,$$

当 z 沿直线 $y = kx$ 趋于零时，

$$\lim\limits_{\substack{x \to 0 \\ y = kx}} u(x,y) = \lim\limits_{\substack{x \to 0 \\ y = kx}} \frac{x}{\sqrt{x^2 + y^2}} = \lim\limits_{x \to 0} \frac{x}{\sqrt{x^2 + (kx)^2}} = \lim\limits_{x \to 0} \frac{x}{\sqrt{x^2(1 + k^2)}} = \pm \frac{1}{\sqrt{1 + k^2}},$$

极限随 k 的变化而变化，所以 $\lim\limits_{\substack{x \to 0 \\ y \to 0}} u(x,y)$ 不存在，$\lim\limits_{\substack{x \to 0 \\ y \to 0}} v(x,y) = 0$.

根据复变函数极限存在的充要条件可知，$\lim\limits_{z \to 0} f(z)$ 不存在.

1.6.2 复变函数的连续

定义 1.20　设函数 $f(z)$ 在 z_0 的某邻域内有定义,如果 $\lim\limits_{z \to z_0} f(z) = f(z_0)$,则称函数 $f(z)$ 在 z_0 处**连续**.

如果函数 $f(z)$ 在区域 D 内的每一点都连续,则称 $f(z)$ 在**区域 D 内连续**.

函数 $f(z)$ 在曲线 C 上点 z_0 处连续的意义是指

$$\lim_{z \to z_0} f(z) = f(z_0), \quad z \in C.$$

定理 1.6　函数 $f(z) = u(x,y) + iv(x,y)$ 在点 $z_0 = x_0 + iy_0$ 处连续的充要条件是 $u = u(x,y)$,$v = v(x,y)$ 在点 (x_0, y_0) 处连续.

证　必要性　函数 $f(z) = u(x,y) + iv(x,y)$ 在点 $z_0 = x_0 + iy_0$ 处连续,则依据函数连续的定义,就有

$$\lim_{z \to z_0} f(z) = f(z_0) = u(x_0, y_0) + iv(x_0, y_0),$$

故由定理 1.4 知

$$\lim_{\substack{x \to x_0 \\ y \to y_0}} u(x,y) = u(x_0, y_0), \quad \lim_{\substack{x \to x_0 \\ y \to y_0}} v(x,y) = v(x_0, y_0).$$

说明 $u = u(x,y)$ 和 $v = v(x,y)$ 均在点 (x_0, y_0) 处连续.

充分性　设 $u = u(x,y)$ 和 $v = v(x,y)$ 均在点 (x_0, y_0) 处连续,即

$$\lim_{\substack{x \to x_0 \\ y \to y_0}} u(x,y) = u_0, \quad \lim_{\substack{x \to x_0 \\ y \to y_0}} v(x,y) = v_0.$$

则由定理 1.4 知

$$\lim_{z \to z_0} f(z) = u(x_0, y_0) + iv(x_0, y_0) = f(z_0),$$

所以函数 $f(z)$ 在点 z_0 处连续.

例如,$f(z) = \ln(x^2 + y^2) + i(x^2 - y^2)$,$u(x,y) = \ln(x^2 + y^2)$ 在复平面内除原点外处处连续,$v(x,y) = x^2 - y^2$ 在复平面内处处连续,故函数 $f(z)$ 在复平面内除原点外处处连续.

定理 1.7　(1) 如果函数 $f(z)$ 和函数 $g(z)$ 均在 z_0 处连续,则其和、差、积、商(分母在 z_0 处不为零)也在 z_0 处连续.

(2) 如果函数 $h = g(z)$ 在 z_0 处连续,函数 $w = f(h)$ 在 $h_0 = g(z_0)$ 处连续,则复合函数 $w = f[g(z)]$ 在 z_0 处连续.

由上述定理,可以得到以下结论:

推论 1.3　(1) 有理整函数(多项式)

$$w = P(z) = a_0 + a_1 z + a_2 z^2 + \cdots + a_n z^n,$$

在复平面内的所有点处连续.

(2) 有理分式函数

$$w = \frac{P(z)}{Q(z)}, \text{其中 } P(z) \text{ 和 } Q(z) \text{ 都是多项式},$$

在复平面内除分母为零的点外都连续.

例 1.13　求 $\lim\limits_{z\to i}\dfrac{\bar{z}-1}{z+2}$.

解　因为 $f(z)=\dfrac{\bar{z}-1}{z+2}$ 在 $z=i$ 处连续, 因此

$$\lim_{z\to i}\frac{\bar{z}-1}{z+2}=\frac{-i-1}{i+2}=-\frac{3}{5}-\frac{i}{5}.$$

例 1.14　讨论函数 $f(z)=\arg z$ 的连续性.

解　显然 $f(z)$ 在非原点和非负实轴上是连续的.

由于复数在原点时, 辐角主值不确定, 故 $f(z)$ 在原点处不连续.

若点 z 在负实轴上(如图 1-12 所示), 有

从负实轴上方趋于点 z 时, $f(z)\to\pi$;

从负实轴下方趋于点 z 时, $f(z)\to-\pi$.

由此可知, $f(z)$ 在负实轴上极限不存在, 从而不连续.

因此, 函数 $f(z)=\arg z$ 除原点和负实轴外是连续的.

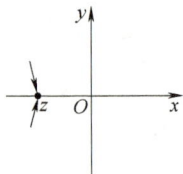

图　1-12

第 1 章小结

1. 复数的概念

(1) **复数的概念**: $z=x+yi$, x, y 是实数, $x=\operatorname{Re}(z)$, $y=\operatorname{Im}(z)$. $i^2=-1$.

注: 一般两个复数不比较大小, 但其模(为实数)有大小.

(2) **复数的表示**:

1) **模**: $|z|=r=\sqrt{x^2+y^2}$.

2) **辐角**: 在 $z\neq 0$ 时, 向量与 x 轴正向的夹角, 记为 $\operatorname{Arg} z$(多值函数); 辐角主值 $\arg z$ 是位于 $(-\pi,\pi]$ 中的辐角.

3) **$\arg z$ 与 $\arctan\dfrac{y}{x}$ 之间的关系**如下:

$$\arg z=\begin{cases}\arctan\dfrac{y}{x}, & x>0,\\[2mm]\dfrac{\pi}{2}, & x=0, y>0,\\[2mm]\arctan\dfrac{y}{x}+\pi, & x<0, y\geqslant 0,\\[2mm]\arctan\dfrac{y}{x}-\pi, & x<0, y<0,\\[2mm]-\dfrac{\pi}{2}, & x=0, y<0.\end{cases}$$

4) **三角表示**: $z=|z|(\cos\theta+i\sin\theta)$, 其中 $\theta=\arg z$;

5) **指数表示**: $z=|z|e^{i\theta}$, 其中 $\theta=\arg z$.

2. 复数的运算

(1) **加减法**: 若 $z_1=x_1+iy_1$, $z_2=x_2+iy_2$, 则 $z_1\pm z_2=(x_1\pm x_2)+i(y_1\pm y_2)$.

（2）**乘除法**：

1）若 $z_1 = x_1 + iy_1, z_2 = x_2 + iy_2$，则

$$z_1 z_2 = (x_1 x_2 - y_1 y_2) + i(x_2 y_1 + x_1 y_2);$$

$$\frac{z_1}{z_2} = \frac{x_1 + iy_1}{x_2 + iy_2} = \frac{(x_1 + iy_1)(x_2 - iy_2)}{(x_2 + iy_2)(x_2 - iy_2)} = \frac{x_1 x_2 + y_1 y_2}{x_2^2 + y_2^2} + i \frac{x_2 y_1 - x_1 y_2}{x_2^2 + y_2^2}.$$

2）若 $z_1 = |z_1| e^{i\theta_1}, z_2 = |z_2| e^{i\theta_2}$，则

$$z_1 z_2 = |z_1||z_2| e^{i(\theta_1 + \theta_2)}, \quad \frac{z_1}{z_2} = \frac{|z_1|}{|z_2|} e^{i(\theta_1 - \theta_2)}.$$

（3）**乘幂与方根**：

1）若 $z = |z|(\cos\theta + i\sin\theta) = |z| e^{i\theta}$，则

$$z^n = |z|^n(\cos n\theta + i\sin n\theta) = |z|^n e^{in\theta}.$$

2）若 $z = |z|(\cos\theta + i\sin\theta) = |z| e^{i\theta}$，则

$$w = \sqrt[n]{z} = |z|^{\frac{1}{n}}\left(\cos\frac{\theta + 2k\pi}{n} + i\sin\frac{\theta + 2k\pi}{n}\right) \quad (k = 0, 1, 2, \cdots, n-1)$$

（有 n 个相异的值）.

3. 复变函数

（1）**复变函数的定义**：设 G 是一个复数集. 若对 G 中每一个复数 $z = x + iy$，按照一定的法则有确定的复数 $w = u + iv$ 与之对应，则称 w 为 G 上关于 z 的复变函数，简称复变函数，记作 $w = f(z)$.

（2）**复变函数极限的定义**：设函数 $w = f(z)$ 在 z_0 的某去心邻域内有定义，存在一个确定的常数 A，如果对任意给定的正数 ε（不论它多么小），总存在正数 $\delta(\varepsilon)$，使得对于满足不等式 $0 < |z - z_0| < \delta(\varepsilon)$ 的一切 z，其函数值 $f(z)$ 都满足不等式

$$|f(z) - A| < \varepsilon,$$

那么，常数 A 就叫作函数 $f(z)$ 当 $z \to z_0$ 时的极限，记作

$$\lim_{z \to z_0} f(z) = A \text{ 或 } f(z) \to A(\text{当 } z \to z_0).$$

（3）**复变函数极限存在的充要条件**：设 $f(z) = u(x,y) + iv(x,y)$，$A = u_0 + iv_0, z_0 = x_0 + iy_0, \lim\limits_{z \to z_0} f(z) = A$ 的充要条件是

$$\lim_{\substack{x \to x_0 \\ y \to y_0}} u(x,y) = u_0, \quad \lim_{\substack{x \to x_0 \\ y \to y_0}} v(x,y) = v_0.$$

（4）**复变函数极限的四则运算法则**：设 $\lim\limits_{z \to z_0} f(z) = A, \lim\limits_{z \to z_0} g(z) = B$，则

1）$\lim\limits_{z \to z_0} [f(z) \pm g(z)] = A \pm B$；

2）$\lim\limits_{z \to z_0} [f(z) g(z)] = AB$；

3）$\lim\limits_{z \to z_0} \dfrac{f(z)}{g(z)} = \dfrac{A}{B} \quad (B \neq 0)$.

（5）**复变函数连续的定义**：设函数 $f(z)$ 在 z_0 的某邻域内有定义，如果 $\lim\limits_{z \to z_0} f(z) = f(z_0)$，则称函数 $f(z)$ 在 z_0 处连续.

（6）复变函数连续的充要条件：函数 $f(z)=u(x,y)+iv(x,y)$ 在点 $z_0=x_0+iy_0$ 处连续的充要条件是 $u=u(x,y)$，$v=v(x,y)$ 在点 (x_0,y_0) 处连续.

（7）复变函数连续的性质：

1）如果函数 $f(z)$ 和函数 $g(z)$ 均在 z_0 处连续，则其和、差、积、商（分母在 z_0 处不为零）也在 z_0 处连续.

2）如果函数 $h=g(z)$ 在 z_0 处连续，函数 $w=f(h)$ 在 $h_0=g(z_0)$ 处连续，则复合函数 $w=f(g(z))$ 在 z_0 处连续.

第 1 章习题

1. 设 $z=\dfrac{1-2i}{3-4i}-\overline{\left(\dfrac{2+i}{-5i}\right)}$，求 $\mathrm{Re}(z)$，$\mathrm{Im}(z)$ 以及 $z\bar{z}$.

2. 复数 z 满足 $(1+2i)\bar{z}=4+3i$，求 z.

3. 求下列复数 z 的辐角及辐角主值.

（1）$z=\dfrac{-2}{1+\sqrt{3}\,i}$；　　　　　　（2）$z=\dfrac{i}{-2-2i}$.

4. 将下列复数化为三角表示式和指数表示式.

（1）-2；　　　（2）i；　　　（3）$-1-\sqrt{3}\,i$；

（4）e^{1+i}；　　　（5）$\dfrac{1-i}{1+i}$；　　　（6）$\sin\alpha+i\cos\alpha$；

（7）$-\sin\dfrac{\pi}{6}-i\cos\dfrac{\pi}{6}$；　　　　　（8）$1-\cos\theta+i\sin\theta$　$(0\leqslant\theta\leqslant\pi)$.

5. 计算下列各式的值.

（1）$(\sqrt{3}-i)^5$；　　　　　　（2）$(1+i)^8$；

（3）$\sqrt[3]{-1-i}$；　　　　　　（4）$\sqrt[6]{-1}$.

6. 如果 $(1+i)^n=(1-i)^n$，求 n 的值.

7. 求方程 $z^3+8=0$ 的所有根.

8. 设 z_1,z_2 是两个复数，证明：
$$|z_1+z_2|^2+|z_1-z_2|^2=2(|z_1|^2+|z_2|^2),$$
并说明其几何意义.

9. 设 z_1,z_2 是两个复数，求证：$|z_1-z_2|^2=|z_1|^2+|z_2|^2-2\mathrm{Re}(z_1\bar{z}_2)$.

10. 将圆周方程 $a(x^2+y^2)+bx+cy+d=0$　$(a\neq0)$ 写成复数形式（即用 z 与 $\bar{z}$ 表示，其中 $z=x+iy$）.

11. 设 z_1,z_2,z_3 三点适合条件：$z_1+z_2+z_3=0$，$|z_1|=|z_2|=|z_3|=1$，证明：z_1,z_2,z_3 是内接于单位圆 $|z|=1$ 的一个正三角形的顶点.

12. 设 $z=e^{i\frac{2\pi}{n}}$，$n\geqslant2$. 证明：$1+z+\cdots+z^{n-1}=0$.

13. 用复参数方程表示连接 $1+i$ 与 $-1-4i$ 的直线段.

14. 指出满足下列各式的点 z 的轨迹是什么曲线?

（1）$|z+i|=1$;

（2）$\arg(z-i)=\dfrac{\pi}{4}$;

（3）$z\bar{z}+a\bar{z}+\bar{a}z+b=0$,其中 a 为复数,b 为实常数.

15. 指出下列各式中点 z 所确定的平面图形,并做出草图.

（1）$\arg(z)=\pi$;

（2）$|z-1|=|z|$;

（3）$1<|z+i|<2$;

（4）$\mathrm{Re}(z)>\mathrm{Im}(z)$;

（5）$\mathrm{Im}(z)>1$ 且 $|z|<2$.

16. 求映射 $w=z+\dfrac{1}{z}$ 下圆周 $|z|=2$ 的像.

17. 在映射 $w=z^2$ 下,下列 z 平面上的图形映射为 w 平面上的什么图形.

（1）以原点为中心,半径为 2 的在第一象限内的圆弧;

（2）双曲线 $x^2-y^2=1,x^2-y^2=2,xy=1,xy=2$ 所围成的区域;

（3）$x=a,y=b,(a,b$ 为实数$)$.

18. 描出下列不等式所确定的区域或闭区域,并指明它是有界的还是无界的? 是单连通域还是多连通域?

（1）$|z|<1,\mathrm{Re}(z)\leqslant\dfrac{1}{2}$;（2）$\mathrm{Re}(z^2)<1$;（3）$\left|\dfrac{z-1}{z+1}\right|\leqslant2$.

19. 证明:$f(z)=z\bar{z}+\dfrac{\mathrm{Re}\,z}{\overline{z\bar{z}}}\mathrm{i}$　$(z\neq0)$当 $z\to0$ 时极限不存在.

20. 设 $f(z)=\dfrac{1}{2\mathrm{i}}\left(\dfrac{z}{\bar{z}}-\dfrac{\bar{z}}{z}\right)$　$(z\neq0)$,试证:当 $z\to0$ 时,$f(z)$ 的极限不存在.

21. 求极限.

（1）$\lim\limits_{z\to2+\mathrm{i}}\dfrac{\bar{z}}{z}$;

（2）$\lim\limits_{z\to\mathrm{i}}\dfrac{z-\mathrm{i}}{z(1+z^2)}$;

（3）$\lim\limits_{z\to\infty}\dfrac{1}{1+z^2}$;

（4）$\lim\limits_{z\to\mathrm{i}}\dfrac{z\bar{z}+z^3-\bar{z}+2}{z^2-1}$.

第2章

复变函数解析性

解析函数是复变函数研究的主要对象,它在理论和实际问题中有着广泛的应用.特别是一些平面向量场,例如力场、流速场、电磁场等,可以用复变函数来表示,进而可以利用函数的解析性来研究这些向量场.所谓解析函数是指在某区域内处处可导的函数,因此本章先介绍复变函数的导数,然后重点讲解解析函数的概念及判别方法,最后介绍常见初等函数的解析性.

2.1 复变函数导数

2.1.1 复变函数导数的概念

复变函数导
数的概念

我们在高等数学中已经学习了导数的概念,复变函数的导数定义在形式上和一元实变函数的导数定义是一致的,因此高等数学中几乎所有的求导基本公式和基本概念都可以不加更改地推广到复变函数上来.

定义 2.1 设函数 $w=f(z)$ 在区域 D 内有定义,z_0 属于 D,$z_0+\Delta z \in D$,若极限 $\lim\limits_{\Delta z \to 0}\dfrac{f(z_0+\Delta z)-f(z_0)}{\Delta z}$ 存在,称 $f(z)$ 在 z_0 处**可导**,并称此极限值为 $f(z)$ 在 z_0 处的**导数**,记作

$$f'(z_0)=\frac{\mathrm{d}w}{\mathrm{d}z}\bigg|_{z=z_0}=\lim_{\Delta z \to 0}\frac{f(z_0+\Delta z)-f(z_0)}{\Delta z}.$$

虽然复变函数的导数定义与一元实变函数的导数定义在形式上没有区别,但是由于在复平面上 $\Delta z \to 0$(即 $z_0+\Delta z \to z_0$)的方式是任意的,即 $z_0+\Delta z$ 在区域 D 内以任意方式趋近于 z_0 时,

$$\frac{f(z_0+\Delta z)-f(z_0)}{\Delta z}$$

都趋于同一个数.它比在数轴上 $x_0+\Delta x \to x_0$ 复杂得多,因而两者在实质上有很大的不同,从而使得复变可导函数具有许多独特的性质和应用.

如果函数 $f(z)$ 在区域 D 内的每一点可导,则称 $f(z)$ **在区域** D

内可导.

函数 $f(z)$ 在 z_0 处可导则在该点一定连续,但函数 $f(z)$ 在 z_0 处连续却在该点处不一定可导.这与一元实变函数一样.

例 2.1　讨论函数 $f(z)=\mathrm{Im}\, z$ 的可导性.

解　$\dfrac{f(z+\Delta z)-f(z)}{\Delta z}=\dfrac{\mathrm{Im}(z+\Delta z)-\mathrm{Im}\, z}{\Delta z}=\dfrac{\mathrm{Im}\, z+\mathrm{Im}\,\Delta z-\mathrm{Im}\, z}{\Delta z}$

$$=\frac{\mathrm{Im}\,\Delta z}{\Delta z}=\frac{\mathrm{Im}(\Delta x+\mathrm{i}\Delta y)}{\Delta x+\mathrm{i}\Delta y}=\frac{\Delta y}{\Delta x+\mathrm{i}\Delta y},$$

当 Δz 沿直线 $\Delta y=k\Delta x$ 趋于 0 时,

$$\lim_{\substack{\Delta x\to 0\\ \Delta y\to 0}}\frac{\Delta y}{\Delta x+\mathrm{i}\Delta y}=\lim_{\substack{\Delta x\to 0\\ \Delta y=k\Delta x}}\frac{k\Delta x}{\Delta x+\mathrm{i}k\Delta x}=\frac{k}{1+\mathrm{i}k},$$

上式随 k 的变化而变化,故极限不存在,因而 $f(z)=\mathrm{Im}\, z$ 在复平面内处处不可导.

例 2.2　问函数 $f(z)=x+2y\mathrm{i}$ 是否可导?

解　采用导数的定义,当 Δz 沿直线 $\Delta y=k\Delta x$ 趋于 0 时,可得

$$\lim_{\Delta z\to 0}\frac{f(z+\Delta z)-f(z)}{\Delta z}=\lim_{\Delta z\to 0}\frac{(x+\Delta x)+2(y+\Delta y)\mathrm{i}-x-2y\mathrm{i}}{\Delta z}$$

$$=\lim_{\Delta z\to 0}\frac{\Delta x+2\Delta y\mathrm{i}}{\Delta x+\Delta y\mathrm{i}}=\lim_{\substack{\Delta x\to 0\\ \Delta y=k\Delta x}}\frac{\Delta x+2k\Delta x\mathrm{i}}{\Delta x+\mathrm{i}k\Delta x}$$

$$=\frac{1+2\mathrm{i}k}{1+\mathrm{i}k},$$

上式随 k 的变化而变化,故极限不存在,所以 $f(z)=x+2y\mathrm{i}$ 的导数不存在.

以上例子说明,处处连续但处处不可导的函数在实变函数里很难找到,而在复变函数中却很容易构造出来.

2.1.2　求导运算法则

由于复变函数中导数的定义与一元实变函数中导数的定义在形式上完全一致,并且复变函数中的极限运算法则也和实变函数中一样,因而实变函数中的求导法则都可以不加更改地推广到复变函数中来,且证明方法也是相同的.

具体求导公式与法则如下:

定理 2.1　(1) $(C)'=0$,其中 C 为复常数;

(2) $(z^n)'=nz^{n-1}$,其中 n 为正整数;

(3) $[f(z)\pm g(z)]'=f'(z)\pm g'(z)$;

(4) $[f(z)g(z)]'=f'(z)g(z)+f(z)g'(z)$;

(5) $\left[\dfrac{f(z)}{g(z)}\right]'=\dfrac{f'(z)g(z)-f(z)g'(z)}{g^2(z)},g(z)\neq 0$;

(6) $\{f[g(z)]\}'=f'(w)g'(z)$,其中 $w=g(z)$;

(7) $f'(z)=\dfrac{1}{\varphi'(w)}$,其中 $w=f(z)$ 与 $z=\varphi(w)$ 是两个互为反函数

的单值函数,且 $\varphi'(w) \neq 0$.

2.1.3 微分的概念

前面学习了复变函数导数的概念,类似于实变函数,复变函数中也有微分的概念.

复变函数微分的概念在形式上与一元实变函数微分的概念完全一致.

> **定义 2.2** 若函数 $w=f(z)$ 在点 z_0 的改变量可写成
>
> $$\Delta w = f(z_0+\Delta z) - f(z_0) = A(z_0)\Delta z + \rho(\Delta z)\Delta z,$$

其中 $\lim\limits_{\Delta z \to 0}\rho(\Delta z) = 0$,$|\rho(\Delta z)\Delta z|$ 是 $|\Delta z|$ 的高阶无穷小,则称 $f(z)$ 在 z_0 处**可微**.

$A(z_0)\Delta z$ 是函数 $w=f(z)$ 的改变量 Δw 的线性部分,$A(z_0)\Delta z$ 称为函数 $w=f(z)$ 在点 z_0 处的**微分**,记作

$$dw = A(z_0)\Delta z = f'(z_0)\Delta z.$$

特别地,当 $f(z)=z$ 时,

$$dz = f'(z_0)\Delta z = \Delta z,$$

根据微分的概念

$$dw = f'(z_0)\Delta z = f'(z_0)dz,$$

即

$$f'(z_0) = \frac{dw}{dz}\bigg|_{z=z_0}$$

由此可见,在复变函数中,函数 $w=f(z)$ 在 z_0 处可导与在 z_0 处可微是等价的.

如果函数 $f(z)$ 在区域 D 内处处可微,称 $f(z)$ 在**区域 D 内可微**.

2.1.4 函数可导的充要条件

通过前面的学习可以看到,在形式上,复变函数的导数及其求导法则与实变函数的导数及其求导法则几乎没有什么不同,可是在实质上,两者之间却有很大的差别.实变函数可微这一条件较易满足,而复变函数可微不但需要实部和虚部可微,而且实部和虚部要有特别的联系.下面学习复变函数在一点可导的充要条件.

微分与可导的
充要条件

定理 2.2 函数 $f(z) = u(x,y) + iv(x,y)$ 在区域 D 内点 $z = x + yi$ 处可导的充要条件是 $u(x,y)$ 与 $v(x,y)$ 在点 (x,y) 处可微,且在该点满足**柯西-黎曼**(Cauchy-Riemann)方程

$$\frac{\partial u}{\partial x} = \frac{\partial v}{\partial y}, \quad \frac{\partial u}{\partial y} = -\frac{\partial v}{\partial x}. \tag{2.1}$$

证 首先证明必要性.设函数 $f(z)$ 在点 $z = x + yi$ 处可导,且 $f'(z) = a + bi$,则有

$$\lim_{\Delta z \to 0} \frac{f(z+\Delta z)-f(z)}{\Delta z} = a+bi,$$

根据极限的定义,对于任给的 $\varepsilon>0$,存在 $\delta>0$,使得当 $0<|\Delta z|<\delta$ 时,有

$$\left| \frac{f(z+\Delta z)-f(z)}{\Delta z} - (a+bi) \right| < \varepsilon.$$

令

$$\rho(\Delta z) = \frac{f(z+\Delta z)-f(z)}{\Delta z} - (a+bi), \tag{2.2}$$

则有

$$\lim_{\Delta z \to 0} \rho(\Delta z) = 0.$$

令 $\Delta z = \Delta x + i\Delta y, \rho(\Delta z) = \rho_1 + i\rho_2$,由式(2.2)可得

$$\begin{aligned} f(z+\Delta z)-f(z) &= (a+bi)\Delta z + \rho(\Delta z)\Delta z \\ &= (a+bi)(\Delta x+i\Delta y) + (\rho_1+i\rho_2)(\Delta x+i\Delta y) \\ &= (a\Delta x - b\Delta y + \rho_1\Delta x - \rho_2\Delta y) + i(a\Delta y + b\Delta x + \rho_1\Delta y + \rho_2\Delta x). \end{aligned}$$

另一方面,

$$\begin{aligned} f(z+\Delta z)-f(z) &= f(x+\Delta x + i(y+\Delta y)) - f(x+iy) \\ &= u(x+\Delta x, y+\Delta y) + iv(x+\Delta x, y+\Delta y) - u(x,y) - iv(x,y) \\ &= \Delta u + i\Delta v. \end{aligned}$$

于是有

$$\Delta u = a\Delta x - b\Delta y + \rho_1\Delta x - \rho_2\Delta y,$$
$$\Delta v = a\Delta y + b\Delta x + \rho_1\Delta y + \rho_2\Delta x.$$

由于 $\lim_{\Delta z \to 0}\rho(\Delta z) = 0$,所以 $\lim_{\substack{\Delta x \to 0 \\ \Delta y \to 0}}\rho_1 = 0, \lim_{\substack{\Delta x \to 0 \\ \Delta y \to 0}}\rho_2 = 0.$ 因此得知函数 $u(x,y)$ 和 $v(x,y)$ 可微,而且满足方程

$$a = \frac{\partial u}{\partial x} = \frac{\partial v}{\partial y}, \quad b = -\frac{\partial u}{\partial y} = \frac{\partial v}{\partial x}.$$

现在证明定理的充分性.沿用必要性证明过程中的记号,有

$$f(z+\Delta z)-f(z) = \Delta u + i\Delta v.$$

因为 $u(x,y)$ 和 $v(x,y)$ 可微,可知

$$\Delta u = \frac{\partial u}{\partial x}\Delta x + \frac{\partial u}{\partial y}\Delta y + o(\rho),$$
$$\Delta v = \frac{\partial v}{\partial x}\Delta x + \frac{\partial v}{\partial y}\Delta y + o(\rho),$$

其中 $\rho = \sqrt{(\Delta x)^2 + (\Delta y)^2}$.因此

$$\begin{aligned} f(z+\Delta z)-f(z) &= \left(\frac{\partial u}{\partial x}\Delta x + \frac{\partial u}{\partial y}\Delta y\right) + i\left(\frac{\partial v}{\partial x}\Delta x + \frac{\partial v}{\partial y}\Delta y\right) + o(\rho) \\ &= \left(\frac{\partial u}{\partial x} + i\frac{\partial v}{\partial x}\right)\Delta x + \left(\frac{\partial u}{\partial y} + i\frac{\partial v}{\partial y}\right)\Delta y + o(\rho). \end{aligned}$$

又由于 $u(x,y)$ 和 $v(x,y)$ 满足柯西-黎曼方程

$$\frac{\partial u}{\partial x}=\frac{\partial v}{\partial y}, \quad \frac{\partial u}{\partial y}=-\frac{\partial v}{\partial x}=\mathrm{i}^2\frac{\partial v}{\partial x},$$

所以

$$f(z+\Delta z)-f(z)=\left(\frac{\partial u}{\partial x}+\mathrm{i}\frac{\partial v}{\partial x}\right)\Delta x+\mathrm{i}\left(\frac{\partial u}{\partial x}+\mathrm{i}\frac{\partial v}{\partial x}\right)\Delta y+o(\rho)$$

$$=\left(\frac{\partial u}{\partial x}+\mathrm{i}\frac{\partial v}{\partial x}\right)(\Delta x+\mathrm{i}\Delta y)+o(\rho).$$

两边同时除以 $\Delta z=\Delta x+\mathrm{i}\Delta y$，有

$$\frac{f(z+\Delta z)-f(z)}{\Delta z}=\frac{\partial u}{\partial x}+\mathrm{i}\frac{\partial v}{\partial x}+\frac{o(\rho)}{\Delta z}. \tag{2.3}$$

当 $\Delta z\to 0$ 时，$\left|\dfrac{o(\rho)}{\Delta z}\right|=\dfrac{|o(\rho)|}{\rho}\to 0$，因此对式（2.3）取极限得

$$\lim_{\Delta z\to 0}\frac{f(z+\Delta z)-f(z)}{\Delta z}=\frac{\partial u}{\partial x}+\mathrm{i}\frac{\partial v}{\partial x}. \tag{2.4}$$

这样就证明了函数 $f(z)$ 在点 $z=x+y\mathrm{i}$ 处可导.

由式（2.4）及柯西-黎曼方程，可得函数 $f(z)=u(x,y)+\mathrm{i}v(x,y)$ 在点 $z=x+y\mathrm{i}$ 处的**导数公式**为

$$f'(z)=\frac{\partial u}{\partial x}+\mathrm{i}\frac{\partial v}{\partial x}=\frac{\partial u}{\partial x}-\mathrm{i}\frac{\partial u}{\partial y}=\frac{\partial v}{\partial y}+\mathrm{i}\frac{\partial v}{\partial x}=\frac{\partial v}{\partial y}-\mathrm{i}\frac{\partial u}{\partial y}.$$

例 2.3 判断下列函数在何处可导.

（1）$f(z)=\bar{z}$；（2）$f(z)=\mathrm{e}^x(\cos y+\mathrm{i}\sin y)$；（3）$f(z)=z\mathrm{Re}(z)$.

解（1）因为 $f(z)=\bar{z}$，所以 $u=x,v=-y$，因此，

$$\frac{\partial u}{\partial x}=1,\quad \frac{\partial u}{\partial y}=0,\quad \frac{\partial v}{\partial x}=0,\quad \frac{\partial v}{\partial y}=-1.$$

由此可知不满足柯西-黎曼方程，故 $f(z)=\bar{z}$ 在复平面内处处不可导.

（2）因为 $f(z)=\mathrm{e}^x(\cos y+\mathrm{i}\sin y)$，所以 $u=\mathrm{e}^x\cos y,v=\mathrm{e}^x\sin y$，因此

$$\frac{\partial u}{\partial x}=\mathrm{e}^x\cos y,\quad \frac{\partial u}{\partial y}=-\mathrm{e}^x\sin y,\quad \frac{\partial v}{\partial x}=\mathrm{e}^x\sin y,\quad \frac{\partial v}{\partial y}=\mathrm{e}^x\cos y,$$

四个偏导数连续，因此 u,v 可微.

又因为满足柯西-黎曼方程，故 $f(z)$ 在复平面内处处可导，并且根据导数公式可得

$$f'(z)=\mathrm{e}^x(\cos y+\mathrm{i}\sin y)=f(z).$$

这就是复变函数 z 的指数函数.

（3）因为 $f(z)=z\mathrm{Re}(z)=x^2+xy\mathrm{i}$，所以 $u=x^2,v=xy$，因此

$$\frac{\partial u}{\partial x}=2x,\quad \frac{\partial u}{\partial y}=0,\quad \frac{\partial v}{\partial x}=y,\quad \frac{\partial v}{\partial y}=x.$$

由此可知四个偏导数连续，因此 u,v 可微.

仅当 $x=y=0$ 时，满足柯西-黎曼方程，故此函数 $f(z)=z\mathrm{Re}(z)$ 仅在 $z=0$ 处可导.

2.2 解 析 函 数

2.2.1 解析函数的概念

在很多理论与实际问题中,需要研究的不是只在个别点可导的函数,而是在某个区域内处处可导的函数,即解析函数. 复变函数研究的对象,主要是解析函数,它是一类具有某种特性的可微函数,在理论和实际问题中有着广泛的应用,下面介绍解析函数的概念.

解析函数的概念

定义 2.3 如果函数 $f(z)$ 在 z_0 及其某一邻域内可导,则称 $f(z)$ 在 z_0 解析.

定义 2.4 如果函数 $f(z)$ 在区域 D 内处处可导,则称 $f(z)$ 在**区域 D 内解析**,或称 $f(z)$ 为区域 D 内的解析函数.

根据定义可知,函数在区域内解析与在区域内可导是等价的. 但是,函数在一点处解析与在一点处可导不是等价的概念. 函数在一点处解析必在该点处可导,而函数在一点处可导则不一定在该点处解析. 函数在一点处解析比在该点处可导的要求更高.

例如,$f(z) = z^2$ 在复平面内处处可导,因此,$f(z) = z^2$ 为复平面内的解析函数.

又如,$f(z) = z + z\mathrm{Re}(z)$ 在 $z_0 = 0$ 处不是解析的. 因为它只在 $z_0 = 0$ 处可导,而在其他点处不可导.

定义 2.5 函数的不解析点,称为函数的**奇点**.

求函数奇点的方法有

(1) $f(z)$ 的不连续点为函数的奇点;

(2) $f(z) = u + \mathrm{i}v$,u 和 v 不可微的点为函数的奇点;

(3) $f(z)$ 的不可导的点为函数的奇点;

(4) 不满足柯西-黎曼方程的点为函数的奇点;

(5) 不满足解析定义的点为函数的奇点.

例 2.4 研究函数 $f(z) = |z|^2$ 的解析性.

解 设 $z = x + y\mathrm{i}$,则
$$f(z) = |z|^2 = x^2 + y^2,$$
因为
$$u(x,y) = x^2 + y^2, v(x,y) = 0.$$
所以
$$\frac{\partial u}{\partial x} = 2x, \frac{\partial u}{\partial y} = 2y, \frac{\partial v}{\partial x} = 0, \frac{\partial v}{\partial y} = 0,$$

由此可知,$u(x,y)$ 和 $v(x,y)$ 的一阶偏导数连续,因此 $u(x,y)$ 和 $v(x,y)$ 可微.

但只有当 $x=0,y=0$ 时,才满足柯西-黎曼方程

$$\frac{\partial u}{\partial x}=\frac{\partial v}{\partial y},\frac{\partial u}{\partial y}=-\frac{\partial v}{\partial x},$$

而在复平面内其他点,柯西-黎曼方程不成立.

由可导的充要条件得 $f(z)$ 只在 $z=0$ 处可导,在其他点处不可导.

由解析的定义,它在复平面内处处不解析,所有点均为函数的奇点.

例 2.5 研究函数 $f(z)=\dfrac{1}{z}$ 的解析性.

解 函数 $f(z)=\dfrac{1}{z}$ 在 $z=0$ 处无定义,在复平面内除 $z=0$ 外处处可导,根据求导公式可得函数的导数为

$$f'(z)=-\frac{1}{z^2},$$

所以函数 $f(z)$ 在复平面内除 $z=0$ 外处处解析,$z=0$ 为它的奇点.

定理 2.3 (1) 在区域 D 内解析的两个函数 $f(z)$ 与 $g(z)$ 的和、差、积、商(分母为零的点除外)仍为 D 内的解析函数.

(2) 设函数 $h=g(z)$ 在 z 平面上的区域 D 内解析,函数 $w=f(h)$ 在 h 平面上的区域 G 内解析,如果对 D 内的每个点 z,函数 $g(z)$ 的对应值 h 都属于 G,那么复合函数 $w=f[g(z)]$ 在 D 内解析.

特别地,有

(1) 所有多项式在复平面内是处处解析的.

(2) 任何一个有理分式函数 $\dfrac{P(z)}{Q(z)}$ 在不含分母为零的点的区域内是解析的,使分母为零的点是它的奇点.

2.2.2 函数解析的充要条件

在上一节中,已经看到并不是每个复变函数都是解析的,所以如何判别一个函数的解析性就十分重要. 但是,如果只根据定义判定往往是烦琐,甚至有时候是很困难的. 因此,需要寻找判定函数解析的简单方法.我们会看到,解析性预示着实部与虚部之间的某种联系,根据导数的定义,可以推出这种联系的精确表示式.

函数解析的
充要条件

定理 2.4 函数 $f(z)=u(x,y)+\mathrm{i}v(x,y)$ 在区域 D 内解析的充要条件是 $u(x,y)$ 与 $v(x,y)$ 在区域 D 内可微,并且满足柯西-黎曼方程

$$\frac{\partial u}{\partial x}=\frac{\partial v}{\partial y},\frac{\partial u}{\partial y}=-\frac{\partial v}{\partial x}.$$

解析函数的判定方法:

（1）如果能用求导公式与求导法则证实复变函数 $f(z)$ 的导数在区域 D 内处处存在，那么可以根据解析函数的定义判定 $f(z)$ 在区域 D 内是解析的.

（2）如果复变函数 $f(z) = u + iv$ 中的 u, v 在 D 内的各一阶偏导数都存在而且连续（因而 u, v 可微），并满足柯西-黎曼方程，那么根据解析函数的充要条件可以判定 $f(z)$ 在 D 内解析.

例 2.6　设 $f(z) = x^2 + axy + by^2 + i(cx^2 + dxy + y^2)$，当 a, b, c, d 取何值时，$f(z)$ 在复平面内处处解析？

解　因为 $u = x^2 + axy + by^2$，$v = cx^2 + dxy + y^2$，所以

$$\frac{\partial u}{\partial x} = 2x + ay, \frac{\partial u}{\partial y} = ax + 2by, \frac{\partial v}{\partial x} = 2cx + dy, \frac{\partial v}{\partial y} = dx + 2y,$$

为了满足柯西-黎曼方程

$$\frac{\partial u}{\partial x} = \frac{\partial v}{\partial y}, \quad \frac{\partial u}{\partial y} = -\frac{\partial v}{\partial x},$$

则 $2x + ay = dx + 2y$，$ax + 2by = -(2cx + dy)$，得到

$$a = 2, \ b = -1, \ c = -1, \ d = 2.$$

例 2.7　设 $f(z) = u(x, y) + iv(x, y)$ 在区域 D 内解析，并且 $v = u^2$，求 $f(z)$.

解　函数在区域内解析，必须满足柯西-黎曼方程

$$\frac{\partial u}{\partial x} = \frac{\partial v}{\partial y} = 2u \frac{\partial u}{\partial y}, \tag{2.5}$$

$$\frac{\partial u}{\partial y} = -\frac{\partial v}{\partial x} = -2u \frac{\partial u}{\partial x}, \tag{2.6}$$

将式（2.6）代入式（2.5）得

$$\frac{\partial u}{\partial x}(4u^2 + 1) = 0,$$

由 $(4u^2 + 1) \neq 0$，可得

$$\frac{\partial u}{\partial x} = 0,$$

由式（2.6）得

$$\frac{\partial u}{\partial y} = 0,$$

同理可得

$$\frac{\partial v}{\partial x} = \frac{\partial v}{\partial y} = 0,$$

即 u, v 不含有 x, y，所以 $u = c$（常数），
于是 $f(z) = c + ic^2$，是一个常数.

例 2.8　如果 $f(z) = u(x, y) + iv(x, y)$ 在区域 D 内解析，且 $au + bv = c$，a, b, c 不全为零，证明：$f(z)$ 为一常数.

证　由于 a, b, c 不全为零，不妨设 $a \neq 0$，则

$$u = \frac{c - bv}{a}, \ \frac{\partial u}{\partial x} = -\frac{b}{a} \frac{\partial v}{\partial x} = \frac{b}{a} \frac{\partial u}{\partial y}, \ \frac{\partial u}{\partial y} = -\frac{b}{a} \frac{\partial v}{\partial y} = -\frac{b}{a} \frac{\partial u}{\partial x},$$

得出

$$\frac{\partial u}{\partial x} = -\frac{b^2}{a^2} \frac{\partial u}{\partial x},$$

推出

$$\frac{\partial u}{\partial x} = 0.$$

同理可得

$$\frac{\partial u}{\partial y} = 0.$$

故

$$\frac{\partial u}{\partial x} = \frac{\partial v}{\partial y} = \frac{\partial u}{\partial y} = \frac{\partial v}{\partial x} \equiv 0,$$

因此函数 $f(z)$ 在区域 D 内为一常数.

例 2.9 若 $w = u(x, y) + \mathrm{i} v(x, y)$ 为区域 D 内的解析函数,则 w 一定可以单独用 $z = x + \mathrm{i} y$ 表示.

证 将

$$x = \frac{1}{2}(z + \bar{z}), y = \frac{1}{2\mathrm{i}}(z - \bar{z})$$

代入 $u(x, y), v(x, y)$ 中,则 w 就是 z 与 $\bar{z}$ 的函数.

要证明结论,只需证明 w 中不含 $\bar{z}$ 就可以了.

$$\begin{aligned}
\frac{\partial w}{\partial \bar{z}} &= \frac{\partial w}{\partial x} \frac{\partial x}{\partial \bar{z}} + \frac{\partial w}{\partial y} \frac{\partial y}{\partial \bar{z}} \\
&= \frac{1}{2}\left(\frac{\partial u}{\partial x} + \mathrm{i}\frac{\partial v}{\partial x}\right) - \frac{1}{2\mathrm{i}}\left(\frac{\partial u}{\partial y} + \mathrm{i}\frac{\partial v}{\partial y}\right) \\
&= \frac{1}{2}\left(\frac{\partial u}{\partial x} - \frac{\partial v}{\partial y}\right) + \frac{\mathrm{i}}{2}\left(\frac{\partial u}{\partial y} + \frac{\partial v}{\partial x}\right) \\
&= 0,
\end{aligned}$$

所以 w 中不含 $\bar{z}$,即 w 的表达式中只含有 z.

值得注意的是:不解析的函数如

$$f(z) = 2x + \mathrm{i}y = \frac{3}{2}z + \frac{1}{2}\bar{z}$$

却不可以单独用 z 表示.

2.3 调 和 函 数

2.3.1 调和函数的概念

在流体力学、电磁学等领域的许多实际问题中,经常遇到一种函数,称为调和函数. 调和函数与解析函数密切相关,调和函数的概念如下:

定义 2.6　如果函数 $\varphi(x,y)$ 在区域 D 内具有二阶连续偏导数,并且满足拉普拉斯(Laplace)方程

$$\frac{\partial^2 \varphi}{\partial x^2}+\frac{\partial^2 \varphi}{\partial y^2}=0,$$

调和函数

则称 $\varphi(x,y)$ 为区域 D 内的**调和函数**,或说 $\varphi(x,y)$ 在区域 D 内**调和**.

2.3.2　解析函数与调和函数的关系

定理 2.5　任何在区域 D 内的解析函数,它的实部和虚部都是 D 内的调和函数.

证　设 $f(z)=u+\mathrm{i}v$ 为 D 内的解析函数,那么满足柯西-黎曼方程,

$$\frac{\partial u}{\partial x}=\frac{\partial v}{\partial y},\quad \frac{\partial u}{\partial y}=-\frac{\partial v}{\partial x}.$$

下一章将证明,解析函数具有任意阶导数,因而 u,v 均有任意阶连续导数,从而

$$\frac{\partial^2 u}{\partial x^2}=\frac{\partial^2 v}{\partial y \partial x},\quad \frac{\partial^2 u}{\partial y^2}=-\frac{\partial^2 v}{\partial x \partial y}.$$

又因为 $\dfrac{\partial^2 v}{\partial y \partial x}=\dfrac{\partial^2 v}{\partial x \partial y}$,所以

$$\frac{\partial^2 u}{\partial x^2}+\frac{\partial^2 u}{\partial y^2}=0,$$

同理,

$$\frac{\partial^2 v}{\partial x^2}+\frac{\partial^2 v}{\partial y^2}=0,$$

因此 u 和 v 都是调和函数.

2.3.3　共轭调和函数的概念

定义 2.7　设 $u(x,y)$ 与 $v(x,y)$ 均为区域 D 内的调和函数,且满足柯西-黎曼方程

$$\frac{\partial u}{\partial x}=\frac{\partial v}{\partial y},\quad \frac{\partial u}{\partial y}=-\frac{\partial v}{\partial x},$$

则称 $v(x,y)$ 为 $u(x,y)$ 的**共轭调和函数**.

显然,由定义可知,解析函数的虚部是实部的共轭调和函数.

2.3.4　已知实部或虚部的解析函数的表达式

若 u 和 v 是区域 D 内的调和函数,$f(z)=u+\mathrm{i}v$ 不一定是 D 内的解析函数,但若 v 是 u 的共轭调和函数,则 $f(z)=u+\mathrm{i}v$ 一定是 D 内的解析函数.

设想在已知解析函数实部（或虚部）的情况下,能否找出它的虚部（或实部）呢? 答案是肯定的.

下面举例说明,已知调和函数 u,如何构造解析函数 $f(z)=u+iv$,或已知 u 的共轭调和函数 v,如何求解析函数 $f(z)=u+iv$.

例 2.10　设 $u(x,y)=x^2-y^2+xy$,求其共轭调和函数 $v(x,y)$ 及解析函数 $f(z)=u+iv$.

解　方法 1　偏积分法

如果已知一个调和函数 u,那么就可以利用柯西-黎曼方程求得它的共轭调和函数 v,从而构成一个解析函数 $f(z)=u+iv$,这种方法称为偏积分法.

因为解析函数满足柯西-黎曼方程

$$\frac{\partial v}{\partial x}=-\frac{\partial u}{\partial y}=2y-x,$$

对上式关于 x 积分,可以得到

$$v(x,y)=2yx-\frac{1}{2}x^2+c(y),$$

其中 $c(y)$ 是以 y 为自变量的任意实变函数.

现在确定 $c(y)$,根据柯西-黎曼方程,可得

$$\frac{\partial v}{\partial y}=\frac{\partial u}{\partial x},$$

$$2x+c'(y)=2x+y.$$

于是 $c(y)=\frac{1}{2}y^2+c_1$,其中 c_1 是任意实常数.

因此,

$$v(x,y)=2xy-\frac{1}{2}x^2+\frac{1}{2}y^2+c_1,$$

把 u 和 v 代入函数 $f(z)$ 可得

$$f(z)=(x^2-y^2+xy)+i\left(2xy-\frac{1}{2}x^2+\frac{1}{2}y^2+c_1\right)$$

$$=\frac{1}{2}(2-i)z^2+ic_1.$$

方法 2　线积分法

由于 u,v 可微,v 的全微分等于

$$\begin{aligned}
dv &=v_x dx+v_y dy\\
&=-u_y dx+u_x dy\\
&=(2y-x)dx+(2x+y)dy,
\end{aligned}$$

对上式从 $(0,0)$ 沿 x 轴到 $(x,0)$,再从 $(x,0)$ 沿平行于 y 轴的直线到 (x,y) 积分,如图 2-1 所示,

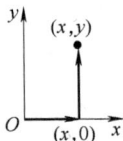

图　2-1

$$v(x,y)=\int_0^x(-x)dx+\int_0^y(2x+y)dy+c_1$$

$$= 2xy - \frac{1}{2}x^2 + \frac{1}{2}y^2 + c_1.$$

其中 c_1 是任意实常数.

方法 3　不定积分法

由导数公式得

$$\begin{aligned} f'(z) &= u_x + iv_x = u_x - iu_y \\ &= 2x + y - i(-2y + x) \\ &= (2-i)z, \end{aligned}$$

令 $g(z) = \frac{1}{2}(2-i)z^2$,显然 $g'(z) = (2-i)z$,

这表明

$$f(z) = g(z) + c = \frac{1}{2}(2-i)z^2 + c = (x^2 - y^2 + xy) + i\left(2xy - \frac{1}{2}x^2 + \frac{1}{2}y^2\right) + c,$$

因为所给 $u(x,y)$ 中不含任意常数,所以 c 为纯虚数,即 $c = ic_1$,其中 c_1 是任意实数. 从而 v 等于

$$v(x,y) = 2xy - \frac{1}{2}x^2 + \frac{1}{2}y^2 + c_1.$$

方法 4　解析特征法

由例 2.9 可知,如果 $w = f(z) = u(x,y) + iv(x,y)$ 是解析函数,则 $f(z)$ 一定能单独用 z 表示,即 $w = f(z)$, $z = x + iy$. 利用这一特征可以将 $u(x,y) + iv(x,y)$ 很方便地写成 z 的表达式,只需在 $w = f(z)$, $z = x + iy$ 中令 $y = 0$,则有

$$w = f(z) = f(x+0) = f(x),$$

也就是说, $f(z)$ 与 $f(x)$ 的对应规律相同,将 $f(x)$ 中的 x 换成 z,得

$$w = f(z).$$

下面用这种方法求出本题的 v,先求 $f(z)$.

根据求导公式,

$$f'(z) = u_x - iu_y = 2x + y - i(-2y + x),$$

令 $y = 0$,即 $z = x$,得

$$f'(x) = 2x - ix,$$

从而

$$f(x) = x^2 - \frac{1}{2}ix^2 + c.$$

将 x 换成 z,得

$$f(z) = z^2 - \frac{1}{2}iz^2 + c = \frac{1}{2}(2-i)z^2 + c = (x^2 - y^2 + xy) + i\left(2xy - \frac{1}{2}x^2 + \frac{1}{2}y^2\right) + c.$$

因为所给 $u(x,y)$ 中不含任意常数,所以 c 为纯虚数,即 $c = ic_1$,其中 c_1 是任意实数.

从而

$$v(x,y) = 2xy - \frac{1}{2}x^2 + \frac{1}{2}y^2 + c_1.$$

此方法方便简单又不易出错,特别是当 u,v 表达式复杂而要求 $f(z)$ 时,更显出这种方法的优越性.

2.4 初 等 函 数

前面学习了复变函数的连续性、可导性以及解析性,下面将学习基本初等函数,这些函数是实变量的基本初等函数在复数域的推广,在复数域内这些函数的定义和在实数域内的定义不同,并且会出现一些新的特征.

2.4.1 指数函数

指数函数与
对数函数

定义 2.8 对于任何复数 $z=x+iy$,定义
$$f(z)=e^x(\cos y+i\sin y)$$
为 z 的**指数函数**,记为 e^z.即 $e^z=e^x(\cos y+i\sin y)$.

由定义可得
$$|e^z|=e^x,\ \text{Arg}(e^z)=y+2k\pi,k=0,\pm1,\pm2,\cdots.$$

指数函数 $f(z)=e^z$ 是单值函数,当 $y=0$ 时,$z=x$,此时 $e^z=e^x$ 为实指数函数;当 $x=0$ 时,$z=iy$,此时 $e^z=e^{iy}=\cos y+i\sin y$ 为**欧拉公式**.

指数函数有以下一些性质.

(1) 对于任意复数 z,$|e^z|=e^x>0$,且 $e^z\neq0$.

证 因为 $e^x>0$,而
$$e^{iy}=\cos y+i\sin y\neq0.$$

(2) 任意两个复数 z_1 与 z_2,$e^{z_1}e^{z_2}=e^{z_1+z_2}$,$\dfrac{e^{z_1}}{e^{z_2}}=e^{z_1-z_2}$.

证 设 $z_1=x_1+iy_1$,$z_2=x_2+iy_2$,则
$$e^{z_1}e^{z_2}=e^{x_1+iy_1}e^{x_2+iy_2}$$
$$=e^{x_1}(\cos y_1+i\sin y_1)e^{x_2}(\cos y_2+i\sin y_2)$$
$$=e^{x_1+x_2}[\cos(y_1+y_2)+i\sin(y_1+y_2)]$$
$$=e^{z_1+z_2};$$
$$\frac{e^{z_1}}{e^{z_2}}=\frac{e^{x_1+iy_1}}{e^{x_2+iy_2}}$$
$$=\frac{e^{x_1}(\cos y_1+i\sin y_1)}{e^{x_2}(\cos y_2+i\sin y_2)}$$
$$=e^{x_1-x_2}[\cos(y_1-y_2)+i\sin(y_1-y_2)]$$
$$=e^{z_1-z_2}.$$

(3) 指数函数 $f(z)=e^z$ 是以 $2\pi i$ 为周期的周期函数.

证 设 $z=x+iy$,则
$$e^{z+2k\pi i}=e^{x+i(y+2k\pi)}$$

$$=\mathrm{e}^x\mathrm{e}^{\mathrm{i}(y+2k\pi)}$$

$$=\mathrm{e}^x\big[\cos(y+2k\pi)+\mathrm{isin}(y+2k\pi)\big]$$

$$=\mathrm{e}^x(\cos y+\mathrm{isin}\,y)$$

$$=\mathrm{e}^{x+\mathrm{i}y}$$

$$=\mathrm{e}^z.$$

此性质说明:若 $\mathrm{e}^{z_1}=\mathrm{e}^{z_2}$,则 $z_1=z_2+2k\pi\mathrm{i},k\in\mathbf{Z}.$

（4）指数函数 $f(z)=\mathrm{e}^z$ 在复平面上处处解析,且 $(\mathrm{e}^z)'=\mathrm{e}^z.$

证　设 $z=x+\mathrm{i}y,\mathrm{e}^z=u(x,y)+\mathrm{i}v(x,y)$,则

$$u(x,y)=\mathrm{e}^x\cos y,\ v(x,y)=\mathrm{e}^x\sin y,$$

故

$$u_x=v_y=\mathrm{e}^x\cos y,\ u_y=-v_x=-\mathrm{e}^x\sin y,$$

显然这四个偏导数连续且满足柯西-黎曼方程.

因此, e^z 在整个复平面上处处解析,且

$$(\mathrm{e}^z)'=u_x+\mathrm{i}v_x=\mathrm{e}^x\cos y+\mathrm{i}\mathrm{e}^x\sin y=\mathrm{e}^z.$$

（5） $\lim\limits_{z\to\infty}\mathrm{e}^z$ 不存在.

证　因为 $\lim\limits_{z=x\to+\infty}\mathrm{e}^z=+\infty$, $\lim\limits_{z=x\to-\infty}\mathrm{e}^z=0$,所以 $\lim\limits_{z\to\infty}\mathrm{e}^z$ 不存在.

从上面的性质知道,复变数的指数函数与实变数的指数函数有许多相同的性质,也有一些区别,大家学习时要注意比较,区分异同.

例 2.11　设 $z=x+\mathrm{i}y$,求

（1） $|\mathrm{e}^{\mathrm{i}-2z}|$;

（2） $|\mathrm{e}^{z^2}|$.

解　由 $|\mathrm{e}^z|=\mathrm{e}^x$ 可得

（1）因为

$$\mathrm{i}-2z=\mathrm{i}-2(x+\mathrm{i}y)=-2x+(1-2y)\mathrm{i},$$

所以

$$|\mathrm{e}^{\mathrm{i}-2z}|=\mathrm{e}^{-2x}.$$

（2）因为

$$z^2=(x+\mathrm{i}y)^2=x^2-y^2+2xy\mathrm{i},$$

所以

$$|\mathrm{e}^{z^2}|=\mathrm{e}^{x^2-y^2}.$$

2.4.2　对数函数

定义 2.9　满足方程 $\mathrm{e}^w=z(z\neq0)$ 的函数 $w=f(z)$ 称为**对数函数**,记为 $w=\mathrm{Ln}\,z.$

令 $w=u+\mathrm{i}v$,则 $z=\mathrm{e}^{u+\mathrm{i}v}$.从而 $|z|=\mathrm{e}^u,u=\ln|z|,v=\mathrm{Arg}\,z$.因此,

$$\mathrm{Ln}\,z=\ln|z|+\mathrm{iArg}\,z=\ln|z|+\mathrm{i}(\arg z+2k\pi),k=0,\pm1,\pm2,\cdots.$$

因此,对数函数 $w=f(z)$ 是多值函数,并且任何两值相差 $2\pi\mathrm{i}$ 的整

数倍.

如果将 $\mathrm{Ln}\,z=\ln|z|+\mathrm{i}\mathrm{Arg}\,z$ 中 $\mathrm{Arg}\,z$ 取主值 $\arg z$,则得到一个单值函数,记为 $\ln z$,称为对数函数 $\mathrm{Ln}\,z$ 的**主值**.

$$\ln z=\ln|z|+\mathrm{i}\arg z,$$

其余各值为

$$\mathrm{Ln}\,z=\ln z+2k\pi\mathrm{i}\quad(k=\pm1,\pm2,\cdots),$$

对于每一个固定的 k,上式确定了一个单值函数,称为 $\mathrm{Ln}\,z$ 的一个分支.

特别地,当 $z=x>0$ 时,$\mathrm{Ln}\,z$ 的主值 $\ln z=\ln x$,是实变数对数函数.

对数函数有以下性质:

(1) $\mathrm{Ln}(z_1z_2)=\mathrm{Ln}\,z_1+\mathrm{Ln}\,z_2$.

证
$$\begin{aligned}
\mathrm{Ln}(z_1z_2)&=\ln|z_1z_2|+\mathrm{i}\mathrm{Arg}(z_1z_2)\\
&=\ln|z_1|+\ln|z_2|+\mathrm{i}(\mathrm{Arg}\,z_1+\mathrm{Arg}\,z_2)\\
&=\ln|z_1|+\mathrm{i}\mathrm{Arg}\,z_1+\ln|z_2|+\mathrm{i}\mathrm{Arg}\,z_2\\
&=\mathrm{Ln}\,z_1+\mathrm{Ln}\,z_2.
\end{aligned}$$

(2) $\mathrm{Ln}\dfrac{z_1}{z_2}=\mathrm{Ln}\,z_1-\mathrm{Ln}\,z_2$.

证
$$\begin{aligned}
\mathrm{Ln}\frac{z_1}{z_2}&=\ln\left|\frac{z_1}{z_2}\right|+\mathrm{i}\mathrm{Arg}\left(\frac{z_1}{z_2}\right)\\
&=\ln|z_1|-\ln|z_2|+\mathrm{i}(\mathrm{Arg}\,z_1-\mathrm{Arg}\,z_2)\\
&=(\ln|z_1|+\mathrm{i}\mathrm{Arg}\,z_1)-(\ln|z_2|+\mathrm{i}\mathrm{Arg}\,z_2)\\
&=\mathrm{Ln}\,z_1-\mathrm{Ln}\,z_2.
\end{aligned}$$

注:以上两个运算性质应理解为左右两边的集合相等.

(3) $\mathrm{Ln}\,z$ 的主值 $\ln z$ 在复平面上除原点及负实半轴外处处解析,且

$$(\ln z)'=\frac{1}{z};$$

$\mathrm{Ln}\,z$ 的各个分支也在除原点及负实半轴的复平面内解析,且

$$(\mathrm{Ln}\,z)'=\frac{1}{z}.$$

证 令 $z=x+\mathrm{i}y$,则

$$\ln z=\ln|z|+\mathrm{i}\arg z=\frac{1}{2}\ln(x^2+y^2)+\mathrm{i}\arg z,$$

显然 $\ln(x^2+y^2)$ 除原点外处处连续.

而当 $x<0$ 时,

$$\lim_{y\to0^+}\arg z=\pi,\quad\lim_{y\to0^-}\arg z=-\pi.$$

故 $\arg z$ 在原点和负实半轴上不连续,因此,$\ln z$ 在原点及负实半轴上不可导,在其他点都可导,且

$$(\ln z)'=\frac{1}{(\mathrm{e}^w)'}=\frac{1}{\mathrm{e}^w}=\frac{1}{z}.$$

而 $\mathrm{Ln}\,z=\ln z+2k\pi\mathrm{i}$,因此 $\mathrm{Ln}\,z$ 也在除原点及负实半轴的复平面内解析,即

$$(\mathrm{Ln}\,z)'=(\ln z+2k\pi\mathrm{i})'=\frac{1}{z}.$$

注:在复变函数里,

$$\mathrm{Ln}\,z^n\neq n\mathrm{Ln}\,z,\mathrm{Ln}\,\sqrt[n]{z}\neq\frac{1}{n}\mathrm{Ln}\,z.$$

如 $\mathrm{Ln}\,z^2\neq 2\mathrm{Ln}\,z$,因为,设 $z=r\mathrm{e}^{\mathrm{i}\theta}$,则

$$z^2=r^2\mathrm{e}^{\mathrm{i}2\theta},$$
$$\mathrm{Ln}\,z^2=\ln|z^2|+\mathrm{iArg}(z^2)=\ln r^2+\mathrm{i}(2\theta+2k\pi),$$

而

$$2\mathrm{Ln}\,z=2\ln r+\mathrm{i}(2\theta+4k\pi),k\in\mathbf{Z}.$$

例 2.12　求下列各式的值及主值.

(1) $\mathrm{Ln}(-2+3\mathrm{i})$;

(2) $\mathrm{Ln}(3-\sqrt{3}\,\mathrm{i})$.

解　(1) $\mathrm{Ln}(-2+3\mathrm{i})=\ln|-2+3\mathrm{i}|+\mathrm{iArg}(-2+3\mathrm{i})$

$$=\frac{1}{2}\ln 13+\mathrm{i}\left(\pi-\arctan\frac{3}{2}+2k\pi\right),$$
$$k=0,\pm1,\pm2,\cdots.$$

主值为 $\ln(-2+3\mathrm{i})=\frac{1}{2}\ln 13+\mathrm{i}\left(\pi-\arctan\frac{3}{2}\right).$

(2) $\mathrm{Ln}(3-\sqrt{3}\,\mathrm{i})=\ln|3-\sqrt{3}\,\mathrm{i}|+\mathrm{i}\left[\arg(3-\sqrt{3}\,\mathrm{i})+2k\pi\right]$

$$=\ln 2\sqrt{3}+\mathrm{i}\left(\arctan\frac{-\sqrt{3}}{3}+2k\pi\right)$$
$$=\ln 2\sqrt{3}+\left(2k\pi-\frac{\pi}{6}\right)\mathrm{i},k=0,\pm1,\pm2,\cdots.$$

主值为 $\ln(3-\sqrt{3}\,\mathrm{i})=\ln 2\sqrt{3}-\frac{\pi}{6}\mathrm{i}.$

2.4.3　幂函数

定义 2.10　函数 $w=z^\alpha=\mathrm{e}^{\alpha\mathrm{Ln}\,z}$($z\neq 0$,$\alpha$ 是任意复常数)称为 z 的**幂函数**.当 α 是正实数,且规定 $z=0$ 时,$z^\alpha=0$.

由于 $\mathrm{Ln}\,z=\ln z+2k\pi\mathrm{i}$ 是多值的,因而一般来说 $w=z^\alpha$ 也是多值的,当 $k=0$ 时为其主值.

幂函数有以下性质:

(1) 当 α 为整数时,z^α 是单值的且是解析的;

(2) 当 α 为有理数 $\frac{m}{n}$ 时($\frac{m}{n}$ 为既约分数,且 $n\geq 2$),z^α 是多值函

幂函数、(反)三角函数
与(反)双曲函数

数,具有 n 个单值分支;

（3）当 α 为有无理数或虚部不为 0 的复数时, z^{α} 是无穷多值函数;

（4）幂函数的各个分支在除原点和负实轴的复平面内是解析的,且其导数为

$$(z^{\alpha})' = \alpha z^{\alpha-1}.$$

例 2.13 求 $1^{\sqrt{2}}$ 和 i^{i} 的值.

解 $1^{\sqrt{2}} = \mathrm{e}^{\sqrt{2}\mathrm{Ln}\,1} = \mathrm{e}^{2\sqrt{2}k\pi\mathrm{i}} = \cos(2\sqrt{2}k\pi) + \mathrm{i}\sin(2\sqrt{2}k\pi)$,
$k = 0, \pm 1, \pm 2, \cdots$.

$$\mathrm{i}^{\mathrm{i}} = \mathrm{e}^{\mathrm{i}\mathrm{Ln}\,\mathrm{i}} = \mathrm{e}^{\mathrm{i}\left(\frac{\pi}{2}\mathrm{i} + 2k\pi\mathrm{i}\right)} = \mathrm{e}^{-\left(\frac{\pi}{2} + 2k\pi\right)}, \quad k = 0, \pm 1, \pm 2, \cdots.$$

2.4.4　三角函数与反三角函数

因为

$$\mathrm{e}^{\mathrm{i}y} = \cos y + \mathrm{i}\sin y, \quad \mathrm{e}^{-\mathrm{i}y} = \cos y - \mathrm{i}\sin y,$$

将两式相加减,得到

$$\cos y = \frac{\mathrm{e}^{\mathrm{i}y} + \mathrm{e}^{-\mathrm{i}y}}{2}, \quad \sin y = \frac{\mathrm{e}^{\mathrm{i}y} - \mathrm{e}^{-\mathrm{i}y}}{2\mathrm{i}}.$$

下面我们把这两个式子推广到自变量取复数的情况.

定义 2.11 对任意复数 z,定义 z 的正弦函数和余弦函数如下:

正弦函数 $\quad \sin z = \dfrac{\mathrm{e}^{\mathrm{i}z} - \mathrm{e}^{-\mathrm{i}z}}{2\mathrm{i}}$,

余弦函数 $\quad \cos z = \dfrac{\mathrm{e}^{\mathrm{i}z} + \mathrm{e}^{-\mathrm{i}z}}{2}$.

正弦函数和余弦函数具有以下性质:

（1） $\sin z$ 和 $\cos z$ 均为单值函数.

（2） $\sin z$ 是奇函数, $\cos z$ 是偶函数,即

$$\sin(-z) = -\sin z, \quad \cos(-z) = \cos z.$$

（3）正弦函数和余弦函数都是以 2π 为周期的,即

$$\sin(z + 2k\pi) = \sin z, \quad \cos(z + 2k\pi) = \cos z.$$

（4）正弦函数和余弦函数在复平面内都是解析函数,且有导数公式

$$(\sin z)' = \cos z, \quad (\cos z)' = -\sin z.$$

（5）除半角公式外,三角恒等式仍成立.例如,

$$\sin(z_1 + z_2) = \sin z_1 \cos z_2 + \cos z_1 \sin z_2,$$

$$\cos(z_1 + z_2) = \cos z_1 \cos z_2 - \sin z_1 \sin z_2,$$

$$\sin\left(z + \frac{\pi}{2}\right) = \cos z,$$

$$\cos\left(z+\frac{\pi}{2}\right) = -\sin z,$$

$$\sin^2 z + \cos^2 z = 1.$$

（6）正弦函数和余弦函数不是有界函数.

例如，令 $z = \mathrm{i}y$，$\cos \mathrm{i}y = \dfrac{\mathrm{e}^{-y} + \mathrm{e}^{y}}{2} > \dfrac{\mathrm{e}^{y}}{2} \to +\infty$，$y \to +\infty$.

例 **2.14** 求 $\cos(1+\mathrm{i})$ 的值.

解 由 $\cos z = \dfrac{\mathrm{e}^{\mathrm{i}z} + \mathrm{e}^{-\mathrm{i}z}}{2}$ 得到

$$\cos(1+\mathrm{i}) = \frac{\mathrm{e}^{\mathrm{i}(1+\mathrm{i})} + \mathrm{e}^{-\mathrm{i}(1+\mathrm{i})}}{2}$$

$$= \frac{\mathrm{e}^{-1+\mathrm{i}} + \mathrm{e}^{1-\mathrm{i}}}{2}$$

$$= \frac{1}{2}\left[\mathrm{e}^{-1}(\cos 1 + \mathrm{i}\sin 1) + \mathrm{e}(\cos 1 - \mathrm{i}\sin 1)\right]$$

$$= \frac{1}{2}(\mathrm{e}^{-1} + \mathrm{e})\cos 1 + \frac{1}{2}(\mathrm{e}^{-1} - \mathrm{e})\mathrm{i}\sin 1.$$

下面介绍几个其他的三角函数：

正切函数 $\qquad\qquad \tan z = \dfrac{\sin z}{\cos z},$

余切函数 $\qquad\qquad \cot z = \dfrac{\cos z}{\sin z},$

正割函数 $\qquad\qquad \sec z = \dfrac{1}{\cos z},$

余割函数 $\qquad\qquad \csc z = \dfrac{1}{\sin z}.$

定义 **2.12** 设 $z = \cos w$，那么称 w 称为 z 的**反余弦函数**，记作 $w = \mathrm{Arccos}\, z$. 根据余弦函数的定义 $z = \cos w = \dfrac{\mathrm{e}^{\mathrm{i}w} + \mathrm{e}^{-\mathrm{i}w}}{2}$ 有

$$\mathrm{e}^{2\mathrm{i}w} - 2z\mathrm{e}^{\mathrm{i}w} + 1 = 0,$$

解以上方程得方程的根为

$$\mathrm{e}^{\mathrm{i}w} = z + \sqrt{z^2 - 1},$$

两边取对数得到反余弦函数表达式为

$$\mathrm{Arccos}\, z = -\mathrm{i}\mathrm{Ln}(z + \sqrt{z^2 - 1}).$$

用同样的方法得到反正弦函数和反正切函数的表达式为

反正弦函数 $\qquad \mathrm{Arcsin}\, z = -\mathrm{i}\mathrm{Ln}(\mathrm{i}z + \sqrt{1 - z^2}),$

反正切函数 $\qquad \mathrm{Arctan}\, z = -\dfrac{\mathrm{i}}{2}\mathrm{Ln}\dfrac{1+\mathrm{i}z}{1-\mathrm{i}z},$

反余切函数 $\qquad \mathrm{Arccot}\, z = \dfrac{\mathrm{i}}{2}\mathrm{Ln}\dfrac{z-\mathrm{i}}{z+\mathrm{i}}.$

2.4.5　双曲函数与反双曲函数

定义 2.13　双曲函数定义如下：

双曲正弦函数　　　$\operatorname{sh} z = \dfrac{e^z - e^{-z}}{2}$,

双曲余弦函数　　　$\operatorname{ch} z = \dfrac{e^z + e^{-z}}{2}$,

双曲正切函数　　$\operatorname{th} z = \dfrac{\operatorname{sh} z}{\operatorname{ch} z} = \dfrac{e^z - e^{-z}}{e^z + e^{-z}}$,

双曲余切函数　　$\operatorname{coth} z = \dfrac{\operatorname{ch} z}{\operatorname{sh} z} = \dfrac{e^z + e^{-z}}{e^z - e^{-z}}$.

从上面的定义可知，当 z 为实数 x 时，它们与高等数学中的双曲函数的定义一致.

双曲函数有类似三角函数的如下性质：

（1）$\operatorname{sh} z$ 和 $\operatorname{ch} z$ 都是以 $2\pi \mathrm{i}$ 为周期的周期函数，即

$$\operatorname{sh}(z + 2k\pi \mathrm{i}) = \operatorname{sh} z, \quad \operatorname{ch}(z + 2k\pi \mathrm{i}) = \operatorname{ch} z.$$

（2）$\operatorname{sh} z$ 奇函数，$\operatorname{ch} z$ 是偶函数.

（3）$\operatorname{sh} z$ 和 $\operatorname{ch} z$ 在整个复平面上解析，且

$$(\operatorname{sh} z)' = \operatorname{ch} z, \quad (\operatorname{ch} z)' = \operatorname{sh} z.$$

（4）双曲函数与三角函数的关系有

$$\operatorname{sh} \mathrm{i}z = \mathrm{i}\sin z, \ \operatorname{ch} \mathrm{i}z = \cos z,$$
$$\sin \mathrm{i}z = \mathrm{i}\operatorname{sh} z, \ \cos \mathrm{i}z = \operatorname{ch} z.$$

例 2.15　解方程 $\sin z = \mathrm{i}\operatorname{sh} 1$.

解
$$
\begin{aligned}
\sin z &= \sin(x + \mathrm{i}y) \\
&= \sin x \cos \mathrm{i}y + \cos x \sin \mathrm{i}y \\
&= \sin x \operatorname{ch} y + \mathrm{i}\cos x \operatorname{sh} y \\
&= \mathrm{i}\operatorname{sh} 1,
\end{aligned}
$$

因此，
$$\operatorname{Re}(\sin z) = \sin x \operatorname{ch} y = 0,$$
$$\operatorname{Im}(\sin z) = \cos x \operatorname{sh} y = \operatorname{sh} 1.$$

又因为 $\operatorname{ch} y \neq 0$，故

$$\sin x = 0,$$

即 $x = k\pi, k \in \mathbf{Z}$.

当 k 等于偶数 $2n$ 时，$y = 1$；当 k 等于奇数 $2n+1$ 时，$y = -1$. 所以，
$$z = 2n\pi + \mathrm{i} \ 或 \ (2n+1)\pi - \mathrm{i}，其中 \ n \in \mathbf{Z}.$$

另外，定义反双曲函数为双曲函数的反函数可用于推导反三角函数表达式类似的步骤，于是有如下定义.

定义 2.14　反双曲函数定义如下：

反双曲正弦　　$\operatorname{Arsh} z = \operatorname{Ln}(z + \sqrt{z^2 + 1})$,

反双曲余弦　　$\operatorname{Arch} z = \operatorname{Ln}(z + \sqrt{z^2 - 1})$,

反双曲正切	$\text{Arth } z = \dfrac{1}{2}\text{Ln}\dfrac{1+z}{1-z},$
反双曲余切	$\text{Arcoth } z = \dfrac{1}{2}\text{Ln}\dfrac{z+1}{z-1}.$

第 2 章小结

1. 解析函数的概念

（1）复变函数的导数：

1）点可导：$f'(z_0)= = \lim\limits_{\Delta z \to 0}\dfrac{f(z_0+\Delta z)-f(z_0)}{\Delta z}.$

2）区域可导：$f(z)$ 在区域内的每个点可导.

（2）解析函数的概念：

1）点解析：$f(z)$ 在 z_0 及其 z_0 的邻域内可导，称 $f(z)$ 在 z_0 点解析.

2）区域解析：$f(z)$ 在区域内每一点解析，称 $f(z)$ 在区域内解析.

3）奇点：若 $f(z)$ 在 z_0 点不解析，称 z_0 为 $f(z)$ 的奇点.

（3）解析函数的运算法则：

解析函数的和、差、积、商（除分母为零的点）仍为解析函数；解析函数的复合函数仍为解析函数.

2. 函数可导与解析的充要条件

（1）函数可导的充要条件：

函数 $f(z)=u(x,y)+iv(x,y)$ 在点 $z=x+yi$ 处可导 $\Leftrightarrow u(x,y)$ 和 $v(x,y)$ 在点 (x,y) 处可微，且在点 (x,y) 处满足柯西-黎曼方程：

$$\frac{\partial u}{\partial x}=\frac{\partial v}{\partial y},\quad \frac{\partial u}{\partial y}=-\frac{\partial v}{\partial x}.$$

此时，有　　$f'(z)=\dfrac{\partial u}{\partial x}+i\dfrac{\partial v}{\partial x}=\dfrac{\partial u}{\partial x}-i\dfrac{\partial u}{\partial y}=\dfrac{\partial v}{\partial y}+i\dfrac{\partial v}{\partial x}=\dfrac{\partial v}{\partial y}-i\dfrac{\partial u}{\partial y}.$

（2）函数解析的充要条件：

函数 $f(z)=u(x,y)+iv(x,y)$ 在区域 D 内解析 $\Leftrightarrow u(x,y)$ 和 $v(x,y)$ 在 D 内可微，且满足柯西-黎曼方程：

$$\frac{\partial u}{\partial x}=\frac{\partial v}{\partial y},\quad \frac{\partial u}{\partial y}=-\frac{\partial v}{\partial x}.$$

此时，　　$f'(z)=\dfrac{\partial u}{\partial x}+i\dfrac{\partial v}{\partial x}=\dfrac{\partial u}{\partial x}-i\dfrac{\partial u}{\partial y}=\dfrac{\partial v}{\partial y}+i\dfrac{\partial v}{\partial x}=\dfrac{\partial v}{\partial y}-i\dfrac{\partial u}{\partial y}.$

注：若 $u(x,y)$ 和 $v(x,y)$ 在区域 D 具有一阶连续偏导数，则 $u(x,y)$ 和 $v(x,y)$ 在区域 D 内是可微的. 因此在使用充要条件证明时，只要能说明 $u(x,y)$ 和 $v(x,y)$ 具有一阶连续偏导数且满足柯西-黎曼方程，则函数 $f(z)=u(x,y)+iv(x,y)$ 一定是可导或解析的.

（3）函数可导与解析的判别方法：

1）利用定义.（要求用定义）

2）利用充要条件.（函数以 $f(z)=u(x,y)+iv(x,y)$ 形式给出）

3）利用可导或解析函数的四则运算法则.（函数 $f(z)$ 是以 z 的形式给出）

3. 解析函数与调和函数的关系

（1）调和函数的概念：

如果函数 $\varphi(x,y)$ 在区域 D 内具有二阶连续偏导数，并且满足拉普拉斯方程

$$\frac{\partial^2 \varphi}{\partial x^2}+\frac{\partial^2 \varphi}{\partial y^2}=0,$$

则称 $\varphi(x,y)$ 为区域 D 内的调和函数，或者说 $\varphi(x,y)$ 在区域 D 内调和.

（2）共轭调和函数的概念：

设 $u(x,y)$ 与 $v(x,y)$ 均为区域 D 内的调和函数，且满足柯西-黎曼方程

$$\frac{\partial u}{\partial x}=\frac{\partial v}{\partial y}, \quad \frac{\partial u}{\partial y}=-\frac{\partial v}{\partial x},$$

则称 $v(x,y)$ 为 $u(x,y)$ 的共轭调和函数.

（3）解析函数与调和函数的关系：

1）任何在区域 D 内解析的函数，它的实部和虚部都是 D 内的调和函数.

2）解析函数的虚部是实部的共轭调和函数.

（4）已知实部或虚部的解析函数表达式：

若 u 和 v 是区域 D 内的调和函数，$f(z)=u+iv$ 不一定是 D 内的解析函数，但若 v 是 u 的共轭调和函数，则 $f(z)=u+iv$ 一定是 D 内的解析函数.

已知调和函数 u，如何构造解析函数 $f(z)=u+iv$，或已知 u 的共轭调和函数 v，如何求解析函数 $f(z)=u+iv$.其方法有偏积分法、线积分法、不定积分法和解析特征法.

4. 初等函数

（1）指数函数：$e^z=e^x(\cos y+i\sin y)$，在 z 平面处处可导，处处解析；且 $(e^z)'=e^z$.

注：e^z 是以 $2\pi i$ 为周期的周期函数.（与实变函数不同）

（2）对数函数：$\operatorname{Ln} z=\ln|z|+i\operatorname{Arg} z=\ln|z|+i(\arg z+2k\pi)$，$k=0$，$\pm 1,\pm 2,\cdots;$（多值函数）

对数函数 $\operatorname{Ln} z$ 的主值为 $\ln z=\ln|z|+i\arg z.$（单值函数）

$\operatorname{Ln} z$ 的每一个主值分支 $\ln z$ 在除原点及负实轴的 z 平面内处处解析，且 $(\ln z)'=\dfrac{1}{z}.$

注：负复数也有对数存在.（与实函数不同）

（3）幂函数：$z^\alpha=e^{\alpha \operatorname{Ln} z}(z\neq 0).$

注：在除原点及负实轴的 z 平面内处处解析，且 $(z^\alpha)'=\alpha z^{\alpha-1}.$

（4）**三角函数与反三角函数**：

1）**三角函数**：

$$\sin z = \frac{e^{iz}-e^{-iz}}{2i}, \quad \cos z = \frac{e^{iz}+e^{-iz}}{2}, \quad \tan z = \frac{\sin z}{\cos z}, \quad \cot z = \frac{\cos z}{\sin z},$$

$$\sec z = \frac{1}{\cos z}, \quad \csc z = \frac{1}{\sin z};$$

$\sin z$ 和 $\cos z$ 在 z 平面内解析，且 $(\sin z)' = \cos z$，$(\cos z)' = -\sin z$.

注：有界性 $|\sin z| \leq 1$，$|\cos z| \leq 1$ 不再成立.（与实函数不同）

2）**反三角函数**：

$$\mathrm{Arcsin}\, z = -i\mathrm{Ln}(iz+\sqrt{1-z^2})\,, \quad \mathrm{Arccos}\, z = -i\mathrm{Ln}(z+\sqrt{z^2-1})\,,$$

$$\mathrm{Arctan}\, z = -\frac{i}{2}\mathrm{Ln}\frac{1+iz}{1-iz}, \quad \mathrm{Arccot}\, z = \frac{i}{2}\mathrm{Ln}\frac{z-i}{z+i}.$$

（5）**双曲函数与反双曲函数**：

1）**双曲函数**：$\mathrm{sh}\, z = \dfrac{e^z-e^{-z}}{2}$，$\mathrm{ch}\, z = \dfrac{e^z+e^{-z}}{2}$，$\mathrm{th}\, z = \dfrac{\mathrm{sh}\, z}{\mathrm{ch}\, z} = \dfrac{e^z-e^{-z}}{e^z+e^{-z}}$，

$\coth z = \dfrac{\mathrm{ch}\, z}{\mathrm{sh}\, z} = \dfrac{e^z+e^{-z}}{e^z-e^{-z}}$；

$\mathrm{sh}\, z$ 奇函数，$\mathrm{ch}\, z$ 是偶函数. $\mathrm{sh}\, z$ 和 $\mathrm{ch}\, z$ 在 z 平面内解析，且 $(\mathrm{sh}\, z)' = \mathrm{ch}\, z$，$(\mathrm{ch}\, z)' = \mathrm{sh}\, z$.

2）**反双曲函数**：$\mathrm{Arsh}\, z = \mathrm{Ln}(z+\sqrt{z^2+1})$，$\mathrm{Arch}\, z = \mathrm{Ln}(z+\sqrt{z^2-1})$，

$\mathrm{Arth}\, z = \dfrac{1}{2}\mathrm{Ln}\dfrac{1+z}{1-z}$，$\mathrm{Arcoth}\, z = \dfrac{1}{2}\mathrm{Ln}\dfrac{z+1}{z-1}$.

第 2 章习题

1. 利用导数的定义验证：

（1）$(z^n)' = nz^{n-1}$　（n 为正整数）；　　　（2）$\left(\dfrac{1}{z}\right)' = -\dfrac{1}{z^2}$.

2. 用导数的定义求 $f(z) = z\mathrm{Re}(z)$ 的导数.

3. 下列函数何处可导？何处解析？

（1）$f(z) = x^2 - iy$；　　　　　　　（2）$f(z) = x^3 - 3xy^2 + i(3x^2y - y^3)$；

（3）$f(z) = e^{-y}(\cos x + i\sin x)$；　（4）$f(z) = \sin x\mathrm{ch}\, y + i\cos x\mathrm{sh}\, y$；

（5）$f(z) = \bar{z}$；　　　　　　　　　（6）$f(z) = |z|$；

（7）$f(z) = |z^2|z$；　　　　　　　　（8）$f(z) = z\mathrm{Im}\, z - \mathrm{Re}\, z$.

4. 指出下列函数的解析性区域，并求其导数.

（1）$f(z) = (z-1)^5$；

（2）$f(z) = \dfrac{z+2}{(z+1)(z^2+1)}$；

（3）$f(z)=\dfrac{x+y}{x^2+y^2}+\mathrm{i}\dfrac{x-y}{x^2+y^2}$；

（4）$f(z)=\dfrac{az+b}{cz+d}$　（c,d 中至少有一个不为零）.

5. 求下列函数的奇点.

（1）$f(z)=\dfrac{z+1}{z(z^2+1)}$；　　　　　　（2）$f(z)=\dfrac{z-2}{(z+1)^2(z^2+1)}$.

6. 设 $my^3+nx^2y+\mathrm{i}(x^3+lxy^2)$ 为解析函数,试确定 l,m,n 的值.

7. 设 $f(z)$ 在区域 D 内解析,试证明:在 D 内下列条件是彼此等价的.

（1）$f(z)=$ 常数；　　　　　　　　（2）$f'(z)=0$；

（3）$\operatorname{Re}f(z)=$ 常数；　　　　　　（4）$\operatorname{Im}f(z)=$ 常数；

（5）$\overline{f(z)}$ 在 D 内解析；　　　　（6）$|f(z)|=$ 常数.

8. 下列函数是否为调和函数? 如果是,求出解析函数 $f(z)=u+\mathrm{i}v$.

（1）$v(x,y)=\dfrac{y}{x^2+y^2}$；　　　　　（2）$u(x,y)=\mathrm{e}^x\sin y$；

（3）$u(x,y)=x^3+y^3+xy$；　　　（4）$u(x,y)=\ln\sqrt{x^2+y^2}$；

（5）$u=2(x-1)y,\ f(2)=-\mathrm{i}$；（6）$v=\arctan\dfrac{y}{x},\ x>0$.

9. 计算下列各式的值.

（1）$\mathrm{e}^{1-\mathrm{i}\frac{\pi}{2}}$；　　　　　　　　　（2）$\mathrm{e}^{\mathrm{i}k\pi}$；

（3）$\operatorname{Ln}3$；　　　　　　　　　（4）$\ln(-\mathrm{i})$；

（5）$(1+\mathrm{i})^{\mathrm{i}}$；　　　　　　　（6）$3^{3-\mathrm{i}}$；

（7）$1^{-\mathrm{i}}$；　　　　　　　　　（8）$\cos\mathrm{i}$.

10. 求解下列方程:

（1）$\mathrm{e}^z=1+\sqrt{3}\mathrm{i}$；　　　　　（2）$\sin z+\cos z=0$；

（3）$\sin z=0$；　　　　　　　（4）$1+\mathrm{e}^z=0$；

（5）$\operatorname{sh}z=\mathrm{i}$；　　　　　　　（6）$\ln z=\dfrac{\pi}{2}\mathrm{i}$.

11. 设

$$f(z)=\begin{cases}\dfrac{x^3-y^3+\mathrm{i}(x^3+y^3)}{x^2+y^2},&z\neq0;\\0,&z=0.\end{cases}$$

求证:（1）$f(z)$ 在 $z=0$ 处连续；

（2）$f(z)$ 在 $z=0$ 处满足柯西-黎曼方程；

（3）$f'(0)$ 不存在.

12. 设 $f(z)$ 在区域 D 内解析,试证:$\left(\dfrac{\partial^2}{\partial x^2}+\dfrac{\partial^2}{\partial y^2}\right)|f(z)|^2=4|f'(z)|^2$.

13. 证明:柯西-黎曼方程的极坐标形式为 $\dfrac{\partial u}{\partial r} = \dfrac{1}{r}\dfrac{\partial v}{\partial \theta}, \dfrac{\partial v}{\partial r} = -\dfrac{1}{r}\dfrac{\partial u}{\partial \theta}$.

14. 设 $w = \sqrt[3]{z}$ 确定在原点 $z = 0$ 起沿负实轴割破了的 z 平面,并且 $w(-2) = -\sqrt[3]{2}$,试求 $w(z)$ 的值.

15. 设 $v = e^{px}\sin y$,求 p 的值使 v 为调和函数,并求出解析函数 $f(z) = u + iv$.

第3章

复变函数积分

复变函数积分是研究解析函数的一个重要工具,解析函数的许多性质都和复变函数积分有关,如"解析函数的导数的连续性和可导性"表面看起来是只与微分学有关的问题,但这些结论的推导都要用复变函数积分来加以讨论. 本章主要介绍复变函数积分的定义、性质及其计算方法,基本定理及其推广,柯西积分公式和高阶导数公式.

3.1 复变函数积分的概念

3.1.1 复变函数积分的定义

复变函数积分的
定义和性质

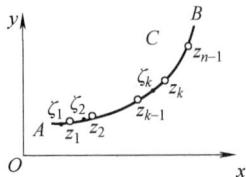

在给出复变函数积分的定义之前,先介绍有向曲线的概念.

定义 3.1 规定了起点和终点的光滑曲线或分段光滑曲线称为有向曲线.

对于曲线 C,若规定端点 A 为起点、B 为终点,则把从 A 到 B 的方向称为曲线 C 的正向,从 B 到 A 的方向称为曲线 C 的负向,沿曲线 C 负向的曲线记为 C^-.

对于简单闭曲线,通常规定逆时针方向为正向,顺时针方向为负向.对于作为某区域边界的闭曲线,规定其正向为:当点 P 沿曲线顺此方向前进时,邻近点 P 的区域内部总在点 P 的左侧.因此,区域外边界正向是逆时针方向,区域内边界正向是顺时针方向.

定义 3.2 设 $w=f(z)$ 在有向光滑曲线 C 上有定义,沿 C 从起点 A 到终点 B 依次任意插入 $n-1$ 个分点 $A=z_0,z_1,z_2,\cdots,z_{n-1}$, $z_n=B$,将曲线 C 分成 n 个弧段.在第 k 个小弧段上任取的一点 $\zeta_k(k=1,2,\cdots,n)$,如图 3-1 所示,记 $\Delta z_k=z_k-z_{k-1}$,Δs_k 为第 k 个小弧段的长度,$\lambda=\max\limits_{1\le k\le n}\{\Delta s_k\}$.

图 3-1

若当 $\lambda\to 0$ 时,和式 $\sum\limits_{k=1}^{n}f(\zeta_k)\Delta z_k$ 的极限存在,且极限值不依赖于对曲线 C 的分法和 $\zeta_k(k=1,2,\cdots,n)$ 的取法,则称函数 $f(z)$ 沿曲

线 C 可积,此极限值称为 $f(z)$ 沿曲线 C 的复变函数积分,记为 $\int_C f(z)\,\mathrm{d}z$,即

$$\int_C f(z)\,\mathrm{d}z = \lim_{\lambda \to 0} \sum_{k=1}^{n} f(\zeta_k) \Delta z_k.$$

沿曲线 C 负向的曲线的积分记作 $\int_{C^-} f(z)\,\mathrm{d}z$;若 C 为闭曲线,则沿 C 的积分记为 $\oint_C f(z)\,\mathrm{d}z$;若 C 为 x 轴上的区间,此时 $f(z) = f(x)$,则这个定义即为定积分的定义.

3.1.2　复变函数积分存在的条件及其计算

下面讨论 $f(z) = u(x,y) + iv(x,y)$ 沿曲线 C 积分存在的条件,同时给出其计算方法.

定理 3.1(积分存在定理)　若 $f(z) = u(x,y) + iv(x,y)$ 在光滑曲线 C 上连续,则 $\int_C f(z)\,\mathrm{d}z$ 存在,且

$$\int_C f(z)\,\mathrm{d}z = \int_C u\,\mathrm{d}x - v\,\mathrm{d}y + i\int_C v\,\mathrm{d}x + u\,\mathrm{d}y.$$

证　设 $z_k = x_k + iy_k$,$\zeta_k = \xi_k + i\eta_k$,$\Delta x_k = x_k - x_{k-1}$,$\Delta y_k = y_k - y_{k-1}$,则

$$\Delta z_k = z_k - z_{k-1} = x_k - x_{k-1} + i(y_k - y_{k-1}) = \Delta x_k + i\Delta y_k.$$

简记

$$f(\zeta_k) = u(\xi_k, \eta_k) + iv(\xi_k, \eta_k) = u_k + iv_k, \quad k = 1, 2, \cdots, n.$$

则

$$\begin{aligned}
\sum_{k=1}^{n} f(\zeta_k) \Delta z_k &= \sum_{k=1}^{n} (u_k + iv_k)(\Delta x_k + i\Delta y_k) \\
&= \sum_{k=1}^{n} (u_k \Delta x_k - v_k \Delta y_k) + i\sum_{k=1}^{n} (v_k \Delta x_k + u_k \Delta y_k).
\end{aligned}$$

复变函数积分
存在的条件及其计算

由于 $f(z)$ 在 C 上连续,故必有 u,v 在 C 上连续,且当 $\lambda \to 0$ 时,有 $\max\limits_{1 \leqslant k \leqslant n} \{\Delta x_k\} \to 0$ 及 $\max\limits_{1 \leqslant k \leqslant n} \{\Delta y_k\} \to 0$,于是上式右端存在极限,因此 $\int_C f(z)\,\mathrm{d}z$ 存在,且

$$\int_C f(z)\,\mathrm{d}z = \int_C u\,\mathrm{d}x - v\,\mathrm{d}y + i\int_C v\,\mathrm{d}x + u\,\mathrm{d}y,$$

证毕.

定理 3.1 表明,当 $f(z)$ 在光滑曲线 C 上连续时,积分 $\int_C f(z)\,\mathrm{d}z$ 不但存在,而且可以通过两个二元实函数的曲线积分来计算.

若 C 不光滑,但 C 由两条光滑曲线 C_1,C_2 相接而成,即 $C = C_1 + C_2$ 分段光滑,规定

$$\int_C f(z)\,\mathrm{d}z = \int_{C_1} f(z)\,\mathrm{d}z + \int_{C_2} f(z)\,\mathrm{d}z.$$

利用曲线的参数方程还可以把复变函数积分进一步化为普通

的定积分.

设光滑曲线 C 的参数方程为

$$z = z(t) = x(t) + iy(t), t \text{ 从 } \alpha \text{ 变到 } \beta.$$

由定理 3.1,有

$$\int_C f(z)\mathrm{d}z = \int_C u\mathrm{d}x - v\mathrm{d}y + i\int_C v\mathrm{d}x + u\mathrm{d}y$$

$$= \int_\alpha^\beta \{u[x(t),y(t)]x'(t) - v[x(t),y(t)]y'(t)\}\mathrm{d}t +$$

$$i\int_\alpha^\beta \{v[x(t),y(t)]x'(t) + u[x(t),y(t)]y'(t)\}\mathrm{d}t$$

$$= \int_\alpha^\beta \{u[x(t),y(t)] + iv[x(t),y(t)]\}[x'(t) + iy'(t)]\mathrm{d}t$$

$$= \int_\alpha^\beta f[z(t)]z'(t)\mathrm{d}t.$$

即

$$\int_C f(z)\mathrm{d}z = \int_\alpha^\beta f[z(t)]z'(t)\mathrm{d}t.$$

例 3.1　计算 $\int_C z\mathrm{d}z$,其中 C 的起点为 0,终点为 3+4i,路径如下:

(1) 沿起点为 0,终点为 3+4i 的直线段;

(2) 沿实轴从 0 到 3,再沿直线 $x=3$ 从 3 到 3+4i.

解　(1) C 的参数方程为

$$z(t) = 3t + 4it, t \text{ 从 } 0 \text{ 变到 } 1,$$

则

$$\mathrm{d}z = (3+4i)\mathrm{d}t.$$

所以

$$\int_C z\mathrm{d}z = \int_0^1 (3t + 4ti)(3 + 4i)\mathrm{d}t = (3 + 4i)^2 \int_0^1 t\mathrm{d}t = -\frac{7}{2} + 12i.$$

(2) C 是分段光滑曲线,设 $C = C_1 + C_2$,则 C_1, C_2 光滑,其中

C_1 为 $z(t) = t, t$ 从 0 变到 3,$\mathrm{d}z = \mathrm{d}t$;

C_2 为 $z(t) = 3 + it, t$ 从 0 变到 4,$\mathrm{d}z = i\mathrm{d}t$.

所以

$$\int_C z\mathrm{d}z = \int_{C_1} z\mathrm{d}z + \int_{C_2} z\mathrm{d}z$$

$$= \int_0^3 t\mathrm{d}t + \int_0^4 (3 + it)i\mathrm{d}t = -\frac{7}{2} + 12i.$$

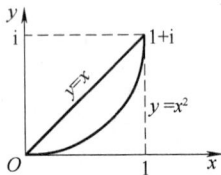

图 3-2

例 3.2　计算 $\int_C \mathrm{Im}\, z\mathrm{d}z$,其中曲线 C 如下:

(1) 沿抛物线 $y = x^2$ 从原点到 1+i;

(2) 沿直线从原点到 1+i,如图 3-2 所示.

解　(1) C 的参数方程为

$$z(t) = t + it^2, t \text{ 从 } 0 \text{ 变到 } 1,$$

则

$$\mathrm{Im}\, z = t^2, \mathrm{d}z = (1 + 2it)\mathrm{d}t.$$

所以

$$\int_C \mathrm{Im}\, z \mathrm{d}z = \int_0^1 t^2(1+2it)\mathrm{d}t = \left(\frac{t^3}{3} + \frac{i}{2}t^4\right)\Bigg|_0^1 = \frac{1}{3} + \frac{1}{2}i.$$

（2）C 的参数方程为 $z(t)=t+it,t$ 从 0 变到 1,

则 $$\mathrm{Im}\, z = t, \mathrm{d}z = (1+i)\mathrm{d}t.$$

所以

$$\int_C \mathrm{Im}\, z \mathrm{d}z = \int_0^1 t(1+i)\mathrm{d}t = \frac{1}{2}(1+i).$$

例 3.3 计算 $\oint_C \dfrac{1}{(z-z_0)^{n+1}}\mathrm{d}z$，其中 C 为圆周 $|z-z_0|=r$，取正向，n 为整数，如图 3-3 所示.

解 C 的参数方程为

$$z=z_0+re^{i\theta}, \theta \text{ 从 } 0 \text{ 变到 } 2\pi,$$

则 $$\mathrm{d}z = ire^{i\theta}\mathrm{d}\theta.$$

所以

$$\oint_C \frac{1}{(z-z_0)^{n+1}}\mathrm{d}z = \int_0^{2\pi} \frac{ire^{i\theta}}{r^{n+1}e^{i(n+1)\theta}}\mathrm{d}\theta$$

$$= \frac{i}{r^n}\int_0^{2\pi} e^{-in\theta}\mathrm{d}\theta$$

$$= \frac{i}{r^n}\int_0^{2\pi}(\cos n\theta - i\sin n\theta)\mathrm{d}\theta.$$

图 3-3

若 $n=0$，$\oint_C \dfrac{1}{(z-z_0)^{n+1}}\mathrm{d}z = i\int_0^{2\pi}\mathrm{d}\theta = 2\pi i.$

若 $n\neq 0$，$\oint_C \dfrac{1}{(z-z_0)^{n+1}}\mathrm{d}z = \dfrac{i}{r^n}\int_0^{2\pi}(\cos n\theta - i\sin n\theta)\mathrm{d}\theta = 0.$

因此 $$\oint_C \frac{1}{(z-z_0)^{n+1}}\mathrm{d}z = \begin{cases} 2\pi i, & n=0, \\ 0, & n\neq 0. \end{cases}$$

这个结果与圆周 C 的半径和中心无关，后面经常要用到这个结果.

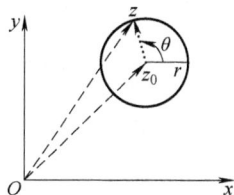

3.1.3 复变函数积分的基本性质

由复变函数积分的存在定理知道，复变函数积分的实部和虚部都是第二类曲线积分.因此，曲线积分一些基本性质对复变函数积分也成立,假设下面的积分均存在,则有

（1）$\int_C kf(z)\mathrm{d}z = k\int_C f(z)\mathrm{d}z, k$ 为常数；

（2）$\int_C f(z)\mathrm{d}z = -\int_{C^-} f(z)\mathrm{d}z$；

（3）$\int_C [f(z)\pm g(z)]\mathrm{d}z = \int_C f(z)\mathrm{d}z \pm \int_C g(z)\mathrm{d}z$；

（4）$\int_C f(z)\mathrm{d}z = \int_{C_1} f(z)\mathrm{d}z + \int_{C_2} f(z)\mathrm{d}z$，其中 C 由 C_1 和 C_2 相接

而成；

（5）若在 C 上，$|f(z)| \leqslant M$，且 C 的长度为 L，则

$$\left| \int_C f(z)\,\mathrm{d}z \right| \leqslant \int_C |f(z)|\,\mathrm{d}s \leqslant ML,$$

不等式中间的积分为 $|f(z)|$ 沿曲线 C 的第一类曲线积分．

利用复变函数积分的定义很容易得到性质（1）~ 性质（4），下面我们证明性质（5）．

由于

$$\left| \sum_{k=1}^{n} f(\zeta_k) \Delta z_k \right| \leqslant \sum_{k=1}^{n} |f(\zeta_k)| |\Delta z_k| \leqslant \sum_{k=1}^{n} |f(\zeta_k)| \Delta s_k,$$

其中 $|\Delta z_k|$ 与 Δs_k 分别为第 k 个弧段上的弦长与弧长，两边取极限，得出结论的前一部分．

又

$$\sum_{k=1}^{n} |f(\zeta_k)| \Delta s_k \leqslant M \sum_{k=1}^{n} \Delta s_k = ML,$$

所以结论的后一部分成立．

例 3.4　设 C 为从原点 O 到点 $3+4\mathrm{i}$ 的直线段，证明：

$$\left| \int_C \frac{1}{z-\mathrm{i}}\mathrm{d}z \right| \leqslant \frac{25}{3}.$$

证　C 的参数方程为 $z=(3+4\mathrm{i})t$，t 从 0 变到 1．

对于 C 上的任一点 z，有

$$\left| \frac{1}{z-\mathrm{i}} \right| = \frac{1}{|3t+(4t-1)\mathrm{i}|} = \frac{1}{\sqrt{25\left(t-\dfrac{4}{25}\right)^2+\dfrac{9}{25}}} \leqslant \frac{5}{3}.$$

又直线段 C 长为 5，由性质（5），有

$$\left| \int_C \frac{1}{z-\mathrm{i}}\mathrm{d}z \right| \leqslant \int_C \left| \frac{1}{z-\mathrm{i}} \right|\mathrm{d}s \leqslant \frac{5}{3} \times 5 = \frac{25}{3}.$$

3.2　基本定理及其推广

3.2.1　基本定理

从上一节的例子中我们发现，对于复变函数的积分，起点和终点相同时，积分路径不同，积分结果可能相同也可能不同．那么，在什么条件下积分值与路径无关呢？由于复变函数的积分可以转化为实函数的曲线积分，因此解决复变函数积分与路径无关的问题就归结为曲线积分与路径无关的问题，即沿简单闭曲线的曲线积分为 0 的问题．

基本定理和原函数

设 C 为单连通域（又称单连通区域）B 内的闭曲线，由积分存在定理，要使 $\oint_C f(z)\mathrm{d}z = 0$，需要 $\oint_C u\mathrm{d}x - v\mathrm{d}y = 0$ 与 $\oint_C v\mathrm{d}x + u\mathrm{d}y = 0$ 同时

成立,根据格林公式,u,v 需具有一阶连续偏导数且 $u_x = v_y$,$u_y = -v_x$.由函数解析的充要条件,上述结果可以表述成:若在单连通域 B 内 $f(z)$ 解析,且 $f'(z)$ 连续,则对 B 内任意闭曲线 C,有 $\oint_C f(z)\mathrm{d}z = 0$.

　　1825 年,法国数学家柯西(Cauchy)为了研究水波的传播问题,需要计算许多实函数的积分,于是设法利用复变函数解决这些积分的计算问题,因而推出了上述结果.1900 年,法国数学家古萨(Goursat)证明了 $f'(z)$ 连续的假设是不必要的,只要 $f(z)$ 在 B 内解析就可以了.这就是复变函数论的基本定理:柯西-古萨基本定理.

　　定理 3. 2(柯西-古萨基本定理)　若 $f(z)$ 在单连通域 B 内解析,C 为 B 内任意一条闭曲线,则

$$\oint_C f(z)\mathrm{d}z = 0.$$

　　定理的论证需要较多的预备知识,证明过程较复杂,这里略去其证明.

　　由基本定理,对于任意闭曲线 C,有

$$\oint_C e^z\mathrm{d}z = 0, \quad \oint_C z^3\mathrm{d}z = 0, \quad \oint_C \cos z\mathrm{d}z = 0,$$

等等.

　　可以证明,若 C 是单连通域 B 的边界,$f(z)$ 在 B 内解析,在 C 上连续,定理的结论仍然成立.

3. 2. 2　基本定理的推广

　　基本定理中的区域是单连通的,而多连通域是经常遇到的区域,下面将基本定理的结论推广到多连通域上.

　　定理 3. 3(复合闭路定理)　设区域 D 是由外边界(简单闭曲线 C_0)及内边界(简单闭曲线 $C_1,C_2,\cdots,C_n$)所围成的多连通域,其中 $C_1,C_2,\cdots,C_n$ 既互不包含又互不相交.若 $f(z)$ 在 D 内解析,在 $C_k(k=0,1,2,\cdots,n)$ 上连续,则

$$\oint_{C_0} f(z)\mathrm{d}z = \sum_{k=1}^{n} \oint_{C_k} f(z)\mathrm{d}z$$

或

$$\oint_C f(z)\mathrm{d}z = 0.$$

其中 $C_k(k=0,1,2,\cdots,n)$ 均取逆时针方向,

$$C = C_0 + C_1^- + C_2^- + \cdots + C_n^-$$

为 D 的正向复合边界.

　　证　如图 3-4 所示,用弧 $s_1,s_2,\cdots,s_{n+1}$ 将区域 D 分割成两个单连通域 D_1,D_2,用 Γ_1,Γ_2 分别表示这两个单连通域的正向边界曲线,则由基本定理有

复合闭路定理

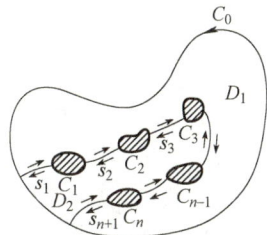

图　3-4

$$\oint_{\Gamma_1} f(z)\,\mathrm{d}z = 0, \quad \oint_{\Gamma_2} f(z)\,\mathrm{d}z = 0,$$

从而

$$\oint_{\Gamma_1} f(z)\,\mathrm{d}z + \oint_{\Gamma_2} f(z)\,\mathrm{d}z = 0.$$

由于沿弧 $s_1, s_2, \cdots, s_{n+1}$ 的积分在沿 Γ_1 和沿 Γ_2 的积分中各出现一次,且互为反方向,故在上式左端的积分中它们相互抵消,从而只剩下沿 $C_0, C_1, C_2, \cdots, C_n$ 的积分,由图 3-4 可以看出沿 C_0 为逆时针方向即正向,沿 $C_1, C_2, \cdots, C_n$ 为顺时针方向即负向,所以

$$\oint_{C_0 + C_1^- + C_2^- + \cdots + C_n^-} f(z)\,\mathrm{d}z = 0$$

即

$$\oint_C f(z)\,\mathrm{d}z = 0.$$

于是定理得证.

特别地,当 D 的内边界只有一条曲线 C_1 时,定理的结论表示为

$$\oint_{C_0} f(z)\,\mathrm{d}z = \oint_{C_1} f(z)\,\mathrm{d}z.$$

上式说明:在区域内解析的函数沿闭曲线的积分,不因闭曲线在区域内连续变形而改变它的积分值,这种性质称为闭路变形原理.

例 3.5　设 C 为含 z_0 的任意简单正向闭曲线,计算

$$\oint_C \frac{1}{(z - z_0)^{n+1}}\,\mathrm{d}z, n \text{ 为整数}.$$

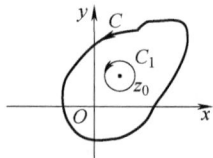

图　3-5

解　$f(z) = \dfrac{1}{(z - z_0)^{n+1}}$ 在 C 所围区域内不解析,在 C 内部以 z_0 为中心作一小圆 $C_1: |z - z_0| = r$,取逆时针方向,如图 3-5 所示,则 $f(z)$ 在以 C 及 C_1 所围多连通区域内解析.

利用复合闭路定理及本章 3.1 节例 3.3 的结论,得

$$\oint_C \frac{1}{(z - z_0)^{n+1}}\,\mathrm{d}z = \oint_{C_1} \frac{1}{(z - z_0)^{n+1}}\,\mathrm{d}z = \begin{cases} 2\pi\mathrm{i}, & n = 0, \\ 0, & n \neq 0. \end{cases}$$

例 3.6　设曲线 $C: |z| = 2$,取正向,计算 $\oint_C \dfrac{2z - 1}{z^2 - z}\,\mathrm{d}z$.

解　因为 $f(z) = \dfrac{2z - 1}{z^2 - z}$ 在 C 所围区域内有奇点 $z = 0$ 及 $z = 1$,在 C 内分别以 $0, 1$ 为中心作两小圆 C_1, C_2,且 C_1, C_2 互不相交互不包含,C_1, C_2 均取逆时针方向,则由复合闭路定理,得

$$\oint_C \frac{2z - 1}{z^2 - z}\,\mathrm{d}z = \oint_{C_1} \frac{2z - 1}{z^2 - z}\,\mathrm{d}z + \oint_{C_2} \frac{2z - 1}{z^2 - z}\,\mathrm{d}z$$

$$= \oint_{C_1} \frac{1}{z - 1}\,\mathrm{d}z + \oint_{C_1} \frac{1}{z}\,\mathrm{d}z + \oint_{C_2} \frac{1}{z - 1}\,\mathrm{d}z + \oint_{C_2} \frac{1}{z}\,\mathrm{d}z$$

$$= 0 + 2\pi i + 2\pi i + 0 = 4\pi i.$$

3.2.3　原函数

基本定理实际上已经给出了积分与路径无关的条件,也就是说,若 $f(z)$ 在单连通区域 B 内解析,则 $f(z)$ 沿 B 内任意曲线 C 的积分

$$\int_C f(z)\,dz$$

只与曲线的起点 z_0 和终点 z 有关,而与路径无关. 固定下限 z_0,让上限 z 在 B 内变化,则在 B 内确定了关于 z 的一个单值函数,记为

$$F(z) = \int_{z_0}^{z} f(\zeta)\,d\zeta,$$

并称 $F(z)$ 为定义在区域 B 内的积分上限函数或变上限函数.

积分上限函数 $F(z)$ 具有以下重要性质.

定理 3.4　若 $f(z) = u(x,y) + iv(x,y)$ 在单连通区域 B 内解析,则 $F(z)$ 在 B 内也解析,且有

$$F'(z) = f(z).$$

证　$F(z) = \int_{z_0}^{z} f(\zeta)\,d\zeta = \int_{(x_0,y_0)}^{(x,y)} u\,dx - v\,dy + i\int_{(x_0,y_0)}^{(x,y)} v\,dx + u\,dy.$

由于以上积分与积分路径无关,故上式中的实部与虚部的曲线积分也与积分路径无关,因此实部与虚部的被积表达式必为某一函数 $U(x,y)$ 与 $V(x,y)$ 的全微分,即

$$dU = u\,dx - v\,dy,\ dV = v\,dx + u\,dy,$$

所以 　　　　$U_x = u = V_y,\ U_y = -v = -V_x.$

由函数解析的充要条件, $F(z) = U + iV$ 在 B 内解析,且有

$$F'(z) = U_x + iV_x = u + iv = f(z).$$

基于上述定理,引入原函数与不定积分概念.

定义 3.3　若在单连通区域 B 内恒有 $\Phi'(z) = f(z)$,则称 $\Phi(z)$ 为 $f(z)$ 的一个原函数. $f(z)$ 的原函数的全体称为 $f(z)$ 的不定积分,记为 $\int f(z)\,dz = \Phi(z) + C.$

定理 3.4 表明, $F(z) = \int_{z_0}^{z} f(\zeta)\,d\zeta$ 是 $f(z)$ 的一个原函数. 从而有

$$[F(z) - \Phi(z)]' = F'(z) - \Phi'(z) = f(z) - f(z) = 0,$$

所以 　　　　$$F(z) - \Phi(z) = C,$$

这说明 $f(z)$ 的任意两个原函数相差一个常数.

利用这一关系可以得到与牛顿-莱布尼茨公式类似的解析函数的积分计算公式.

定理 3.5　若 $G(z)$ 为 $f(z)$ 的任一原函数, z_0, z_1 为 B 内任意两点,则

$$\int_{z_0}^{z_1} f(z)\,\mathrm{d}z = G(z_1) - G(z_0).$$

证　由于 $F(z) = \int_{z_0}^{z} f(\zeta)\,\mathrm{d}\zeta$ 是 $f(z)$ 的一个原函数,因此有
$$F(z) - G(z) = C.$$

取 $z = z_0$,则 $F(z_0) - G(z_0) = C$,于是 $C = -G(z_0)$.

取 $z = z_1$,则 $F(z_1) - G(z_1) = -G(z_0)$,

即
$$\int_{z_0}^{z_1} f(z)\,\mathrm{d}z = G(z_1) - G(z_0).$$

有了这个定理,在高等数学中求定积分的一套方法就可以移植过来了.但在使用时需特别注意的是这个公式仅适用于定义在单连通区域内的解析函数.

例 3.7　计算 $\int_0^{\pi i} \sin z\,\mathrm{d}z$.

解　因为 $\sin z$ 在整个复平面上解析,它的一个原函数是 $-\cos z$,所以
$$\int_0^{\pi i} \sin z\,\mathrm{d}z = -\cos z \Big|_0^{\pi i} = 1 - \cos \pi i = 1 - \frac{1}{2}e^{-\pi} - \frac{1}{2}e^{\pi}.$$

例 3.8　计算 $\int_0^{i} z\cos z\,\mathrm{d}z$.

解　因为 $z\cos z$ 在整个复平面上解析,所以
$$\int_0^{i} z\cos z\,\mathrm{d}z = \int_0^{i} z\,\mathrm{d}(\sin z) = (z\sin z)\Big|_0^{i} - \int_0^{i} \sin z\,\mathrm{d}z$$
$$= (z\sin z + \cos z)\Big|_0^{i} = e^{-1} - 1.$$

3.3　柯西积分公式和高阶导数公式

3.3.1　柯西积分公式

若 $f(z)$ 在以简单正向闭曲线 C 所围成的区域 B 内解析,在 C 上连续,由基本定理知,$f(z)$ 沿 C 的积分为 0.设 z_0 为 B 内一点,现在考虑下面的积分
$$I = \oint_C \frac{f(z)}{z - z_0}\,\mathrm{d}z.$$

柯西积分公式

由于被积函数 $\dfrac{f(z)}{z-z_0}$ 在 C 上连续,积分 $\oint_C \dfrac{f(z)}{z-z_0}\,\mathrm{d}z$ 必然存在,但 $\dfrac{f(z)}{z-z_0}$ 在 B 内点 z_0 处不解析,所以它沿 C 的积分不一定为 0.又根据复合闭路定理,该积分值不随闭曲线 C 的变化而改变.那么这个值是多少呢?下面的定理将给出这个问题的答案.

定理 3.6(柯西积分公式)　设 $f(z)$ 在以简单正向闭曲线 C 所

围成的区域 B 内解析,在 C 上连续,则对 B 内任意一点 z_0,有

$$f(z_0) = \frac{1}{2\pi i}\oint_C \frac{f(z)}{z - z_0}dz.$$

证　如图 3-6 所示,以 z_0 为中心,在 C 内以充分小的正数 ε 为半径作小圆 C_ε:$|z-z_0|=\varepsilon$,取逆时针方向,则由复合闭路定理,得

$$\oint_C \frac{f(z)}{z - z_0}dz = \oint_{C_\varepsilon} \frac{f(z)}{z - z_0}dz$$

$$= \oint_{C_\varepsilon} \frac{f(z_0)}{z - z_0}dz + \oint_{C_\varepsilon} \frac{f(z) - f(z_0)}{z - z_0}dz$$

$$= 2\pi i f(z_0) + \oint_{C_\varepsilon} \frac{f(z) - f(z_0)}{z - z_0}dz.$$

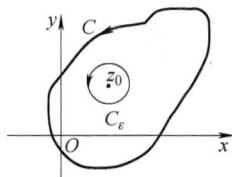

图　3-6

由于 $f(z)$ 在 z_0 处解析,所以 $f(z)$ 在 z_0 处连续,令 M 为 $|f(z)-f(z_0)|$ 在圆周 C_ε 上的最大值,则 $\lim_{\varepsilon\to 0}M=0$.

又　　　$$\left|\oint_{C_\varepsilon} \frac{f(z) - f(z_0)}{z - z_0}dz\right| \leq \oint_{C_\varepsilon} \frac{|f(z) - f(z_0)|}{|z - z_0|}ds$$

$$\leq \frac{M}{\varepsilon}\oint_{C_\varepsilon} ds = \frac{M}{\varepsilon}2\pi\varepsilon = 2\pi M,$$

所以　　　$$\lim_{\varepsilon\to 0}\oint_{C_\varepsilon} \frac{f(z) - f(z_0)}{z - z_0}dz = 0,$$

故　　　$$\oint_C \frac{f(z)}{z - z_0}dz = 2\pi i f(z_0),$$

即　　　$$f(z_0) = \frac{1}{2\pi i}\oint_C \frac{f(z)}{z - z_0}dz.$$

柯西积分公式说明:如果一个函数在简单闭曲线 C 的内部解析且在 C 上连续,则函数在 C 的内部的值完全可以由 C 上的积分来表示.

由柯西积分公式得

$$\oint_C \frac{f(z)}{z - z_0}dz = 2\pi i f(z_0),$$

因此柯西积分公式提供了计算某些复变函数沿简单闭曲线积分的一种方法,另外它还可以帮助我们研究解析函数的许多重要性质.

对于柯西积分公式,若 C 是一圆周:$z=z_0+Re^{i\theta}$,则

$$f(z_0) = \frac{1}{2\pi}\int_0^{2\pi} f(z_0 + Re^{i\theta})d\theta.$$

此式表明,解析函数在圆心处的值 $f(z_0)$ 等于 $f(z)$ 在圆周上函数值的算术平均值,有时又把它称为解析函数的中值定理.

例 3.9　计算下列积分值.

(1) $\oint_C \frac{\sin z}{z - i}dz$,其中 C:$|z-i|=1$,取正向;

(2) $\oint_C \frac{1}{z(z^2 + 1)}dz$,其中 C:$|z+i|=\frac{1}{2}$,取正向.

解 由柯西积分公式,有

$(1)\oint_C \dfrac{\sin z}{z-\mathrm{i}}\mathrm{d}z = 2\pi\mathrm{i}\sin z\,\Big|_{z=\mathrm{i}} = 2\pi\mathrm{i}\sin\mathrm{i} = \pi(\mathrm{e}^{-1}-\mathrm{e}).$

$(2)\oint_C \dfrac{1}{z(z^2+1)}\mathrm{d}z = \oint_C \dfrac{\frac{1}{z(z-\mathrm{i})}}{z+\mathrm{i}}\mathrm{d}z = 2\pi\mathrm{i}\dfrac{1}{z(z-\mathrm{i})}\Big|_{z=-\mathrm{i}} = -\pi\mathrm{i}.$

例 3.10 计算 $\oint_C \dfrac{\sin\frac{\pi}{4}z}{z^2-1}\mathrm{d}z$,其中 C 为包含 $|z|=2$ 在内的任意正向简单闭曲线.

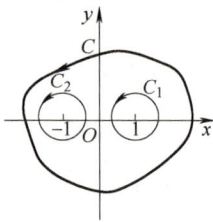

解 如图 3-7 所示,在 C 内分别以 $z_1=1$,$z_2=-1$ 为中心作两个充分小的圆 C_1,C_2,C_1,C_2 均取逆时针方向,则由复合闭路定理,得

图 3-7

$$\oint_C \frac{\sin\frac{\pi}{4}z}{z^2-1}\mathrm{d}z = \oint_{C_1} \frac{\sin\frac{\pi}{4}z}{z^2-1}\mathrm{d}z + \oint_{C_2} \frac{\sin\frac{\pi}{4}z}{z^2-1}\mathrm{d}z$$

$$= \oint_{C_1} \frac{\frac{\sin\frac{\pi}{4}z}{z+1}}{z-1}\mathrm{d}z + \oint_{C_2} \frac{\frac{\sin\frac{\pi}{4}z}{z-1}}{z+1}\mathrm{d}z$$

$$= 2\pi\mathrm{i}\frac{\sin\frac{\pi}{4}z}{z+1}\Big|_{z=1} + 2\pi\mathrm{i}\frac{\sin\frac{\pi}{4}z}{z-1}\Big|_{z=-1} = \sqrt{2}\,\pi\mathrm{i}.$$

3.3.2 解析函数的高阶导数

在柯西积分公式中,由于 z_0 在 C 内的任意性,通常又把 z_0 改记为 z,积分变量则用 ξ 表示,于是又得柯西积分公式常用的又一形式:

$$f(z) = \frac{1}{2\pi\mathrm{i}}\oint_C \frac{f(\xi)}{\xi-z}\mathrm{d}\xi.$$

高阶导数公式

若求导和积分运算可交换次序,则

$$f'(z) = \frac{1}{2\pi\mathrm{i}}\oint_C \frac{f(\xi)}{(\xi-z)^2}\mathrm{d}\xi,$$

依次类推,
$$f^{(n)}(z) = \frac{n!}{2\pi\mathrm{i}}\oint_C \frac{f(\xi)}{(\xi-z)^{n+1}}\mathrm{d}\xi.$$

以上结论是基于求导和积分运算可交换次序得到的,下面以定理的形式给出这个结论.

定理 3.7 若 $f(z)$ 在正向闭曲线 C 所围区域 B 内解析,在 C 上连续,则对 B 内任意一点 z_0,有

$$f^{(n)}(z_0) = \frac{n!}{2\pi\mathrm{i}}\oint_C \frac{f(z)}{(z-z_0)^{n+1}}\mathrm{d}z, \quad n=1,2,\cdots.$$

证 先考虑 $n=1$ 时的情形. 在 B 内任取一点 z_0,由柯西积分公式

$$\frac{f(z_0 + \Delta z) - f(z_0)}{\Delta z} = \frac{1}{\Delta z}\left[\frac{1}{2\pi i}\oint_C \frac{f(z)}{z - (z_0 + \Delta z)}dz - \frac{1}{2\pi i}\oint_C \frac{f(z)}{z - z_0}dz\right]$$

$$= \frac{1}{2\pi i\Delta z}\oint_C \left(\frac{f(z)}{z - z_0 - \Delta z} - \frac{f(z)}{z - z_0}\right)dz$$

$$= \frac{1}{2\pi i}\oint_C \frac{f(z)}{(z - z_0)(z - z_0 - \Delta z)}dz.$$

所以,

$$\frac{f(z_0 + \Delta z) - f(z_0)}{\Delta z} - \frac{1}{2\pi i}\oint_C \frac{f(z)}{(z - z_0)^2}dz =$$

$$\frac{\Delta z}{2\pi i}\oint_C \frac{f(z)}{(z - z_0)^2(z - z_0 - \Delta z)}dz.$$

下面证明,当 $\Delta z \to 0$ 时,上式的极限为 0.

设 d 为 C 上的点到 z_0 的最小距离,在 C 内以 z_0 为中心作半径为 $\frac{d}{2}$ 的圆,如图 3-8 所示,在此圆内任取一点取为 $z_0 + \Delta z$,则 $0 < |\Delta z| < \frac{d}{2}$,故对 C 上任一点 z,有

$$|z - z_0| > d,$$

$$|z - z_0 - \Delta z| > |z - z_0| - |\Delta z| > \frac{d}{2}.$$

由于 $f(z)$ 在 C 上连续,从而有界,即存在正数 M,使 $|f(z)| < M$,又设闭曲线 C 的长度为 L,则

$$\left|\frac{\Delta z}{2\pi i}\oint_C \frac{f(z)}{(z - z_0)^2(z - z_0 - \Delta z)}dz\right|$$

$$\leqslant \frac{|\Delta z|}{2\pi}\oint_C \frac{|f(z)|}{|z - z_0|^2|z - z_0 - \Delta z|}ds$$

$$\leqslant \frac{|\Delta z|}{2\pi}\frac{ML}{d^2\frac{d}{2}} = \frac{|\Delta z|}{\pi}\frac{ML}{d^3} \to 0 \quad (\Delta z \to 0).$$

由此得到 $\qquad f'(z_0) = \frac{1}{2\pi i}\oint_C \frac{f(z)}{(z - z_0)^2}dz,$

即当 $n = 1$ 时公式成立.

现假设当 $n = k$ 时结论成立,推导当 $n = k+1$ 时结论成立.为此将 $f^{(k)}(z_0)$ 看作新的 $f(z_0)$,用类似于上面的推导方法可得结论成立.

高阶导数公式表明,解析函数存在任意阶导数,因而解析函数的导数仍然是解析函数,这是实变函数不具有的性质.在实变函数中,一阶导数存在,并不能保证该导数连续,更不能保证高阶导数存在.

在应用时,高阶导数公式不在于用求积分来代替求导,而是用求导的方法来计算积分,即由以下公式求积分

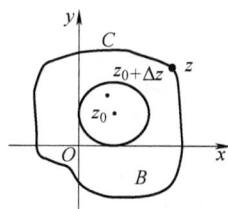

图　3-8

$$\oint_C \frac{f(z)}{(z-z_0)^{n+1}}dz = \frac{2\pi i}{n!}f^{(n)}(z_0),$$

从而为某些积分的计算开辟了新的途径.

例 3.11 计算下列积分.

(1) $\oint_C \frac{\cos \pi z}{(z-1)^5}dz$, 其中 C: $|z|=2$, 取正向;

(2) $\oint_C \frac{e^z}{(z^2+1)^2}dz$, 其中 C 为包含 $|z|=2$ 的正向曲线.

解 (1) 由高阶导数公式得

$$\oint_C \frac{\cos \pi z}{(z-1)^5}dz = \frac{2\pi i}{(5-1)!}(\cos \pi z)^{(4)}\Big|_{z=1} = -\frac{\pi^5}{12}i.$$

(2) 如图 3-9 所示, 由复合闭路定理及高阶导数公式得

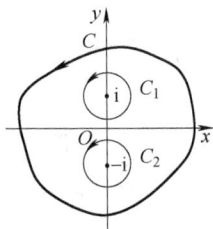

图 3-9

$$\oint_C \frac{e^z}{(z^2+1)^2}dz = \oint_{C_1} \frac{e^z}{(z^2+1)^2}dz + \oint_{C_2} \frac{e^z}{(z^2+1)^2}dz$$

$$= \oint_{C_1} \frac{\dfrac{e^z}{(z+i)^2}}{(z-i)^2}dz + \oint_{C_2} \frac{\dfrac{e^z}{(z-i)^2}}{(z+i)^2}dz$$

$$= \frac{2\pi i}{(2-1)!}\left[\frac{e^z}{(z+i)^2}\right]'\Big|_{z=i} +$$

$$\frac{2\pi i}{(2-1)!}\left[\frac{e^z}{(z-i)^2}\right]'\Big|_{z=-i}$$

$$= \frac{(1-i)e^i}{2}\pi + \frac{-(1+i)e^{-i}}{2}\pi$$

$$= \frac{\pi}{2}(1-i)(e^i - ie^{-i}).$$

例 3.12 设 $f(z)=\oint_C \frac{3\xi^2+7\xi+1}{\xi-z}d\xi$, 其中 C: $|\xi|=3$, 取正向, $|z|\neq 3$, 计算:

(1) $f(2+3i)$;　　　　(2) $f''(1+i)$.

解 (1) 因为 $z=2+3i$ 不在曲线 C 内, 所以 $\frac{3\xi^2+7\xi+1}{\xi-z}$ 在闭曲线 C: $|\xi|=3$ 所围区域内解析, 由基本定理, 得

$$f(2+3i)=0.$$

(2) 由于 $g(z)=3z^2+7z+1$ 在复平面上解析, 当 z 在 C 内时, 由柯西积分公式, 得

$$f(z)=\oint_C \frac{3\xi^2+7\xi+1}{\xi-z}d\xi = 2\pi i(3z^2+7z+1),$$

于是

$$f'(z)=2\pi i(6z+7),$$

$$f''(z) = 12\pi\mathrm{i},$$

所以　　　　　　　　　$$f''(1+\mathrm{i}) = 12\pi\mathrm{i}.$$

第 3 章小结

1. 复变函数积分的概念

（1）**有向曲线**

规定了起点和终点的光滑曲线或分段光滑曲线,称为有向曲线.

1）简单闭曲线 C 取逆时针为正向;

2）作为区域边界的闭曲线正向为:当曲线上的点 P 顺此方向前进时,邻近 P 点的曲线的内部始终位于 P 点的左侧.

（2）**复变函数积分的定义**

设函数 $w=f(z)$ 在有向光滑曲线 C 上有定义,沿曲线 C 从起点 A 到终点 B 依次任意插入 $n-1$ 个分点 $A=z_0,z_1,z_2,\cdots,z_{n-1},z_n=B$,将曲线 C 分成 n 个弧段.在第 k 个小弧段上任取的一点 $\zeta_k(k=1,2,\cdots,n)$,记 $\Delta z_k=z_k-z_{k-1}$,Δs_k 为第 k 个小弧段的长度,$\lambda=\max\limits_{1\leqslant k\leqslant n}\{\Delta s_k\}$,若当 $\lambda\rightarrow 0$ 时,和式 $\sum\limits_{k=1}^{n}f(\zeta_k)\Delta z_k$ 的极限存在,且这个极限 I 不依赖于对曲线 C 的分法和 ζ_k 的取法,则称函数 $f(z)$ 沿曲线 C 可积,极限 I 为 $f(z)$ 沿曲线 C 的复变函数积分,记为 $\int_C f(z)\mathrm{d}z$,即 $\int_C f(z)\mathrm{d}z = \lim\limits_{\lambda\rightarrow 0}\sum\limits_{k=1}^{n}f(\zeta_k)\Delta z_k$.

（3）**积分存在的条件和计算**

1）化成线积分:设 $f(z)=u(x,y)+\mathrm{i}v(x,y)$ 沿逐段光滑曲线 C 连续,则积分 $\int_C f(z)\mathrm{d}z$ 存在,且 $\int_C f(z)\mathrm{d}z = \int_C u(x,y)\mathrm{d}x - v(x,y)\mathrm{d}y + \mathrm{i}\int_C v(x,y)\mathrm{d}x + u(x,y)\mathrm{d}y$.

2）用参数方程将积分化成定积分:若光滑曲线 C 的方程为 $z=z(t)=x(t)+\mathrm{i}y(t)$,$t$ 从 α 变到 β,则 $\int_C f(z)\mathrm{d}z = \int_\alpha^\beta f[z(t)]z'(t)\mathrm{d}t$.

（4）**积分的性质**

1）$\int_C kf(z)\mathrm{d}z = k\int_C f(z)\mathrm{d}z$,$k$ 为常数;

2）$\int_C f(z)\mathrm{d}z = -\int_{C^-} f(z)\mathrm{d}z$;

3）$\int_C [f(z)\pm g(z)]\mathrm{d}z = \int_C f(z)\mathrm{d}z \pm \int_C g(z)\mathrm{d}z$;

4) $\int_C f(z)\,\mathrm{d}z = \int_{C_1} f(z)\,\mathrm{d}z + \int_{C_2} f(z)\,\mathrm{d}z$, 其中 C 由 C_1 和 C_2 相接而成；

5) 若在 C 上, $|f(z)| \leqslant M$, 且 C 的长度为 L, 则

$$\left| \int_C f(z)\,\mathrm{d}z \right| \leqslant \int_C |f(z)|\,\mathrm{d}s \leqslant ML.$$

2. 柯西积分定理

（1）柯西-古萨基本定理

若 $f(z)$ 在单连通区域 B 内解析, C 为 B 内任意一条闭曲线, 则

$$\oint_C f(z)\,\mathrm{d}z = 0.$$

（2）复合闭路定理

设区域 D 是由外边界(简单闭曲线 C_0) 及内边界(简单闭曲线 $C_1, C_2, \cdots, C_n$) 所围成的多连通区域, 其中 $C_1, C_2, \cdots, C_n$ 既互不包含又互不相交. 若 $f(z)$ 在 D 内解析, 在 $C_k(k=0,1,2,\cdots,n)$ 上连续, 则 $\oint_{C_0} f(z)\,\mathrm{d}z = \sum_{k=1}^{n} \oint_{C_k} f(z)\,\mathrm{d}z$ 或 $\oint_C f(z)\,\mathrm{d}z = 0.$ 其中 $C_k(k=0,1,2,\cdots,n)$ 均取逆时针方向, $C = C_0 + C_1^- + C_2^- + \cdots + C_n^-$ 为 D 的正向复合边界.

（3）积分上限函数

1) 积分上限函数的定义: 若 $f(z)$ 在单连通区域 B 内解析, 则 $f(z)$ 在 B 内的积分只与起点 z_0 和终点 z_1 有关, 而与路径无关. 设 C_1 和 C_2 是 B 内起点为 z_0 和终点为 z_1 的任意两条曲线, 则 $\int_{C_1} f(z)\,\mathrm{d}z = \int_{C_2} f(z)\,\mathrm{d}z = \int_{z_0}^{z_1} f(z)\,\mathrm{d}z.$ 固定下限 z_0, 令上限 z_1 在 B 内变化, 且令 $z_1 = z$, 则在 B 内确定了关于 z 的一个单值函数, 记为 $F(z) = \int_{z_0}^{z} f(\zeta)\,\mathrm{d}\zeta$, 并称 $F(z)$ 为定义在区域 B 内的积分上限函数或变上限函数.

2) 积分上限函数的解析性: 若 $f(z) = u(x,y) + \mathrm{i}v(x,y)$ 在单连通区域 B 内解析, 则 $F(z)$ 在 B 内也解析, 且有 $F'(z) = f(z)$.

（4）原函数

1) 原函数的和不定积分的定义: 若在单连通区域 B 内恒有 $\Phi'(z) = f(z)$, 则称 $\Phi(z)$ 为 $f(z)$ 的一个原函数 . $f(z)$ 的原函数的全体称为 $f(z)$ 的不定积分, 记为: $\int f(z)\,\mathrm{d}z = \Phi(z) + C.$

2) 解析函数的积分计算公式: 若 $G(z)$ 为 $f(z)$ 的任一原函数, z_0, z_1 为 B 内任意两点, 则 $\int_{z_0}^{z_1} f(z)\,\mathrm{d}z = G(z_1) - G(z_0).$

3. 柯西积分公式和高阶导数公式

（1）柯西积分公式

设 $f(z)$ 在以简单正向闭曲线 C 所围成的区域 B 内解析, 在 C

上连续,则对 B 内任意一点 z_0,有 $f(z_0) = \dfrac{1}{2\pi i}\oint_C \dfrac{f(z)}{z - z_0}dz.$

（2）**高阶导数公式**

若 $f(z)$ 在正向闭曲线 C 所围区域 B 内解析,在 C 上连续,则对

B 内任意一点 z_0,有 $f^{(n)}(z_0) = \dfrac{n!}{2\pi i}\oint_C \dfrac{f(\xi)}{(\xi - z_0)^{n+1}}d\xi, n = 1, 2, \cdots.$

第 3 章习题

1. 计算积分 $\displaystyle\int_C z^2 dz$,其中 C 为从点 1 沿下列路径到点 i.

（1）沿直线从 1 到 i;

（2）沿实轴从 1 到 0,再沿虚轴从 0 到 i.

2. 计算积分 $\displaystyle\int_C \dfrac{\bar{z}}{|z|}dz$,其中 C 为

（1）$|z| = 2$,取正向;

（2）$|z| = 4$,取正向.

3. 计算积分 $\displaystyle\int_C x - y + ix^2 dz$, C 为从 0 到 1+i 的直线段.

4. 设 C 为从 i 到 2+i 的直线段,证明:$\left|\displaystyle\int_C \dfrac{1}{z^2}dz\right| < 2.$

5. 设 C 为 $|z| = 2$ 上从点 2 到点 2i 的第一象限的圆弧,证明:

$$\left|\int_C \dfrac{1}{z^2 - 1}dz\right| \leqslant \dfrac{\pi}{3}.$$

6. 试用观察法确定下列各积分值,并说明理由,其中 $C: |z| = 1$,取正向.

（1）$\displaystyle\oint_C \dfrac{dz}{z^2 + 4z + 4}$;　　　　（2）$\displaystyle\oint_C \dfrac{1}{z - 3}dz$;

（3）$\displaystyle\oint_C z^3 e^{2z}dz$;　　　　（4）$\displaystyle\oint_C \dfrac{1}{\cos z}dz.$

7. 计算下列积分.

（1）$\displaystyle\int_0^{\pi i} \cos z dz$;　　　　（2）$\displaystyle\int_{-2}^{-2+i} (z + 2)^2 dz$;

（3）$\displaystyle\int_1^{1+i} ze^z dz.$

8. 沿指定曲线正向计算下列积分.

（1）$\displaystyle\oint_C \dfrac{e^z}{z - 2}dz$,其中 $C: |z-2| = 4$;

（2）$\displaystyle\oint_C \dfrac{1}{(z - 1)(z + 2)}dz$,其中 $C: |z| = 4$;

$(3)\oint_C \dfrac{z^4+1}{z^2-2\mathrm{i}z}\mathrm{d}z$，其中 $C\colon |z|=1$；

$(4)\oint_C \dfrac{2z^2-1}{z^2-4}\mathrm{d}z$，其中 $C\colon |z|=3$；

$(5)\oint_C \dfrac{\mathrm{e}^{\mathrm{i}z}}{z^2+9}\mathrm{d}z$，其中 $C\colon |z|=4$；

$(6)\oint_C \dfrac{z^2+z}{(z-4)^3}\mathrm{d}z$，其中 $C\colon |z-\mathrm{i}|=5$；

$(7)\oint_C \dfrac{\mathrm{e}^z}{z^{100}}\mathrm{d}z$，其中 $C\colon |z|=1$；

$(8)\oint_C \dfrac{1}{(z^2+1)^2}\mathrm{d}z$，其中 $C\colon |z|=2$.

9. 计算积分 $\oint_C \dfrac{1}{z^2(z^2-1)}\mathrm{d}z$，其中 C 为以下取正向的积分路径.

$(1)\ |z|=\dfrac{1}{2}$；　　　　　$(2)\ |z-1|=\dfrac{1}{2}$；

$(3)\ |z+1|=\dfrac{1}{2}$；　　　　$(4)\ |z|=2$.

10. 已知 $C\colon |z|=r\ (r\neq 1)$，取正向，讨论并计算积分 $\oint_C \dfrac{1}{(z-\mathrm{i})^n}\mathrm{d}z$.

11. 设 $f(z)=\oint_C \dfrac{\mathrm{e}^{\frac{\pi}{3}\xi}}{\xi-z}\mathrm{d}\xi$，其中：$C\colon |\xi|=2$ 取正向，$|z|\neq 2$ 上.求：$f(3-4\mathrm{i}),f\left(\dfrac{3}{2}\mathrm{i}\right)$ 及 $f''(-\mathrm{i})$.

12. 设 $f(z)$ 在 $|z|\leqslant 1$ 解析，且 $|f(z)|\leqslant 1$，试证：$|f'(0)|\leqslant 1$.

第4章
级 数

在高等数学中,无穷级数是研究函数的重要工具,同样,复变函数项级数在研究复变函数中也起着非常重要的作用,它是研究解析函数的重要手段.本章将主要介绍复数列、常数项级数、函数项级数、幂级数和洛朗级数.重点讨论幂级数和洛朗级数,并围绕如何将解析函数展开成幂级数或洛朗级数这一中心内容进行讨论.

4.1　复数项级数与幂级数

4.1.1　复数列的收敛性

对应于高等数学中实数列的概念,有复数列的概念:按一定次序排列的无穷多个复数 $\alpha_1, \alpha_2, \cdots, \alpha_n, \cdots$ 称为复数列.简记为 $\{\alpha_n\}$,α_n 称为复数列的一般项(通项).

> **定义 4.1**　设 $\{\alpha_n\}$ ($n=1,2,\cdots$) 为一复数列,其中 $\alpha_n = a_n + ib_n$,$\alpha = a + ib$ 为一确定的复数,如果对任意给定的 $\varepsilon > 0$,总存在正整数 $N(\varepsilon)$,当 $n > N$ 时,有 $|\alpha_n - \alpha| < \varepsilon$,则称复数列 $\{\alpha_n\}$ 收敛于 α,其中 α 称为复数列 $\{\alpha_n\}$ 在 $n \to \infty$ 时的极限,记作
> $$\lim_{n\to\infty}\alpha_n = \alpha \quad \text{或} \quad \alpha_n \to \alpha (n \to \infty).$$

如果复数列 $\{\alpha_n\}$ 不收敛,则称复数列 $\{\alpha_n\}$ 发散.

由不等式
$$|a_n - a| \leqslant |\alpha_n - \alpha| \leqslant |a_n - a| + |b_n - b|,$$
$$|b_n - b| \leqslant |\alpha_n - \alpha| \leqslant |a_n - a| + |b_n - b|$$
可得

定理 4.1　复数列 $\{\alpha_n\}$ ($n=1,2,\cdots$) 收敛于 α 的充要条件是
$$\lim_{n\to\infty}a_n = a, \quad \lim_{n\to\infty}b_n = b.$$

推论 4.1　若实数列 $\{a_n\}$ ($n=1,2,\cdots$) 与实数列 $\{b_n\}$ ($n=1,2,\cdots$) 中有一个发散,则复数列 $\{\alpha_n\}$ ($n=1,2,\cdots$) 一定发散.

利用两个实数列相应的结果,可以证明,两个收敛复数列的和、差、积、商仍收敛,并且其极限是相应极限的和、差、积、商(分母不为0).

复数列的
收敛与发散

例 4.1 判别下列数列是否收敛? 如果收敛,求出其极限.

(1) $\alpha_n = \dfrac{1+n\mathrm{i}}{1-n\mathrm{i}}$;

(2) $\alpha_n = (-1)^n + \mathrm{i}\cos \mathrm{i}n$;

(3) $\alpha_n = (2+3\mathrm{i})^{-n}$.

解 (1) 因为 $\alpha_n = \dfrac{1+n\mathrm{i}}{1-n\mathrm{i}} = \dfrac{1-n^2}{1+n^2} + \mathrm{i}\dfrac{2n}{1+n^2}$,

而 $\lim\limits_{n\to\infty}\dfrac{1-n^2}{1+n^2} = -1, \lim\limits_{n\to\infty}\dfrac{2n}{1+n^2} = 0$,

所以 $\{\alpha_n\}$ 是收敛的,且 $\lim\limits_{n\to\infty}\alpha_n = -1$.

(2) 因为 $\lim\limits_{n\to\infty}(-1)^n$ 不存在,所以 $\{\alpha_n\}$ 发散.

(3) 因为 $\lim\limits_{n\to\infty}|\alpha_n| = \lim\limits_{n\to\infty}\left(\dfrac{1}{\sqrt{13}}\right)^n = 0$,所以 $\lim\limits_{n\to\infty}\alpha_n = 0$,即 $\{\alpha_n\}$ 是收敛的.

4.1.2 复数项级数

定义 4.2 设 $\{\alpha_n\} = \{a_n + \mathrm{i}b_n\}(n=1,2,\cdots)$ 为一复数列,则表达式

$$\alpha_1 + \alpha_2 + \cdots + \alpha_n + \cdots$$

称为复数项无穷级数,简称级数,记为 $\sum\limits_{n=1}^{\infty}\alpha_n$,即

$$\sum_{n=1}^{\infty}\alpha_n = \alpha_1 + \alpha_2 + \cdots + \alpha_n + \cdots. \tag{4.1}$$

它的前 n 项之和

$$S_n = \alpha_1 + \alpha_2 + \cdots + \alpha_n$$

称为级数(4.1)的部分和,构成了一个复数列 $\{S_n\}$.

如果 $\{S_n\}$ 收敛,则称级数(4.1)收敛,若 $\lim\limits_{n\to\infty}S_n = s$,则称 s 为级数(4.1)的和. 如果数列 $\{S_n\}$ 不收敛,则称级数(4.1)发散.

例 4.2 当 $|\alpha|<1$ 时,判断级数 $1+\alpha+\alpha^2+\cdots+\alpha^n+\cdots$ 是否收敛?

解 部分和 $S_n = 1+\alpha+\alpha^2+\cdots+\alpha^{n-1} = \dfrac{1-\alpha^n}{1-\alpha}$,

当 $|\alpha|<1$ 时,有 $\lim\limits_{n\to\infty}\alpha^n = 0$,因而 $\lim\limits_{n\to\infty}S_n = \dfrac{1}{1-\alpha}$.

故当 $|\alpha|<1$ 时,级数 $1+\alpha+\alpha^2+\cdots+\alpha^n+\cdots$ 收敛.

根据定理 4.1 容易得到下面定理.

定理 4.2 设 $\alpha_n = a_n + \mathrm{i}b_n (n=1,2,\cdots)$,则级数 $\sum\limits_{n=1}^{\infty}\alpha_n$ 收敛的充分必要条件是级数 $\sum\limits_{n=1}^{\infty}a_n$ 和 $\sum\limits_{n=1}^{\infty}b_n$ 都收敛.

定理 4.2 将复数项级数的收敛问题转化为实数项级数的收敛

问题,由实数项级数 $\sum\limits_{n=1}^{\infty} a_n$ 和 $\sum\limits_{n=1}^{\infty} b_n$ 收敛的必要条件

$$\lim_{n\to\infty} a_n = 0, \ \lim_{n\to\infty} b_n = 0$$

可得 $\lim\limits_{n\to\infty}\alpha_n=0$,从而推出级数 $\sum\limits_{n=1}^{\infty}\alpha_n$ 收敛的必要条件是 $\lim\limits_{n\to\infty}\alpha_n=0$.

由 $|a_n| \leqslant \sqrt{a_n^2+b_n^2} = |\alpha_n|$ 及 $|b_n| \leqslant \sqrt{a_n^2+b_n^2} = |\alpha_n|$ 可得下面定理.

定理 4.3 若级数 $\sum\limits_{n=1}^{\infty} |\alpha_n|$ 收敛,则级数 $\sum\limits_{n=1}^{\infty}\alpha_n$ 收敛.

> **定义 4.3** 如果级数 $\sum\limits_{n=1}^{\infty} |\alpha_n|$ 收敛,则称级数 $\sum\limits_{n=1}^{\infty}\alpha_n$ 绝对收
> 敛;如果级数 $\sum\limits_{n=1}^{\infty}\alpha_n$ 收敛,但级数 $\sum\limits_{n=1}^{\infty} |\alpha_n|$ 发散,则称级数 $\sum\limits_{n=1}^{\infty}\alpha_n$
> 条件收敛.

由

$$|a_n| \leqslant |\alpha_n| = \sqrt{a_n^2+b_n^2} \leqslant |a_n| + |b_n|,$$
$$|b_n| \leqslant |\alpha_n| = \sqrt{a_n^2+b_n^2} \leqslant |a_n| + |b_n|$$

得到

定理 4.4 级数 $\sum\limits_{n=1}^{\infty}\alpha_n$ 绝对收敛的充分必要条件是级数 $\sum\limits_{n=1}^{\infty} a_n$ 和 $\sum\limits_{n=1}^{\infty} b_n$ 都绝对收敛.

推论 4.2 若两个收敛的实数项级数 $\sum\limits_{n=1}^{\infty} a_n$ 和 $\sum\limits_{n=1}^{\infty} b_n$ 中有一个是条件收敛,则级数 $\sum\limits_{n=1}^{\infty}\alpha_n$ 一定是条件收敛.

例 4.3 判别下列级数的收敛性.如果收敛,判别是绝对收敛还是条件收敛?

(1) $\sum\limits_{n=1}^{\infty} \left(\dfrac{6+5i}{8}\right)^n$; (2) $\sum\limits_{n=1}^{\infty} \dfrac{1}{n}\left(1+\dfrac{i}{n}\right)$;

(3) $\sum\limits_{n=1}^{\infty} \dfrac{i^n}{n}$; (4) $\sum\limits_{n=1}^{\infty} \dfrac{\sin ni}{2^n}$.

解 (1) 因为 $\sum\limits_{n=1}^{\infty} \left|\left(\dfrac{6+5i}{8}\right)^n\right| = \sum\limits_{n=1}^{\infty} \left(\dfrac{\sqrt{61}}{8}\right)^n$ 收敛, 所以 $\sum\limits_{n=1}^{\infty} \left(\dfrac{6+5i}{8}\right)^n$ 收敛且绝对收敛.

(2) 因为 $\sum\limits_{n=1}^{\infty} \dfrac{1}{n}\left(1+\dfrac{i}{n}\right) = \sum\limits_{n=1}^{\infty} \left(\dfrac{1}{n}+i\dfrac{1}{n^2}\right)$,由 $\sum\limits_{n=1}^{\infty} \dfrac{1}{n}$ 发散,可得 $\sum\limits_{n=1}^{\infty} \dfrac{1}{n}\left(1+\dfrac{i}{n}\right)$ 发散.

（3）因为 $\displaystyle\sum_{n=1}^{\infty}\frac{\mathrm{i}^{n}}{n}=\sum_{n=1}^{\infty}(-1)^{n}\frac{1}{2n}+\mathrm{i}\sum_{n=1}^{\infty}(-1)^{n-1}\frac{1}{2n-1}$，且

$\displaystyle\sum_{n=1}^{\infty}(-1)^{n}\frac{1}{2n}$ 与 $\displaystyle\sum_{n=1}^{\infty}(-1)^{n-1}\frac{1}{2n-1}$ 均为条件收敛，所以 $\displaystyle\sum_{n=1}^{\infty}\frac{\mathrm{i}^{n}}{n}$ 收敛

且为条件收敛.

（4）因为 $\left|\dfrac{\sin n\mathrm{i}}{2^{n}}\right|=\left|\dfrac{\mathrm{e}^{n}-\mathrm{e}^{-n}}{2^{n+1}}\mathrm{i}\right|=\dfrac{\mathrm{e}^{n}-\mathrm{e}^{-n}}{2^{n+1}}\to\infty\ (n\to\infty)$，故 $\displaystyle\sum_{n=1}^{\infty}\dfrac{\sin n\mathrm{i}}{2^{n}}$

发散.

4.1.3 幂级数

定义 4.4 设 $\{f_{n}(z)\}$ $(n=1,2,\cdots)$ 是定义在区域 D 上的函数序列，称

$$f_{1}(z)+f_{2}(z)+\cdots+f_{n}(z)+\cdots$$

幂级数

为函数项级数，记为 $\displaystyle\sum_{n=1}^{\infty}f_{n}(z)$，即

$$\sum_{n=1}^{\infty}f_{n}(z)=f_{1}(z)+f_{2}(z)+\cdots+f_{n}(z)+\cdots. \tag{4.2}$$

它的前 n 项之和

$$S_{n}(z)=f_{1}(z)+f_{2}(z)+\cdots+f_{n}(z)$$

称为级数（4.2）的部分和.

如果对于 D 内某一点 z_{0}，极限 $\displaystyle\lim_{n\to\infty}S_{n}(z_{0})=s(z_{0})$ 存在，则称级数
（4.2）在点 z_{0} 处收敛，且其和为 $s(z_{0})$；如果级数（4.2）在 D 内处处
收敛，那么它的和一定是 z 的一个函数 $s(z)$，称为级数（4.2）在 D
内的和函数，即

$$s(z)=\sum_{n=1}^{\infty}f_{n}(z).$$

例 4.2 中，在区域 $|\alpha|<1$ 内，级数 $1+\alpha+\alpha^{2}+\cdots+\alpha^{n}+\cdots$ 收敛于

$\dfrac{1}{1-\alpha}$，则 $\dfrac{1}{1-\alpha}$ 是级数 $1+\alpha+\alpha^{2}+\cdots+\alpha^{n}+\cdots$ 的和函数，即在区域 $|\alpha|<1$

内，$\dfrac{1}{1-\alpha}=1+\alpha+\alpha^{2}+\cdots+\alpha^{n}+\cdots$.

形如

$$\sum_{n=0}^{\infty}c_{n}(z-z_{0})^{n}=c_{0}+c_{1}(z-z_{0})+c_{2}(z-z_{0})^{2}+\cdots+$$
$$c_{n}(z-z_{0})^{n}+\cdots \tag{4.3}$$

或

$$\sum_{n=0}^{\infty}c_{n}z^{n}=c_{0}+c_{1}z+c_{2}z^{2}+\cdots+c_{n}z^{n}+\cdots \tag{4.4}$$

的函数项级数称为幂级数,其中 z_0,$c_n(n=0,1,2,\cdots)$ 为复常数.

如果令 $z-z_0=\xi$,则幂级数(4.3)化为 $\sum\limits_{n=0}^{\infty} c_n\xi^n$,即幂级数(4.4).

下面讨论幂级数的收敛问题,为了方便,我们只对幂级数(4.4)进行讨论.和实变量幂级数一样,有以下阿贝尔(Abel)定理.

定理 4.5(阿贝尔定理) (1)如果幂级数 $\sum\limits_{n=0}^{\infty} c_n z^n$ 在 $z=z_0(z_0\neq 0)$ 处收敛,则当 $|z|<|z_0|$ 时,幂级数 $\sum\limits_{n=0}^{\infty} c_n z^n$ 绝对收敛;

(2)如果幂级数 $\sum\limits_{n=0}^{\infty} c_n z^n$ 在 $z=z_1$ 处发散,则当 $|z|>|z_1|$ 时,幂级数 $\sum\limits_{n=0}^{\infty} c_n z^n$ 发散.

证 (1)由 $\sum\limits_{n=0}^{\infty} c_n z_0^n$ 收敛,得 $\lim\limits_{n\to\infty} c_n z_0^n=0$.故存在 $M>0$,对所有的 n,有 $|c_n z_0^n|\leqslant M$.

当 $|z|<|z_0|$ 时,有 $\left|\dfrac{z}{z_0}\right|<1$,因而

$$|c_n z^n|=|c_n z_0^n|\left|\dfrac{z}{z_0}\right|^n\leqslant M\left|\dfrac{z}{z_0}\right|^n.$$

又由级数 $\sum\limits_{n=0}^{\infty} M\left|\dfrac{z}{z_0}\right|^n$ 收敛,所以 $\sum\limits_{n=0}^{\infty}|c_n z^n|$ 收敛,即 $\sum\limits_{n=0}^{\infty} c_n z^n$ 绝对收敛.

(2)反证法.假设存在一点 z_0 且 $|z_0|>|z_1|$,幂级数在 z_0 处收敛,则由结论(1)可得幂级数在 z_1 处收敛,与已知矛盾.

故当 $|z|>|z_1|$ 时,幂级数 $\sum\limits_{n=0}^{\infty} c_n z^n$ 发散.

由定理 4.5 可以得到,幂级数 $\sum\limits_{n=0}^{\infty} c_n z^n$ 的收敛范围不外乎以下三种情况:

(1)幂级数 $\sum\limits_{n=0}^{\infty} c_n z^n$ 在复平面上每一点绝对收敛;

(2)幂级数 $\sum\limits_{n=0}^{\infty} c_n z^n$ 在复平面上除 $z=0$ 外处处发散;

(3)存在一个有限的正数 R,当 $|z|<R$ 时,幂级数 $\sum\limits_{n=0}^{\infty} c_n z^n$ 绝对收敛;当 $|z|>R$ 时,幂级数 $\sum\limits_{n=0}^{\infty} c_n z^n$ 发散.

由以上可知,幂级数的收敛范围是一个圆域.我们称该圆为幂级数的收敛圆,该圆的半径称为幂级数的收敛半径.下面给出了求幂级数的收敛半径的方法.

定理 4.6　幂级数 $\sum\limits_{n=0}^{\infty} c_n z^n$ 的收敛半径等同于幂级数 $\sum\limits_{n=0}^{\infty} |c_n| x^n$（$x$ 为实数）的收敛半径.

证　设幂级数 $\sum\limits_{n=0}^{\infty} |c_n| x^n$ 的收敛半径为 R，则

当 $|z| < R$ 时，级数 $\sum\limits_{n=0}^{\infty} |c_n| |z|^n$ 收敛，即 $\sum\limits_{n=0}^{\infty} c_n z^n$ 绝对收敛；

当 $|z| > R$ 时，则存在 $r > 0$，满足 $|z| > r > R$，若级数 $\sum\limits_{n=0}^{\infty} c_n z^n$ 收敛，则由定理 4.5 可得，级数 $\sum\limits_{n=0}^{\infty} |c_n| r^n$ 收敛，这与假设矛盾，故级数 $\sum\limits_{n=0}^{\infty} c_n z^n$ 发散.

因此幂级数 $\sum\limits_{n=0}^{\infty} c_n z^n$ 的收敛半径为 R.

推论 4.3　若 $\lim\limits_{n \to \infty} \left| \dfrac{c_{n+1}}{c_n} \right| = l$ 或 $\lim\limits_{n \to \infty} \sqrt[n]{|c_n|} = l$，则 $\sum\limits_{n=0}^{\infty} c_n z^n$ 的收敛半径为

$$R = \begin{cases} \dfrac{1}{l}, & \text{当 } 0 < l < +\infty, \\ +\infty, & \text{当 } l = 0, \\ 0, & \text{当 } l = +\infty. \end{cases}$$

例 4.4　求下列幂级数的收敛半径及收敛圆.

(1) $\sum\limits_{n=0}^{\infty} \dfrac{1}{n!} z^n$；　　　　　(2) $\sum\limits_{n=0}^{\infty} \dfrac{(z-2)^n}{n}$；

(3) $\sum\limits_{n=0}^{\infty} (\cos ni) z^n$；　　　　(4) $\sum\limits_{n=0}^{\infty} \left(1 + \dfrac{1}{n}\right)^{-n^2} z^n$.

解　(1) 因为　　　$l = \lim\limits_{n \to \infty} \left| \dfrac{c_{n+1}}{c_n} \right| = \lim\limits_{n \to \infty} \dfrac{\dfrac{1}{(n+1)!}}{\dfrac{1}{n!}} = \lim\limits_{n \to \infty} \dfrac{1}{n+1} = 0,$

所以收敛半径 $R = +\infty$，$\sum\limits_{n=0}^{\infty} \dfrac{1}{n!} z^n$ 在整个复平面处处收敛.

(2) 因为　　　$l = \lim\limits_{n \to \infty} \left| \dfrac{c_{n+1}}{c_n} \right| = \lim\limits_{n \to \infty} \dfrac{\dfrac{1}{n+1}}{\dfrac{1}{n}} = 1,$

所以收敛半径 $R = 1$，且收敛圆为 $|z - 2| = 1$.

(3) 因为　　　$c_n = \cos ni = \dfrac{e^n + e^{-n}}{2},$

所以　　　$l = \lim\limits_{n \to \infty} \left| \dfrac{c_{n+1}}{c_n} \right| = \lim\limits_{n \to \infty} \dfrac{e^{n+1} + e^{-(n+1)}}{e^n + e^{-n}} = e,$

于是收敛半径 $R=\dfrac{1}{\mathrm{e}}$，且收敛圆为 $|z|=\dfrac{1}{\mathrm{e}}$.

（4）因为 $\quad l=\lim\limits_{n\to\infty}\sqrt[n]{|c_n|}=\lim\limits_{n\to\infty}\left(1+\dfrac{1}{n}\right)^{-n}=\dfrac{1}{\mathrm{e}}$，

所以收敛半径 $R=\mathrm{e}$，且收敛圆为 $|z|=\mathrm{e}$.

和实幂级数一样，复幂级数的和函数在其收敛圆内具有下列性质：

定理 4.7 设幂级数 $\sum\limits_{n=0}^{\infty}c_n(z-z_0)^n$ 的收敛半径为 R，且和函数为 $f(z)$，则有

（1）$f(z)$ 为收敛圆 $|z-z_0|<R$ 内的解析函数；

（2）$f(z)$ 在收敛圆内的导数可将其幂级数逐项求导得到，即

$$f'(z)=\sum_{n=1}^{\infty}nc_n(z-z_0)^{n-1},\quad |z-z_0|<R;$$

（3）$f(z)$ 在收敛圆内可以逐项积分，即

$$\int_C f(z)\mathrm{d}z=\sum_{n=0}^{\infty}c_n\int_C(z-z_0)^n\mathrm{d}z,\quad C\subset\{z\mid|z-z_0|<R\}$$

或

$$\int_{z_0}^{z}f(\xi)\mathrm{d}\xi=\sum_{n=0}^{\infty}\frac{c_n}{n+1}(z-z_0)^{n+1}.$$

4.2 泰 勒 级 数

由幂级数的性质可知：一个幂级数的和函数在它的收敛圆内部是一个解析函数. 现在研究与此相反的问题：给定解析函数 $f(z)$，考虑它能否在某个区域展开成幂级数？以下定理给出了肯定回答，一个在圆内解析的函数 $f(z)$ 一定能用幂级数表示.

定理 4.8 设 $f(z)$ 在区域 D 内解析，z_0 为 D 内一点，d 为 z_0 到 D 的边界上各点的最短距离，则当 $|z-z_0|<d$ 时，

$$f(z)=\sum_{n=0}^{\infty}c_n(z-z_0)^n \tag{4.5}$$

成立，其中 $c_n=\dfrac{1}{n!}f^{(n)}(z_0)$，$n=0,1,2,\cdots$，且展开式唯一.

泰勒定理

证 记 $K:|z-z_0|=d$，取正向，则对于 K 内任意一点 z，$f(z)$ 在 K 及 K 所围成的区域内解析，根据柯西积分公式有

$$f(z)=\frac{1}{2\pi\mathrm{i}}\oint_K\frac{f(\xi)}{\xi-z}\mathrm{d}\xi, \tag{4.6}$$

由于点 z 在 K 内，对 K 上的任一点 ξ，有 $\left|\dfrac{z-z_0}{\xi-z_0}\right|<1$.

于是

$$\frac{1}{\xi-z} = \frac{1}{(\xi-z_0)-(z-z_0)} = \frac{1}{\xi-z_0} \frac{1}{1-\dfrac{z-z_0}{\xi-z_0}}$$

$$= \frac{1}{\xi-z_0} \left[1 + \left(\frac{z-z_0}{\xi-z_0}\right) + \cdots + \left(\frac{z-z_0}{\xi-z_0}\right)^n + \cdots \right]$$

$$= \sum_{n=0}^{\infty} \frac{1}{(\xi-z_0)^{n+1}} (z-z_0)^n. \tag{4.7}$$

将函数展开成
泰勒级数

把式(4.7)代入式(4.6),得

$$f(z) = \frac{1}{2\pi i} \oint_K \left[\sum_{n=0}^{\infty} \frac{f(\xi)}{(\xi-z_0)^{n+1}} (z-z_0)^n \right] \mathrm{d}\xi$$

$$= \sum_{n=0}^{\infty} \left[\frac{1}{2\pi i} \oint_K \frac{f(\xi)}{(\xi-z_0)^{n+1}} \mathrm{d}\xi \right] (z-z_0)^n,$$

由高阶导数公式得

$$f(z) = \sum_{n=0}^{\infty} \frac{f^{(n)}(z_0)}{n!} (z-z_0)^n.$$

下面再证唯一性.

假设 $f(z)$ 在 $|z-z_0|<d$ 内另有展开式

$$f(z) = \sum_{n=0}^{\infty} a_n (z-z_0)^n,$$

两边逐项求导数并令 $z=z_0$,得 $f^{(n)}(z_0) = n! a_n$,即

$$a_n = \frac{1}{n!} f^{(n)}(z_0),$$

唯一性得证.

定理 4.8 说明,一个解析函数 $f(z)$ 一定可以在某个圆内展开成幂级数,且这个幂级数在该圆内收敛于 $f(z)$. 公式(4.5)称为 $f(z)$ 在 z_0 处的泰勒展开式,它右端的幂级数称为 $f(z)$ 在 z_0 处的泰勒级数.

函数的泰勒展开式可以通过计算系数

$$c_n = \frac{1}{n!} f^{(n)}(z_0) \quad (n=0,1,2,\cdots)$$

求得,这种直接通过计算系数求出泰勒展开式的方法称为直接法. 用直接法可以将一些最简单的初等函数展开成幂级数.

例 4.5 将函数 $f(z) = \mathrm{e}^z$ 在 $z_0 = 0$ 处展开成泰勒级数.

解 由 $f^{(n)}(z) = (\mathrm{e}^z)^{(n)} = \mathrm{e}^z$,得

$$c_n = \frac{1}{n!} f^{(n)}(0) = \frac{1}{n!} \mathrm{e}^0 = \frac{1}{n!},$$

故所求的泰勒展开式为

$$\mathrm{e}^z = 1 + z + \frac{z^2}{2!} + \cdots + \frac{z^n}{n!} + \cdots.$$

用同样的方法可以得到

$$\frac{1}{1-z} = 1+z+z^2+\cdots+z^n+\cdots, \ (|z|<1),$$

$$\sin z = z - \frac{z^3}{3!} + \frac{z^5}{5!} - \cdots + (-1)^n \frac{z^{2n+1}}{(2n+1)!} + \cdots.$$

但对于比较复杂的函数,用直接展开法的计算量较大.为了避免直接计算系数,一般可以根据解析函数的幂级数展开式的唯一性,利用一些已知函数的展开式,通过幂级数的运算以及变量代换等,将所给函数展开成幂级数,这种方法称为间接展开法.

例如,利用 $\frac{1}{1-z} = 1+z+z^2+\cdots+z^n+\cdots$ （$|z|<1$）,得到

$$\frac{1}{1+z} = 1-z+z^2-\cdots+(-1)^n z^n+\cdots \quad (|z|<1).$$

利用 $\sin z = z - \frac{z^3}{3!} + \frac{z^5}{5!} - \cdots + (-1)^n \frac{z^{2n+1}}{(2n+1)!} + \cdots$,得到

$$\cos z = 1 - \frac{z^2}{2!} + \frac{z^4}{4!} - \cdots + (-1)^n \frac{z^{2n}}{(2n)!} + \cdots.$$

下面再举几个用间接展开法把函数展开成幂级数的例子.

例 4.6 将函数 $\frac{1}{z}$ 在 $z_0 = 1$ 处展开成泰勒级数.

解 因为 $\frac{1}{z}$ 只有奇点 $z=0$,所以 $\frac{1}{z}$ 可在 $|z-1|<1$ 内展成幂级数,

又因为 $\quad \frac{1}{1+z} = 1-z+z^2-\cdots+(-1)^n z^n+\cdots \ (|z|<1)$,

由 $\frac{1}{z} = \frac{1}{1+(z-1)}$,得到 $\frac{1}{z}$ 在 $z_0 = 1$ 处的泰勒展开式为

$$\frac{1}{z} = 1-(z-1)+(z-1)^2-\cdots+(-1)^n(z-1)^n+\cdots (|z-1|<1).$$

例 4.7 将函数 $\frac{1}{3z-2}$ 在 $z_0 = 0$ 处展开成泰勒级数.

解 因为 $\frac{1}{3z-2}$ 离 $z_0 = 0$ 最近的奇点为 $z = \frac{2}{3}$,所以 $\frac{1}{3z-2}$ 可在 $|z|<\frac{2}{3}$ 内展成幂级数.

又因为 $\frac{1}{3z-2} = \frac{-1}{2} \frac{1}{1-\frac{3z}{2}}$,所以 $\frac{1}{3z-2}$ 在 $z_0 = 0$ 处的泰勒展开式为

$$\frac{1}{3z-2} = -\frac{1}{2}\left[1 + \frac{3z}{2} + \left(\frac{3z}{2}\right)^2 + \cdots + \left(\frac{3z}{2}\right)^n + \cdots\right]$$

$$= -\frac{1}{2} - \frac{3z}{2^2} - \frac{3^2 z^2}{2^3} - \cdots - \frac{3^n z^n}{2^{n+1}} - \cdots$$

$$= -\sum_{n=0}^{\infty} \frac{3^n z^n}{2^{n+1}} \quad \left(|z| < \frac{2}{3} \right).$$

例 4.8 把下列函数在 $z_0 = 0$ 处展开成泰勒级数．

(1) $\dfrac{1}{(1+z)^2}$;　　　　　　(2) $\ln(1+z)$.

解 (1) 因为 $\dfrac{1}{(1+z)^2}$ 离 $z_0 = 0$ 最近的奇点为 $z = -1$，所以 $\dfrac{1}{(1+z)^2}$ 可在 $|z| < 1$ 内展成幂级数．

由幂级数逐项求导性质得

$$\frac{1}{(1+z)^2} = \left(-\frac{1}{1+z} \right)' = [-1 + z - z^2 + \cdots + (-1)^{n-1} z^n + \cdots]'$$
$$= 1 - 2z + 3z^2 - \cdots + (-1)^{n-1} n z^{n-1} + \cdots \quad (|z| < 1).$$

(2) 因为 $\ln(1+z)$ 离 $z_0 = 0$ 最近的奇点为 $z = -1$，所以 $\ln(1+z)$ 可在 $|z| < 1$ 内展成幂级数．

又因为 $\dfrac{1}{1+z} = 1 - z + z^2 - \cdots + (-1)^n z^n + \cdots \quad (|z| < 1)$,

在 $|z| < 1$ 内任取一条从 0 到 z 的积分路线 C，沿 C 两边积分得

$$\int_0^z \frac{1}{1+z} \mathrm{d}z = \int_0^z \mathrm{d}z - \int_0^z z \mathrm{d}z + \cdots + \int_0^z (-1)^n z^n \mathrm{d}z + \cdots,$$

所以 $\ln(1+z)$ 在 $z_0 = 0$ 的泰勒展开式为

$$\ln(1+z) = z - \frac{z^2}{2} + \frac{z^3}{3} - \cdots + (-1)^n \frac{z^{n+1}}{n+1} + \cdots \quad (|z| < 1).$$

例 4.9 将函数 $\cos^2 z$ 在 $z_0 = 0$ 处展开成泰勒级数．

解 因为 $\cos^2 z = \dfrac{1}{2}(1 + \cos 2z)$,

$$\cos 2z = 1 - \frac{(2z)^2}{2!} + \frac{(2z)^4}{4!} - \frac{(2z)^6}{6!} + \cdots$$
$$= 1 - \frac{2^2 z^2}{2!} + \frac{2^4 z^4}{4!} - \frac{2^6 z^6}{6!} + \cdots \quad |z| < \infty,$$

所以 $\cos^2 z$ 在 $z_0 = 0$ 处的泰勒展开式为

$$\cos^2 z = 1 - \frac{2z^2}{2!} + \frac{2^3 z^4}{4!} - \frac{2^5 z^6}{6!} + \cdots \quad |z| < \infty.$$

4.3　洛　朗　级　数

洛朗级数的概念

4.3.1　洛朗级数的概念

若 $f(z)$ 在以 z_0 为中心的圆内解析，则 $f(z)$ 在 z_0 处可以展开为泰勒级数．但是若 z_0 为函数 $f(z)$ 的奇点，$f(z)$ 便不能在 z_0 处展开

为泰勒级数. 在本节中,我们介绍解析函数的另一种重要的级数展开式,即在圆环内解析函数的一种级数展开式.先看一个实例.

虽然函数 $f(z)=\dfrac{1}{z(z-1)}$ 在 $z=0$ 处不解析但在 $0<|z|<1$ 内是解析的,由于

$$f(z)=\frac{1}{z(z-1)}=\frac{1}{z-1}-\frac{1}{z},$$

在 $|z|<1$ 内,有

$$\frac{1}{z-1}=-\frac{1}{1-z}=-(1+z+z^2+\cdots+z^n+\cdots)$$
$$=-1-z-z^2-\cdots-z^n-\cdots$$

所以在 $0<|z|<1$ 内,$f(z)$ 可以表示为

$$\frac{1}{z(z-1)}=-\frac{1}{z}-1-z-z^2-\cdots-z^n-\cdots.$$

从这个实例我们发现:有些函数虽然不能表示为泰勒级数,但是却能在某个圆环内表示为含有负指数幂的级数,这种含有负指数幂的级数就是下面要讨论的洛朗级数.

定义 4.5　含正、负整次幂的级数

$$\sum_{n=-\infty}^{\infty}c_n(z-z_0)^n=\sum_{n=1}^{\infty}c_{-n}(z-z_0)^{-n}+\sum_{n=0}^{\infty}c_n(z-z_0)^n \quad (4.8)$$

称为洛朗级数. 其中 $z_0,c_n(n=0,1,2,\cdots)$ 为复常数.

由于洛朗级数既没有首项也没有末项,它的收敛性不能像幂级数那样用前 n 项和的极限来定义.所以把洛朗级数(4.8)分成正幂部分(包括常数项)和负幂部分来分别研究.

正幂部分(包括常数项)为

$$\sum_{n=0}^{\infty}c_n(z-z_0)^n=c_0+c_1(z-z_0)+\cdots+c_n(z-z_0)^n+\cdots. \quad (4.9)$$

它是一个通常的幂级数,它的收敛范围是一个圆域,设它的收敛半径为 R_2,那么当 $|z-z_0|<R_2$ 时,级数(4.9)收敛;当 $|z-z_0|>R_2$ 时,级数(4.9)发散.

负幂部分为

$$\sum_{n=1}^{\infty}c_{-n}(z-z_0)^{-n}=c_{-1}(z-z_0)^{-1}+\cdots+c_{-n}(z-z_0)^{-n}+\cdots. \quad (4.10)$$

令 $\xi=(z-z_0)^{-1}$,则式(4.10)变为

$$\sum_{n=1}^{\infty}c_{-n}\xi^n=c_{-1}\xi+c_{-2}\xi^2+\cdots+c_{-n}\xi^n+\cdots. \quad (4.11)$$

设它的收敛半径为 R,则当 $|\xi|<R$ 时,级数(4.11)收敛;当 $|\xi|>R$ 时,级数(4.11)发散.于是当 $|z-z_0|>\dfrac{1}{R}=R_1$ 时,级数(4.10)收敛;当 $|z-z_0|<R_1$ 时,级数(4.10)发散.

规定:当级数(4.9)和级数(4.10)同时收敛时,洛朗级数(4.8)收敛;否则发散.因此,当 $R_1 < R_2$ 时,级数(4.9)和级数(4.10)在圆环域 $R_1 < |z-z_0| < R_2$ 内同时收敛,从而级数(4.8)在圆环域 $R_1 < |z-z_0| < R_2$ 内收敛,这个圆环称为洛朗级数(4.8)的收敛圆环.当 $R_1 > R_2$ 时,级数(4.9)和级数(4.10)没有公共的收敛域,从而洛朗级数(4.8)处处发散.

幂级数在收敛圆内所具有的许多性质,洛朗级数(4.8)在收敛圆环域内也具有.例如,在收敛圆环域内其和函数是解析的,而且可以逐项求导和逐项求积分.

洛朗级数(4.8)的收敛特性提供了用这种级数来表示在圆环域内解析的函数的可能性.

4.3.2 解析函数的洛朗展开式

定理 4.9 设 $f(z)$ 在圆环域 $R_1 < |z-z_0| < R_2$ 内处处解析,则

$$f(z) = \sum_{n=-\infty}^{\infty} c_n (z-z_0)^n,$$

洛朗展开定理

其中 $c_n = \dfrac{1}{2\pi i}\oint_C \dfrac{f(\xi)}{(\xi-z_0)^{n+1}}\mathrm{d}\xi, n=0,\pm1,\pm2,\cdots,C$ 为在圆环域内绕 z_0 的任何一条正向简单闭曲线,且表示式唯一.

证 设 z 为圆环域内的任一点,在圆环域内作以 z_0 为中心的正向圆周 $K_1:|z-z_0|=r$ 与 $K_2:|z-z_0|=R(R>r)$,使得 $r<|z-z_0|<R$.在 K_1,K_2 所围成的复连通区域运用柯西积分公式,得

$$f(z) = \frac{1}{2\pi i}\oint_{K_2} \frac{f(\xi)}{\xi-z}\mathrm{d}\xi - \frac{1}{2\pi i}\oint_{K_1} \frac{f(\xi)}{\xi-z}\mathrm{d}\xi.$$

对 K_2 上任一点 ξ,有 $\left|\dfrac{z-z_0}{\xi-z_0}\right|<1$,故

$$\frac{1}{\xi-z} = \frac{1}{\xi-z_0-(z-z_0)} = \frac{1}{\xi-z_0}\frac{1}{1-\dfrac{z-z_0}{\xi-z_0}} = \sum_{n=0}^{\infty}\frac{(z-z_0)^n}{(\xi-z_0)^{n+1}}.$$

对 K_1 上任一点 ξ,有 $\left|\dfrac{\xi-z_0}{z-z_0}\right|<1$,故

$$-\frac{1}{\xi-z} = \frac{1}{(z-z_0)\left(1-\dfrac{\xi-z_0}{z-z_0}\right)} = \sum_{n=0}^{\infty}\frac{(\xi-z_0)^n}{(z-z_0)^{n+1}} = \sum_{n=1}^{\infty}\frac{(z-z_0)^{-n}}{(\xi-z_0)^{-n+1}}.$$

于是

$$f(z) = \frac{1}{2\pi i}\oint_{K_2}\sum_{n=0}^{\infty}\frac{f(\xi)}{(\xi-z_0)^{n+1}}(z-z_0)^n\mathrm{d}\xi +$$

$$\frac{1}{2\pi i}\oint_{K_1}\sum_{n=1}^{\infty}\frac{f(\xi)}{(\xi-z_0)^{-n+1}}(z-z_0)^{-n}\mathrm{d}\xi$$

$$= \sum_{n=0}^{\infty} \left[\frac{1}{2\pi i} \oint_{K_2} \frac{f(\xi)}{(\xi - z_0)^{n+1}} d\xi \right] (z - z_0)^n +$$

$$\sum_{n=1}^{\infty} \left[\frac{1}{2\pi i} \oint_{K_1} \frac{f(\xi)}{(\xi - z_0)^{-n+1}} d\xi \right] (z - z_0)^{-n}.$$

设 C 为圆环域内任何一条绕 z_0 的正向简单闭曲线,由复合闭路定理得

$$f(z) = \sum_{n=0}^{\infty} \left[\frac{1}{2\pi i} \oint_{C} \frac{f(\xi)}{(\xi - z_0)^{n+1}} d\xi \right] (z - z_0)^n +$$

$$\sum_{n=1}^{\infty} \left[\frac{1}{2\pi i} \oint_{C} \frac{f(\xi)}{(\xi - z_0)^{-n+1}} d\xi \right] (z - z_0)^{-n}$$

$$= \sum_{n=-\infty}^{\infty} \left[\frac{1}{2\pi i} \oint_{C} \frac{f(\xi)}{(\xi - z_0)^{n+1}} d\xi \right] (z - z_0)^n$$

即 $$f(z) = \sum_{n=-\infty}^{\infty} c_n (z - z_0)^n,$$

其中 $c_n = \frac{1}{2\pi i} \oint_{C} \frac{f(\xi)}{(\xi - z_0)^{n+1}} d\xi, n = 0, \pm 1, \pm 2, \cdots.$

下面证明表示式唯一.

设 $f(z)$ 在圆环域 $R_1 < |z-z_0| < R_2$ 内另有展开式 $f(z) = \sum_{n=-\infty}^{\infty} a_n (z - z_0)^n$,并设 C 为圆环域内绕 z_0 的任何一条正向简单闭曲线,ξ 为 C 上任一点,则

$$f(\xi) = \sum_{n=-\infty}^{\infty} a_n (\xi - z_0)^n.$$

以 $(\xi-z_0)^{-k-1}$ 去乘上式两边,这里 k 为任一整数,并沿 C 积分,利用积分

$$\oint_{C} \frac{1}{(z - z_0)^{n+1}} dz = \begin{cases} 2\pi i, & n = 0, \\ 0, & n \neq 0 \end{cases}$$

得

$$\oint_{C} \frac{f(\xi)}{(\xi - z_0)^{k+1}} d\xi = \sum_{n=0}^{\infty} a_n \oint_{C} (\xi - z_0)^{n-k-1} d\xi = 2\pi i a_k,$$

于是 $$a_k = \frac{1}{2\pi i} \oint_{C} \frac{f(\xi)}{(\xi - z_0)^{k+1}} d\xi, k = 0, \pm 1, \pm 2, \cdots,$$

故唯一性成立.

定理 4.9 给出了用公式计算系数 c_n 将在圆环域内解析的函数展开成洛朗级数的方法;同时,有了唯一性结论的保证,我们可以采取一切可能的方法,只要找到一个形如 $\sum_{n=-\infty}^{\infty} c_n (z-z_0)^n$ 的级数,它在圆环域 $R_1 < |z-z_0| < R_2$ 内收敛于 $f(z)$,则此级数一定是所要求的洛朗级数. 因此,以后在求函数的洛朗展开式时可以不用公式去求系数 c_n,而像求函数的泰勒展开式那样采用间接展开法.

例 4.10 将函数 $f(z) = \frac{z}{(z-1)(z-2)}$ 在以下圆环域内展开成洛

朗级数.

(1) $1<|z|<2$;   (2) $2<|z|<+\infty$;

(3) $0<|z-1|<1$;   (4) $1<|z-2|<+\infty$.

解 (1) 在 $1<|z|<2$ 内,有 $\left|\dfrac{1}{z}\right|<1$,$\left|\dfrac{z}{2}\right|<1$,于是

$$f(z) = \frac{z}{1-z} - \frac{z}{2-z} = -\frac{1}{1-\dfrac{1}{z}} - \frac{z}{2}\frac{1}{1-\dfrac{z}{2}}$$

$$= -\sum_{n=0}^{\infty}\frac{1}{z^n} - \frac{z}{2}\sum_{n=0}^{\infty}\left(\frac{z}{2}\right)^n = -\sum_{n=0}^{\infty}\frac{1}{z^n} - \sum_{n=1}^{\infty}\frac{z^n}{2^n}.$$

(2) 在 $2<|z|<+\infty$ 内,有 $\left|\dfrac{2}{z}\right|<1$,$\left|\dfrac{1}{z}\right|<1$,于是

$$f(z) = \frac{z}{z-2} - \frac{z}{z-1} = \frac{1}{1-\dfrac{2}{z}} - \frac{1}{1-\dfrac{1}{z}}$$

$$= \sum_{n=0}^{\infty}\left(\frac{2}{z}\right)^n - \sum_{n=0}^{\infty}\frac{1}{z^n} = \sum_{n=1}^{\infty}\frac{2^n-1}{z^n}.$$

(3) 在 $0<|z-1|<1$ 内,

$$f(z) = \frac{1}{z-1}\frac{z}{z-2} = \frac{1}{z-1}\left[1 - \frac{2}{1-(z-1)}\right]$$

$$= \frac{1}{z-1}\left[1 - 2\sum_{n=0}^{\infty}(z-1)^n\right] = -\frac{1}{z-1} - 2\sum_{n=0}^{\infty}(z-1)^n.$$

(4) 在 $1<|z-2|<+\infty$ 内,有 $\left|\dfrac{1}{z-2}\right|<1$,于是

$$f(z) = \frac{1}{z-2}\frac{z}{z-1} = \frac{1}{z-2}\left(1 + \frac{1}{z-2}\frac{1}{1+\dfrac{1}{z-2}}\right)$$

$$= \frac{1}{z-2}\left[1 + \frac{1}{z-2}\sum_{n=0}^{\infty}(-1)^n\frac{1}{(z-2)^n}\right]$$

$$= \frac{1}{z-2} + \sum_{n=0}^{\infty}(-1)^n\frac{1}{(z-2)^{n+2}}.$$

例 4.11 将 $f(z) = \dfrac{1}{z^2(z-1)}$ 在圆环域 $1<|z-1|<+\infty$ 内展开成洛朗级数.

解 在 $1<|z-1|<+\infty$ 内,有 $\left|\dfrac{1}{z-1}\right|<1$,于是

$$\frac{1}{z^2} = -\left(\frac{1}{z}\right)' = -\left(\frac{1}{z-1+1}\right)' = -\left(\frac{1}{z-1}\frac{1}{1+\dfrac{1}{z-1}}\right)'$$

$$= -\left[\frac{1}{z-1}\sum_{n=0}^{\infty}(-1)^n(z-1)^{-n}\right]'$$

$$= \sum_{n=0}^{\infty} (-1)^n (n+1)(z-1)^{-n-2}.$$

所以　　$f(z) = \sum_{n=0}^{\infty} (-1)^n (n+1)(z-1)^{-n-3}.$

接下来给出一个用洛朗展开式的系数 $c_n = \dfrac{1}{2\pi i}\oint_C \dfrac{f(\xi)}{(\xi-z_0)^{n+1}}d\xi$ 计算积分的公式.

取 $n=-1$ 时, $c_{-1} = \dfrac{1}{2\pi i}\oint_C f(z)dz$, 即

$$\oint_C f(z)dz = 2\pi i\, c_{-1},$$

其中 C 为圆环域 $R_1 < |z-z_0| < R_2$ 内绕 z_0 的任何一条正向简单闭曲线.

例 4.12　计算积分 $\oint_C \dfrac{ze^{\frac{1}{z}}}{1-z}dz$, 其中 $C: |z|=2$, 取正向.

解　因为闭曲线 $C: |z|=2$ 在圆环域 $1<|z|<+\infty$ 内,且在 $1<|z|<+\infty$ 内有

$$\frac{ze^{\frac{1}{z}}}{1-z} = -e^{\frac{1}{z}}\frac{1}{1-\frac{1}{z}}$$

$$= -\left(1+\frac{1}{z}+\cdots+\frac{1}{n!z^n}+\cdots\right)\left[1+\frac{1}{z}+\cdots+\left(\frac{1}{z}\right)^n+\cdots\right]$$

$$= -\left(1+\frac{2}{z}+\frac{5}{2z^2}+\cdots\right),$$

故　　　　　$\oint_C \dfrac{ze^{\frac{1}{z}}}{1-z}dz = 2\pi i c_{-1} = -4\pi i.$

第 4 章小结

1. 复数项级数与幂级数

（1）复数列的收敛性

1）复数列收敛与发散的定义

设 $\{\alpha_n\}$（$n=1,2,\cdots$）为一复数列,其中 $\alpha_n = a_n + ib_n$,设 $\alpha = a+ib$ 为一确定的复数,如果对任意给定的 $\varepsilon>0$,总存在正整数 N,当 $n>N$ 时,有 $|\alpha_n - \alpha| < \varepsilon$,则称复数列 $\{\alpha_n\}$ 收敛于 α,也称 α 为复数列 $\{\alpha_n\}$ 当 $n\to\infty$ 时的极限,记作 $\lim_{n\to\infty}\alpha_n = \alpha$. 如果复数列 $\{\alpha_n\}$ 不收敛,则称复数列 $\{\alpha_n\}$ 发散.

2）复数列的收敛的充要条件

复数列 $\{\alpha_n\} = \{a_n + ib_n\}$（$n=1,2,\cdots$）收敛于 $\alpha = a+ib$ 的充要条

件是

$$\lim_{n\to\infty} a_n = a, \quad \lim_{n\to\infty} b_n = b.$$

（2）复数项级数

1）复数项级数的定义：设 $\{\alpha_n\} = \{a_n + ib_n\}$ $(n=1,2,\cdots)$ 为复数列，则 $\alpha_1 + \alpha_2 + \cdots + \alpha_n + \cdots$ 称为复数项无穷级数，简称级数，记为 $\sum_{n=1}^{\infty} \alpha_n$，即

$$\sum_{n=1}^{\infty} \alpha_n = \alpha_1 + \alpha_2 + \cdots + \alpha_n + \cdots.$$

2）复数项级数的部分和：级数 $\sum_{n=1}^{\infty} \alpha_n$ 的前 n 项之和 $S_n = \alpha_1 + \alpha_2 + \cdots + \alpha_n$ 称为级数的部分和，它构成了一个复数列.

3）复数项级数收敛和发散的定义：如果 $\{S_n\}$ 收敛，则称级数 $\sum_{n=1}^{\infty} \alpha_n$ 收敛，若 $\lim_{n\to\infty} S_n = s$，则称 s 为级数 $\sum_{n=1}^{\infty} \alpha_n$ 的和.如果数列 $\{S_n\}$ 不收敛，则称级数 $\sum_{n=1}^{\infty} \alpha_n$ 发散.

4）复数项级数收敛的充要条件：设 $\alpha_n = a_n + ib_n$ $(n=1,2,\cdots)$，则级数 $\sum_{n=1}^{\infty} \alpha_n$ 收敛的充要条件是级数 $\sum_{n=1}^{\infty} a_n$，$\sum_{n=1}^{\infty} b_n$ 都收敛.

5）绝对收敛和条件收敛的定义：如果级数 $\sum_{n=1}^{\infty} |\alpha_n|$ 收敛，则称级数 $\sum_{n=1}^{\infty} \alpha_n$ 绝对收敛；如果级数 $\sum_{n=1}^{\infty} \alpha_n$ 收敛，但级数 $\sum_{n=1}^{\infty} |\alpha_n|$ 发散，则称级数 $\sum_{n=1}^{\infty} \alpha_n$ 条件收敛.

6）级数绝对收敛的充要条件：级数 $\sum_{n=1}^{\infty} \alpha_n$ 绝对收敛的充要条件是级数 $\sum_{n=1}^{\infty} a_n$ 和 $\sum_{n=1}^{\infty} b_n$ 绝对收敛.

（3）函数项级数

1）函数项级数的定义：对于区域 D 上定义的函数序列 $\{f_n(z)\}$ $(n=1,2,\cdots)$，称 $f_1(z) + f_2(z) + \cdots + f_n(z) + \cdots$ 为函数项级数，记为 $\sum_{n=1}^{\infty} f_n(z)$，即 $\sum_{n=1}^{\infty} f_n(z) = f_1(z) + f_2(z) + \cdots + f_n(z) + \cdots.$

2）函数项级数的部分和：函数项级数 $\sum_{n=1}^{\infty} f_n(z)$ 的前 n 项之和

$$S_n(z) = f_1(z) + f_2(z) + \cdots + f_n(z)$$

称为级数 $\sum_{n=1}^{\infty} f_n(z)$ 的部分和.

3）函数项级数的收敛性：对于 D 内某一点 z_0，如果 $\lim_{n\to\infty} S_n(z_0) = $

$f(z_0)$ 存在,则称级数 $\displaystyle\sum_{n=1}^{\infty} f_n(z)$ 在点 z_0 处收敛,且其和为 $f(z_0)$;如果

级数 $\displaystyle\sum_{n=1}^{\infty} f_n(z)$ 在 D 内处处收敛于 $f(z)$,则称 $f(z)$ 为级数 $\displaystyle\sum_{n=1}^{\infty} f_n(z)$

在 D 内的和函数,即 $f(z) = \displaystyle\sum_{n=1}^{\infty} f_n(z)$.

（4）**幂级数**

1）**幂级数的定义**:形如 $\displaystyle\sum_{n=0}^{\infty} c_n(z-z_0)^n = c_0 + c_1(z-z_0) + c_2(z-$

$z_0)^2 + \cdots + c_n(z-z_0)^n + \cdots$ 的函数项级数称为幂级数,其中 z_0, c_n

$(n = 0, 1, 2, \cdots)$ 为复常数.

2）**幂级数的收敛性**（阿贝尔定理）:如果幂级数 $\displaystyle\sum_{n=0}^{\infty} c_n z^n$ 在 $z =$

$z_0(z_0 \neq 0)$ 处收敛,则当 $|z| < |z_0|$ 时,幂级数 $\displaystyle\sum_{n=0}^{\infty} c_n z^n$ 绝对收敛;如果

幂级数 $\displaystyle\sum_{n=0}^{\infty} c_n z^n$ 在 $z = z_1$ 处发散,则当 $|z| > |z_1|$ 时,幂级数 $\displaystyle\sum_{n=0}^{\infty} c_n z^n$

发散.

3）**幂级数的收敛半径**:若 $\displaystyle\lim_{n \to \infty} \left| \frac{c_{n+1}}{c_n} \right| = l$ 或 $\displaystyle\lim_{n \to \infty} \sqrt[n]{|c_n|} = l$,则当

$0 < l < +\infty$ 时,$\displaystyle\sum_{n=0}^{\infty} c_n z^n$ 的收敛半径 $R = \frac{1}{l}$;当 $l = 0$ 时,$R = +\infty$;当 $l = +\infty$

时,$R = 0$.

4）**幂级数和函数的性质**:设幂级数 $\displaystyle\sum_{n=0}^{\infty} c_n(z-z_0)^n$ 的收敛半径

为 R,且和函数为 $f(z)$,则有

① $f(z)$ 为收敛圆 $|z-a| < R$ 内的解析函数;

② $f(z)$ 在收敛圆内的导数可将其幂级数逐项求导得到,即

$$f'(z) = \sum_{n=1}^{\infty} n c_n(z-z_0)^{n-1}, \quad |z-z_0| < R;$$

③ $f(z)$ 在收敛圆内可以逐项积分,即

$$\int_C f(z)\,\mathrm{d}z = \sum_{n=0}^{\infty} c_n \int_C (z-z_0)^n \mathrm{d}z, \quad C \subset \{z \mid |z-z_0| < R\} \text{ 或}$$

$$\int_{z_0}^{z} f(\xi)\,\mathrm{d}\xi = \sum_{n=0}^{\infty} \frac{c_n}{n+1}(z-z_0)^{n+1}.$$

2. 泰勒级数

（1）**泰勒级数展开定理**

设 $f(z)$ 在区域 D 内解析,z_0 为 D 内一点,d 为 z_0 到 D 的边界上

各点的最短距离,则当 $|z-z_0| < d$ 时,

$$f(z) = \sum_{n=0}^{\infty} c_n(z-z_0)^n$$

成立,其中 $c_n = \dfrac{1}{n!} f^{(n)}(z_0)$, $n = 0, 1, 2, \cdots$,且展开式唯一.

（2）泰勒展开式和泰勒级数

$f(z) = \displaystyle\sum_{n=0}^{\infty} c_n(z - z_0)^n$ 称为 $f(z)$ 在 z_0 处的**泰勒展开式**,它右端的

幂级数称为 $f(z)$ 在 z_0 处的**泰勒级数**,其中 $c_n = \dfrac{1}{n!} f^{(n)}(z_0)$, $n = 0, 1$,

$2, \cdots$.

3. 洛朗级数

（1）洛朗级数的定义

含正、负整次幂的级数 $\displaystyle\sum_{n=-\infty}^{\infty} c_n(z - z_0)^n = \sum_{n=1}^{\infty} c_{-n}(z - z_0)^{-n} +$

$\displaystyle\sum_{n=0}^{\infty} c_n(z - z_0)^n$ 称为洛朗级数. 其中 z_0 , $c_n (n = 0, 1, 2, \cdots)$ 为复常数.

（2）洛朗级数展开定理

设 $f(z)$ 在圆环域 $R_1 < |z - z_0| < R_2$ 内处处解析,则

$$f(z) = \sum_{n=-\infty}^{\infty} c_n(z - z_0)^n,$$

其中 $c_n = \dfrac{1}{2\pi i} \displaystyle\oint_C \dfrac{f(\xi)}{(\xi - z_0)^{n+1}} \mathrm{d}\xi$, $n = 0, \pm 1, \pm 2, \cdots$, C 为在圆环域内绕

z_0 的任何一条正向简单闭曲线,且表示式唯一.

第 4 章习题

1. 下列数列 $\{\alpha_n\}$ 是否收敛? 如果收敛,求出它们的极限.

（1） $\alpha_n = \dfrac{1}{n} + \mathrm{i}^n$;　　　　　　　（2） $\alpha_n = -2 + \dfrac{(-1)^n}{n} \mathrm{i}$;

（3） $\alpha_n = \dfrac{n^2 - n\mathrm{i}}{2n^2 + n\mathrm{i}}$;　　　　　　　（4） $\alpha_n = (1 + \mathrm{i})^{-n}$.

2. 判别下列级数的是否收敛? 如果收敛,判别是绝对收敛还是条件收敛?

（1） $\displaystyle\sum_{n=1}^{\infty} \left[\left(\dfrac{1}{2} \right)^n + \mathrm{i}\, \dfrac{1}{n^2} \right]$;　　（2） $\displaystyle\sum_{n=1}^{\infty} \left(\dfrac{2 + 3\mathrm{i}}{5} \right)^n$;

（3） $\displaystyle\sum_{n=0}^{\infty} \dfrac{\cos \mathrm{i}n}{2^n}$;　　　　　　（4） $\displaystyle\sum_{n=2}^{\infty} \dfrac{\mathrm{i}^n}{\ln n}$.

3. 试证:当 $|z| < \dfrac{1}{2}$ 时,级数 $\displaystyle\sum_{n=1}^{\infty} (2z)^n$ 绝对收敛.

4. 求下列级数的收敛半径及收敛圆.

（1） $\displaystyle\sum_{n=1}^{\infty} \dfrac{n}{2^n} z^n$;　　　　　　（2） $\displaystyle\sum_{n=1}^{\infty} \dfrac{(z - 5)^n}{n}$;

（3）$\displaystyle\sum_{n=0}^{\infty} n!z^n$；　　　　　　（4）$\displaystyle\sum_{n=1}^{\infty}\left(\frac{z}{\ln ni}\right)^n$.

5. 把下列各函数在指定点处展开成泰勒级数，并指出收敛半径.

（1）$\dfrac{1}{z^2-z-6}$，$z_0=0$；　　　（2）$\arctan z$，$z_0=0$；

（3）$\sin^2 z$，$z_0=0$；　　　（4）$\cos z$，$z_0=1$.

6. 将函数 $f(z)=\dfrac{z}{(z-2)(z-3)}$ 在以下圆环域内展开成洛朗级数.

（1）$2<|z|<3$；　　　　（2）$3<|z|<+\infty$；

（3）$0<|z-2|<1$；　　　　（4）$1<|z-3|<+\infty$.

7. 把下列各函数在指定的圆环域内展开成洛朗级数.

（1）$z^2 e^{\frac{1}{z}}$，$0<|z|<+\infty$；

（2）$\dfrac{1}{z(1-z)^2}$，$0<|z|<1$；

（3）$\dfrac{1}{(z-1)(z-3)}$，$0<|z-1|<2$，$2<|z-3|<+\infty$；

（4）$z\sin\dfrac{1}{1-z}$，在 $z=1$ 的去心邻域内.

8. 利用洛朗展开式求下列积分.

（1）$\displaystyle\oint_{|z|=1}\frac{1}{z(z+2)^2}\mathrm{d}z$；　　（2）$\displaystyle\oint_{|z|=1}\cos\frac{1}{z}\mathrm{d}z$；

（3）$\displaystyle\oint_{|z|=2}\ln\left(1+\frac{1}{z}\right)\mathrm{d}z$.

第 5 章

留 数

留数理论与方法在复变函数与积分变换中占有极为重要的地位,也是解决有关实际问题强有力的工具,比如求解某些特定的实积分,求解拉氏逆变换等.本章将在介绍孤立奇点的基础上,阐述留数的概念和定理及其求解,并研究在计算积分方面的应用.

5.1 孤 立 奇 点

在第 2 章我们已经知道,如果函数 $f(z)$ 在 z_0 点不解析,则称 z_0 为 $f(z)$ 的奇点.

5.1.1 孤立奇点的分类

定义 5.1 设点 z_0 为函数 $f(z)$ 的奇点,若 $f(z)$ 在点 z_0 处的某个去心邻域 $0<|z-z_0|<R$ 内解析,则称点 z_0 为函数 $f(z)$ 的**孤立奇点**.

定义 5.2 设点 z_0 为函数 $f(z)$ 的孤立奇点,则可分为三类:

(1) 若 $f(z)$ 在点 z_0 处的洛朗级数的主要部分(含负幂项部分)为零,则称点 z_0 为 $f(z)$ 的**可去奇点**;

(2) 若 $f(z)$ 在点 z_0 处的洛朗级数的主要部分(含负幂项部分)为有限多项,设为

$$\frac{c_{-m}}{(z-z_0)^m}+\frac{c_{-(m-1)}}{(z-z_0)^{m-1}}+\cdots+\frac{c_{-1}}{z-z_0},c_{-m}\neq 0,$$

则称点 z_0 为 $f(z)$ 的 m **级(阶)极点**;

(3) 若 $f(z)$ 在点 z_0 处的洛朗级数的主要部分(含负幂项部分)有无限多项,则称点 z_0 为 $f(z)$ 的**本性奇点**.

可去奇点与
本性奇点

例如,根据定义,点 $z=0$ 为 $\dfrac{\sin z}{z}$ 的可去奇点.因为

$$\frac{\sin z}{z} = 1 - \frac{1}{3!}z^2 + \frac{1}{5!}z^4 - \cdots,$$

在点 0 处的洛朗级数的主要部分为零.

例如,根据定义,点 $z=0$ 为 $\frac{\sin z}{z^3}$ 的二级极点.因为

$$\frac{\sin z}{z^3} = \frac{1}{z^2} - \frac{1}{3!} + \frac{1}{5!}z^2 - \cdots,$$

在点 0 的洛朗级数的主要部分为有限多项.

例如,点 $z=0$ 为 $\frac{e^{\frac{1}{z}}-1}{z}$ 的本性奇点.因为

$$\frac{e^{\frac{1}{z}}-1}{z} = \frac{1}{z^2} + \frac{1}{2!z^3} + \cdots + \frac{1}{n!z^{n+1}} + \cdots,$$

在点 0 的洛朗级数的主要部分有无限多项.

5.1.2 孤立奇点的性质

定理 5.1 若点 z_0 为 $f(z)$ 的孤立奇点,则以下条件是等价的.

(1) 点 z_0 为 $f(z)$ 的可去奇点;

(2) $\lim\limits_{z \to z_0} f(z) = c_0 (\neq \infty)$.

证 (1)$\Rightarrow$(2).

由(1),在 $0 < |z-z_0| < R$ 内,$f(z)$ 有洛朗级数展式:

$$f(z) = c_0 + c_1(z-z_0) + \cdots + c_n(z-z_0)^n + \cdots,$$

因为上式右边的幂级数的收敛半径至少是 R,所以它的和函数在 $|z-z_0| < R$ 内解析,于是 $\lim\limits_{z \to z_0} f(z) = c_0$.

(2)$\Rightarrow$(1)

设在 $0 < |z-z_0| < R$ 内,$f(z)$ 的洛朗级数展式为

$$f(z) = \sum_{n=-\infty}^{+\infty} c_n(z - z_0)^n,$$

由(2),存在着两个正数 M 及 $\rho_0 (\leqslant R)$,使得在 $0 < |z-z_0| < \rho_0$ 内,

$$|f(z)| < M,$$

那么取 ρ,使得 $0 < \rho < \rho_0$,有

$$|c_n| = \left| \frac{1}{2\pi i} \oint_{|z-z_0|=\rho} \frac{f(z)}{(z-z_0)^{n+1}} dz \right| \leqslant \frac{1}{2\pi} \oint_{|z-z_0|=\rho} |f(z)| |z-z_0|^{-n-1} ds$$

$$\leqslant \frac{1}{2\pi} M \frac{2\pi\rho}{\rho^{n+1}} = \frac{M}{\rho^n} \quad (n=0,\pm1,\pm2,\cdots),$$

当 $n=-1,-2,-3,\cdots$ 时,在上式中令 ρ 趋近于 0,就得到 $c_n = 0$ ($n=-1,-2,-3,\cdots$).于是 z_0 是 $f(z)$ 的可去奇点.

定理 5.2 若点 z_0 为 $f(z)$ 的孤立奇点,则下列三个条件是等

极点与无穷远点的性态

价的.

（1）点 z_0 为 $f(z)$ 的 m 级极点；

（2）$f(z)$ 在点 z_0 的某个去心邻域 $0<|z-z_0|<R$ 内可表示为

$$f(z)=\frac{h(z)}{(z-z_0)^m},$$

其中，$h(z)$ 在点 z_0 的邻域 $|z-z_0|<R$ 内解析，且 $h(z_0)\neq0$；

（3）点 z_0 为 $\dfrac{1}{f(z)}$ 的 m 级零点（可去奇点视作解析点时）.

证　我们这里只证明（1）$\Rightarrow$（2），其他推导由读者自己完成.在定理的假设下，存在某个正数 $\rho_0(\leqslant R)$，使得在 $0<|z-z_0|<R$ 内，$f(z)\neq0$，于是 $F(z)=\dfrac{1}{f(z)}$ 在 $0<|z-z_0|<R$ 内解析，不等于零，而且 $\lim\limits_{z\to z_0}F(z)=\lim\limits_{z\to z_0}\dfrac{1}{f(z)}=0$.因此 z_0 是 $F(z)$ 的一个可去奇点，从而在 $0<|z-z_0|<R$ 内，有洛朗级数展式

$$F(z)=\alpha_0+\alpha_1(z-z_0)+\cdots+\alpha_n(z-z_0)^n+\cdots,$$

有 $\alpha_0=\lim\limits_{z\to z_0}F(z)=0$.由于在 $0<|z-z_0|<R$ 内，$F(z)\neq0$，由定理5.1，可以设 $\alpha_0=\alpha_1=\cdots=\alpha_{m-1}=0,\alpha_m\neq0$.由此得 $F(z)=(z-z_0)^m\varPhi(z)$，其中 $\varPhi(z)$ 在 $|z-z_0|<R$ 内解析，并且不等于零$[\varPhi(z_0)=\alpha_m\neq0]$.于是在 $0<|z-z_0|<R$ 内，

$$f(z)=\frac{1}{(z-z_0)^m}h(z),$$

在这里，$h(z)=\dfrac{1}{\varPhi(z)}$ 在 $|z-z_0|<R$ 内解析，$h(z_0)=c_{-m}=(\alpha_m)^{-1}\neq0$.

定理5.3　点 z_0 为函数 $f(z)$ 的极点的充要条件是

$$\lim_{z\to z_0}f(z)=\infty.$$

推论5.1　设函数 $f(z)$ 在 $D:0<|z-z_0|<R(0<R\leqslant+\infty)$ 内解析，那么 z_0 是 $f(z)$ 的 m 级极点的充分必要条件是：$\lim\limits_{z\to z_0}(z-z_0)^m f(z)=c_{-m}$，在这里 m 是一个正整数，c_{-m} 是一个不等于0的复数.

例5.1　设 $f(z)=(1+\mathrm{e}^z)^{-1}$，试求：$f(z)$ 在复平面上的奇点，并判定其类别.

解　首先，求 $f(z)$ 的奇点，$f(z)$ 的奇点出自方程

$$1+\mathrm{e}^z=0$$

的解.解方程得

$$z=\mathrm{Ln}(-1)$$
$$=(2k+1)\pi\mathrm{i},k=0,\pm1,\pm2,\cdots.$$

若设 $z_k=(2k+1)\pi\mathrm{i}(k=0,\pm1,\pm2,\cdots)$，则易知 z_k 为 $f(z)$ 的孤立奇点.

另外,因
$$\left(1+e^z\right)\Big|_{z=z_k}=0,\left(1+e^z\right)'\Big|_{z=z_k}\neq0,$$
所以,由零点的定义知 z_k 为 $1+e^z$ 的一级零点.从而知 $z_k(k=0,\pm1,\pm2,\cdots)$ 均为 $f(z)$ 的一级极点.

定理 5.4　点 z_0 为函数 $f(z)$ 的本性奇点的充要条件是 $\lim\limits_{z\to z_0}f(z)$ 不存在,即当 $z\to z_0$ 时,$f(z)$ 既不趋于某个常数,也不趋于 ∞.

例 5.2　1 是函数 $e^{\frac{1}{z-1}}$ 的本性奇点,不难看出 $\lim\limits_{z\to1}e^{\frac{1}{z-1}}$ 不存在.

解　当 z 沿正实轴趋近于 1 时,$e^{\frac{1}{z}}$ 趋近于 $+\infty$;

当 z 沿负实轴过原点趋近于 1 时,$e^{\frac{1}{z}}$ 趋近于 0;

当 z 沿直线 $x=1$ 趋近于 1 时,$e^{\frac{1}{z}}$ 没有极限.

5.1.3　零点与极点的关系

定义 5.3　如果不恒为零的解析函数 $f(z)$ 能表示成
$$f(z)=(z-z_0)^m\varphi(z),$$

其中 $\varphi(z)$ 在 z_0 处解析且 $\varphi(z_0)\neq0$,m 为某一正整数,称 z_0 为 $f(z)$ 的 **m 级零点**.由定义,可以得到下面这个定理.

定理 5.5　如果 $f(z)$ 在 z_0 处解析,则 z_0 为 $f(z)$ 的 m 级零点的充要条件是
$$f^{(n)}(z_0)=0,(n=0,1,2,\cdots,m-1),\quad f^{(m)}(z_0)\neq0.$$
并且,函数的零点与极点有如下关系:

定理 5.6　如果 z_0 为 $f(z)$ 的 m 级零点,则 z_0 为 $\dfrac{1}{f(z)}$ 的 m 级极点,反过来也成立.

这个定理的证明比较简单,在此就不证明了.它是判别极点级数的好方法.

例 5.3　试求函数 $\dfrac{1}{\sin\dfrac{z}{2}}$ 有些什么奇点? 如果是极点,指出它是几级极点.

解　函数的奇点是使 $\sin\dfrac{z}{2}=0$ 的点,即 $z=2k\pi,(k=0,\pm1,\pm2,\cdots)$
$$\left(\sin\frac{z}{2}\right)'\Big|_{z=2k\pi}=\frac{1}{2}\cos\frac{z}{2}\Big|_{z=2k\pi}=\frac{(-1)^k}{2}\neq0,$$

所以 $z=2k\pi$ 是 $\sin\dfrac{z}{2}$ 的一级零点,由定理 5.6,$z=2k\pi$ 是 $\dfrac{1}{\sin\dfrac{z}{2}}$ 的一级极点.

5.1.4　解析函数在无穷远点的性质

定义 5.4　如果函数 $f(z)$ 在 $z=\infty$ 处的去心邻域 $R<|z|<+\infty$ 内解析,那么无穷远点称为 $f(z)$ 的**孤立奇点**.

在 $R<|z|<+\infty$ 内,$f(z)$ 有洛朗级数展式

$$f(z) = \sum_{n=-\infty}^{+\infty} c_n z^n, \tag{5.1}$$

作倒代换,令 $z=\dfrac{1}{w}$,按照 $R>0$ 或 $R=0$,可分别得到在 $0<|w|<\dfrac{1}{R}$ 或 $0<|w|<+\infty$ 内解析的函数 $\varphi(w)=f\left(\dfrac{1}{w}\right)$,其洛朗级数展式为

$$\varphi(w) = \sum_{n=-\infty}^{+\infty} \frac{c_n}{w^n},$$

如果 $w=0$ 是 $\varphi(z)$ 的可去奇点、m 级(阶)极点或本性奇点,那么分别说 $z=\infty$ 是 $f(z)$ 的**可去奇点**、**m 级(阶)极点**或**本性奇点**.

因此,如果在式(5.1)中,有

(1) 不含正幂项,那么称 $z=\infty$ 是 $f(z)$ 的**可去奇点**;

(2) 含有限个正幂项,且最高正幂为 z^m,那么称 $z=\infty$ 是 $f(z)$ 的 m **级极点**;

(3) 含无穷多正幂项,那么称 $z=\infty$ 是 $f(z)$ 的**本性奇点**.

前面的孤立奇点的所有结论都可以推广到无穷远点的情形,结论如下:

定理 5.7　设函数 $f(z)$ 在区域 $R<|z|<+\infty$ 内解析,那么 $z=\infty$ 是 $f(z)$ 的可去奇点、极点或本性奇点的充要条件是:$\lim\limits_{z\to\infty} f(z)$ 极限存在且有限、极限为无穷或不存在且不为无穷.

例 5.4　函数 $f(z)=\dfrac{(z^2-1)(z-2)^3}{z(\sin \pi z)^3}$ 在扩充复平面内有些什么类型的奇点? 如果是极点,指出它是几级极点.

解　函数除点 $z=0,\pm 1,\pm 2\cdots$ 外在复平面内处处解析,因 $(\sin \pi z)'=\pi\cos \pi z$ 在 $z=0,\pm 1,\pm 2,\cdots$ 处均不为零.

所以这些点都是 $\sin \pi z$ 的一级零点,$z=0$ 为 z 的一级零点,故这些点中除 $0,1,-1,2$ 外,都是 $f(z)$ 的三级极点.其中 $z=0$ 为 $f(z)$ 的四级极点.

又 $z^2-1=(z-1)(z+1)$,所以 1 与 -1 为一级零点,1 与 -1 是 $f(z)$ 的二级极点.

$z=2$ 是分子的三级零点,所以 $z=2$ 是 $f(z)$ 的可去奇点.

当 $z=\infty$ 时,因为 $f\left(\dfrac{1}{\zeta}\right)=\dfrac{(1-\zeta^2)(1-2\zeta)^3}{\zeta^4\sin^3\dfrac{\pi}{\zeta}}$,

$\zeta = 0, \zeta_n = \dfrac{1}{n}$ 使分母为零，$\zeta_n = \dfrac{1}{n}$ 为 $f\left(\dfrac{1}{\zeta}\right)$ 的奇点.

当 $n \to \infty$ 时，$\zeta_n \to 0$，故 $\zeta = 0$ 不是 $f\left(\dfrac{1}{\zeta}\right)$ 的孤立奇点，所以 ∞ 不是

$f(z)$ 的孤立奇点.

5.2　留　　数

5.2.1　留数的定义

定义 5.5　如果 $z_0 (\neq \infty)$ 为函数 $f(z)$ 的孤立奇点，C 为圆周：$|z - z_0| = r$，若 $f(z)$ 在 $0 < |z - z_0| \leqslant r$ 上解析，则称

$$\frac{1}{2\pi \mathrm{i}} \oint_C f(z) \mathrm{d}z$$

为 $f(z)$ 在点 z_0 的**留数（或残数）**，记作 $\mathrm{Res}(f, z_0)$ 或 $\mathrm{Res}(z_0)$，即

$$\mathrm{Res}(f, z_0) = \frac{1}{2\pi \mathrm{i}} \oint_C f(z) \mathrm{d}z.$$

我们发现留数 $\mathrm{Res}(f, z_0)$ 与圆 C 的半径 r 无关，在 $0 < |z - z_0| < r$ 内，$f(z)$ 有洛朗展开式

$$f(z) = \sum_{n=-\infty}^{+\infty} c_n (z - z_0)^n,$$

逐项积分后，可得

$$\oint_C f(z) \mathrm{d}z = \sum_{n=-\infty}^{+\infty} c_n \oint_C (z - z_0)^n \mathrm{d}z = 2\pi \mathrm{i} c_{-1},$$

因此，$\mathrm{Res}(f, z_0) = c_{-1}$.

留数的定义及
留数定理

5.2.2　留数的计算规则

规则 1　如果 z_0 为 $f(z)$ 的一级极点，那么

$$\mathrm{Res}(f, z_0) = \lim_{z \to z_0} (z - z_0) f(z).$$

规则 2　如果 z_0 为 $f(z)$ 的 m 级极点，那么

$$\mathrm{Res}(f, z_0) = \frac{1}{(m-1)!} \lim_{z \to z_0} \frac{\mathrm{d}^{m-1}}{\mathrm{d}z^{m-1}} \left[(z - z_0)^m f(z) \right].$$

证　只要证明规则 2，规则 1 为规则 2 当 $m = 1$ 时的情形.

由条件知 z_0 为 $f(z)$ 的 m 级极点，则

$$f(z) = c_{-m}(z - z_0)^{-m} + \cdots + c_{-2}(z - z_0)^{-2} + c_{-1}(z - z_0)^{-1} +$$
$$c_0 + c_1(z - z_0) + \cdots, \quad (c_{-m} \neq 0),$$

将 $(z - z_0)^m$ 乘式子两边，得

$$(z - z_0)^m f(z) = c_{-m} + c_{-m+1}(z - z_0) + \cdots + c_{-1}(z - z_0)^{m-1} + c_0(z - z_0)^m + \cdots,$$

规则的运用与
无穷远点的留数

两边求 $m-1$ 阶导数得

$$\frac{\mathrm{d}^{m-1}}{\mathrm{d}z^{m-1}}\big[(z-z_0)^m f(z)\big]=(m-1)!c_{-1}+\{\text{含 }z-z_0\text{ 正幂的项}\},$$

两边求极限得

$$\lim_{z\to z_0}\frac{\mathrm{d}^{m-1}}{\mathrm{d}z^{m-1}}\big[(z-z_0)^m f(z)\big]=(m-1)!c_{-1},$$

整理可得规则 2.

规则 3　设 $f(z)=\dfrac{P(z)}{Q(z)}$，$P(z)$ 及 $Q(z)$ 在 z_0 处解析，如果 $P(z_0)\neq 0,Q(z_0)=0,Q'(z_0)\neq 0$，那么 z_0 为 $f(z)$ 的一级极点，且

$$\mathrm{Res}(f,z_0)=\frac{P(z_0)}{Q'(z_0)}.$$

证　由 $Q(z_0)=0,Q'(z_0)\neq 0$，可知 z_0 是 $Q(z)$ 的一阶零点，且 $P(z_0)\neq 0$，那么 z_0 是 $f(z)$ 的一阶极点，因而

$$\mathrm{Res}(f,z_0)=\lim_{z\to z_0}(z-z_0)f(z)$$

$$=\lim_{z\to z_0}(z-z_0)\frac{P(z)}{Q(z)-Q(z_0)}$$

$$=\frac{P(z_0)}{Q'(z_0)}.$$

例 5.5　设 $f(z)=\dfrac{z-2}{z(z-1)}$，求 $\mathrm{Res}(f,0)$.

解　方法 1　由定义可得

$$\mathrm{Res}(f,0)=\frac{1}{2\pi\mathrm{i}}\oint_{|z|=\frac{1}{3}}\frac{z-2}{z(z-1)}\mathrm{d}z$$

$$=\frac{1}{2\pi\mathrm{i}}\oint_{|z|=\frac{1}{3}}\frac{\dfrac{z-2}{z-1}}{z}\mathrm{d}z$$

$$=\left(\frac{z-2}{z-1}\right)\bigg|_{z=0}$$

$$=2.$$

注：这里的积分路径只需使半径小于 1 即可满足定义的条件.

方法 2　因为点 $z=0$ 是 $f(z)$ 的孤立奇点，所以在 $0<|z|<\dfrac{1}{3}$ 内有

$$f(z)=\frac{z-2}{z}\frac{(-1)}{1-z}$$

$$=\left(\frac{2}{z}-1\right)\sum_{n=0}^{\infty}z^n$$

由此得 $c_{-1}=2$，可得 $\mathrm{Res}(f,0)=2$.

方法 3　因为点 $z=0$ 是 $f(z)$ 的一级极点,由规则 1 得

$$\operatorname{Res}(f,0)=\lim_{z\to 0}z\,\frac{z-2}{z(z-1)}$$
$$=2.$$

方法 4　因为点 $z=0$ 是 $f(z)$ 的一级极点,由规则 3 得

$$\operatorname{Res}(f,0)=\left\{\frac{z-2}{[\,z(z-1)\,]'}\right\}\Bigg|_{z=0}$$
$$=2.$$

在留数的应用中,有个极为重要的求积分应用定理如下:

定理 5.8　设区域 G 是由闭曲线 C 的内部构成,如果函数 $f(z)$ 在 G 内除有限个奇点 $a_1,a_2,\cdots,a_n$ 外处处解析,且在 $\overline{G}=G+C$ 上除点 $a_1,a_2,\cdots,a_n$ 外连续,则

$$\oint_C f(z)\,\mathrm{d}z=2\pi\mathrm{i}\sum_{j=1}^{n}\operatorname{Res}(f,a_j).$$

证　在 D 内以每一个孤立奇点 a_k 为圆心,作 n 个小圆 γ_k, $k=1,2,\cdots,n$,使它们既不相交也不包含,并且在闭曲线 C 内.

从 D 中除去以这些 γ_k 为边界的闭圆盘形成一个区域 G,其边界是 C 以及 γ_k,在 G 及其边界所组成的闭区域 $\overline{G}$ 上,$f(z)$ 解析.因此由复合闭路定理,

$$\oint_C f(z)\,\mathrm{d}z=\sum_{k=1}^{n}\oint_{\gamma_k}f(z)\,\mathrm{d}z,$$

这里沿 C 的积分为沿区域 D 边界的逆时针方向,沿 γ_k 的积分为逆时针方向.根据留数的定义得定理的结论成立.

这个定理的主要用于求被积函数在一般情况下的封闭曲线的积分,它将求积分问题化为求留数问题.而在第 3 章中的柯西积分公式和高阶导数公式也是留数定理的两种特殊情况.

5.2.3　无穷远点的留数

定义 5.6　设 $z=\infty$ 为函数 $f(z)$ 的孤立奇点,C 为正向圆周:$|z|=r$,若 $f(z)$ 在 $R<|z|<+\infty$ 内解析 $(R<r)$,则称

$$\frac{1}{2\pi\mathrm{i}}\oint_{C^-}f(z)\,\mathrm{d}z$$

为函数 $f(z)$ 在点 $z=\infty$ 处的**留数(或残数)**,记作 $\operatorname{Res}(f,\infty)$ 或 $\operatorname{Res}(\infty)$,即

$$\operatorname{Res}(f,\infty)=\frac{1}{2\pi\mathrm{i}}\oint_{C^-}f(z)\,\mathrm{d}z.$$

由定义可知 $\operatorname{Res}(f,\infty)=-c_{-1}$,即 $f(z)$ 在 ∞ 点的去心邻域 $R<|z|<+\infty$ 内洛朗展开式中 z^{-1} 的系数的相反数.

这是计算无穷远点的留数的一种方法,下面介绍另一种方法.

规则 4　$\mathrm{Res}(f,\infty) = -\mathrm{Res}\left[f\left(\dfrac{1}{z}\right)\dfrac{1}{z^2},0\right]$.

证　前面已知 $\mathrm{Res}(f,\infty) = \dfrac{1}{2\pi\mathrm{i}}\oint_{C^-} f(z)\,\mathrm{d}z$,

其中 $C: |z| = R$,作变换 $z = \dfrac{1}{\xi}$,并设 $z = R\mathrm{e}^{\mathrm{i}\theta}, \xi = \rho\mathrm{e}^{\mathrm{i}\phi}$,则

$$\rho = \frac{1}{R}, \phi = -\theta,$$

于是

$$\begin{aligned}
\mathrm{Res}(f,\infty) &= \frac{1}{2\pi\mathrm{i}}\int_{\pi}^{-\pi} f(R\mathrm{e}^{\mathrm{i}\theta})\,\mathrm{i}R\mathrm{e}^{\mathrm{i}\theta}\,\mathrm{d}\theta \\
&= -\frac{1}{2\pi\mathrm{i}}\int_{-\pi}^{\pi} f\left(\frac{1}{\rho\mathrm{e}^{\mathrm{i}\phi}}\right)\frac{\mathrm{i}}{\rho\mathrm{e}^{\mathrm{i}\phi}}\,\mathrm{d}\phi \\
&= -\frac{1}{2\pi\mathrm{i}}\int_{-\pi}^{\pi} f\left(\frac{1}{\rho\mathrm{e}^{\mathrm{i}\phi}}\right)\frac{1}{(\rho\mathrm{e}^{\mathrm{i}\phi})^2}\,\mathrm{d}\rho\mathrm{e}^{\mathrm{i}\phi} \\
&= -\frac{1}{2\pi\mathrm{i}}\oint_{|\xi|=\frac{1}{R}} f\left(\frac{1}{\xi}\right)\frac{1}{\xi^2}\,\mathrm{d}\xi \\
&= -\mathrm{Res}\left[\frac{1}{z^2}f\left(\frac{1}{z}\right),0\right].
\end{aligned}$$

例 5.6　设 $f(z) = (z+z^2)\mathrm{e}^{-z}$,求 $\mathrm{Res}(f,\infty)$.

解　取圆周 $C: |z| = 2$,由定义 5.6 得

$$\begin{aligned}
\mathrm{Res}(f,\infty) &= \frac{1}{2\pi\mathrm{i}}\oint_{C^-} \frac{z+z^2}{\mathrm{e}^z}\,\mathrm{d}z \\
&= -\frac{1}{2\pi\mathrm{i}}\oint_{C} \frac{z+z^2}{\mathrm{e}^z}\,\mathrm{d}z \\
&= 0.
\end{aligned}$$

留数定理求解大多数特定条件下的积分虽然方便,但当积分曲线内的孤立奇点过多时,用下面的定理计算这类积分是很有用的.

定理 5.9　如果函数 $f(z)$ 在扩充复平面内只有有限个孤立奇点,那么 $f(z)$ 在所有孤立奇点(包括 ∞ 点)的留数之和必等于零.

证　设有限个奇点为 $z_k(k=1,2,\cdots,n)$,C 为一条绕原点并将 $z_k(k=1,2,\cdots,n)$ 包含在它内部的正向简单闭曲线,由留数定理及无穷远点的留数定义,有

$$\sum_{k=1}^{n} \mathrm{Res}(f,z_k) + \mathrm{Res}(f,\infty) = \frac{1}{2\pi\mathrm{i}}\oint_{C} f(z)\,\mathrm{d}z + \frac{1}{2\pi\mathrm{i}}\oint_{C^-} f(z)\,\mathrm{d}z = 0.$$

这个定理也可以用来求无穷远点处的留数.

例 5.7　计算积分 $\displaystyle\oint_{|z|=1} \frac{2\mathrm{i}}{z^2 + 2az + 1}\,\mathrm{d}z, a>1$.

解　首先,弄清被积函数在积分路径内部有无奇点.由 $z^2+2az+1$

求出被积函数的孤立奇点有

$$z_1 = -a + \sqrt{a^2 - 1} \quad 与 \quad z_2 = -a - \sqrt{a^2 - 1},$$

因 $a > 1$，所以，$|z_2| > 1$，又因 $|z_1 z_2| = 1$，故 $|z_1| < 1$，即在积分路径内部只有被积函数的一个孤立奇点 z_1.

其次，经检验得

$$\begin{aligned}
\int_{|z|=1} \frac{2i}{z^2 + 2az + 1} dz &= 2\pi i \operatorname{Res}\left(\frac{2i}{z^2 + 2az + 1}, z_1\right) \\
&= 2\pi i \cdot \lim_{z \to z_1}\left[(z - z_1)\frac{2i}{(z - z_1)(z - z_2)}\right] \\
&= \frac{-2\pi}{\sqrt{a^2 - 1}}.
\end{aligned}$$

5.3　留数在实积分计算中的应用

在微积分以及许多实际问题中，往往要求计算出一些定积分或反常积分的值，而这些积分中的被积函数的原函数，有的不能用初等函数表示出来，有的可以求出原函数，但计算非常复杂.

利用留数定理，把求某些特定积分的问题，转化为计算某些解析函数在孤立奇点的留数，从而大大简化了计算；利用留数计算积分，没有通用的方法，主要通过例子进行讨论，不同情况解法不同；下面只讨论应用单值解析函数来计算积分，应用多值解析函数来计算积分在这里不作讨论，读者可阅读相关资料自学.

5.3.1　形如 $\int_0^{2\pi} R(\cos\theta, \sin\theta) d\theta$ 的积分

其中 $R(\cos\theta, \sin\theta)$ 为有理函数. 令 $z = e^{i\theta}$，则有

$$dz = ie^{i\theta} d\theta, \quad d\theta = \frac{dz}{iz},$$

又

$$\sin\theta = \frac{1}{2i}(e^{i\theta} - e^{-i\theta}) = \frac{z^2 - 1}{2iz},$$

$$\cos\theta = \frac{1}{2}(e^{i\theta} + e^{-i\theta}) = \frac{z^2 + 1}{2z},$$

留数在实积分计算中的应用

代入积分中有

$$\begin{aligned}
\int_0^{2\pi} R(\cos\theta, \sin\theta) d\theta &= \oint_{|z|=1} R\left(\frac{z^2 + 1}{2z}, \frac{z^2 - 1}{2iz}\right)\frac{dz}{iz} \\
&= \oint_{|z|=1} f(z) dz \\
&= 2\pi i \sum_{k=1}^{n} \operatorname{Res}(f, z_k),
\end{aligned}$$

其中 $f(z)$ 为 z 的有理函数,且在单位圆周上分母不为零,z_1,z_2,$\cdots$,z_n 为包含在单位圆周内 $f(z)$ 的所有孤立奇点.

例 5.8 计算积分

$$I = \int_0^{2\pi} \frac{\mathrm{d}t}{a + \sin t},$$

其中常数 $a > 1$.

解 令 $\mathrm{e}^{\mathrm{i}t} = z$,那么 $\sin t = \frac{1}{2\mathrm{i}}\left(z - \frac{1}{z}\right)$,$\mathrm{d}t = \frac{\mathrm{d}z}{\mathrm{i}z}$. 而且当 t 从 0 增加到 2π 时,z 按逆时针方向绕圆 $|z| = 1$ 一周. 因此

$$I = \oint_C \frac{2\mathrm{d}z}{z^2 + 2\mathrm{i}az - 1}.$$

于是应用留数定理,只需计算 $\dfrac{2}{z^2 + 2\mathrm{i}az - 1}$ 在 $|z| < 1$ 内奇点处的留数,就可求出 I.

上面的被积函数有两个奇点:$z_1 = -\mathrm{i}a + \mathrm{i}\sqrt{a^2 - 1}$ 及 $z_2 = -\mathrm{i}a - \mathrm{i}\sqrt{a^2 - 1}$. 显然 $|z_1| < 1$,$|z_2| > 1$. 因此被积函数在 $|z| < 1$ 内只有一个奇点 z_1,而它在这点的留数是

$$\mathrm{Res}(f, z_1) = \frac{2}{2z_1 + 2\mathrm{i}a} = \frac{1}{\mathrm{i}\sqrt{a^2 - 1}},$$

于是求得

$$I = 2\pi\mathrm{i}\,\frac{1}{\mathrm{i}\sqrt{a^2 - 1}} = \frac{2\pi}{\sqrt{a^2 - 1}}.$$

应用同样的方法,可以计算形如

$$I = \int_0^{2\pi} R(\sin t, \cos t)\,\mathrm{d}t,$$

的积分,其中 R 所对应的 $f(z)$ 是有理分式,并且在圆 $|z| = 1$ 上,分母不等于零.

5.3.2 形如 $\int_{-\infty}^{+\infty} R(x)\,\mathrm{d}x$ 的积分

其中 $R(x)$ 是有理分式,分母在实轴上不为零,且分母的次数比分子的次数至少高二次,$z_1, z_2, \cdots, z_n$ 为 $f(z)$ 在实轴上半平面内的所有极点. 有结论如下:

$$\int_{-\infty}^{+\infty} R(x)\,\mathrm{d}x = \int_{-\infty}^{+\infty} \frac{P(x)}{Q(x)}\,\mathrm{d}x = 2\pi\mathrm{i}\sum_{k=1}^{n} \mathrm{Res}\left(\frac{P(z)}{Q(z)}, z_k\right).$$

例 5.9 计算积分 $\displaystyle\int_{-\infty}^{+\infty} \frac{x^2}{x^4 + x^2 + 1}\,\mathrm{d}x$.

解 首先,这是一个广义积分,它显然是收敛的. 应用留数定理来计算它.

经验证,其中 $\dfrac{x^2}{x^4 + x^2 + 1}$ 是有理分式,分母在实轴上不为零,且分

母的次数比分子的次数至少高二次,此积分可用上面公式计算.

首先,求出 $\dfrac{P(z)}{Q(z)}=\dfrac{z^2}{z^4+z^2+1}$ 在实轴上半平面的全部奇点.令

$$z^4+z^2+1=0,$$

即

$$
\begin{aligned}
z^4+z^2+1 &= (z^4+2z^2+1)-z^2\\
&= (z^2+1)^2-z^2\\
&= (z^2+z+1)(z^2-z+1)\\
&= 0,
\end{aligned}
$$

于是,$\dfrac{P(z)}{Q(z)}$ 在实轴上半平面的全部奇点只有两个:

$$\alpha=\frac{1}{2}+\frac{\sqrt{3}}{2}\mathrm{i}\quad\text{与}\quad\beta=-\frac{1}{2}+\frac{\sqrt{3}}{2}\mathrm{i},$$

且知道,α 与 β 均为 $\dfrac{P(z)}{Q(z)}$ 的一级极点.

其次,求留数,有

$$
\begin{aligned}
\operatorname{Res}\left(\frac{P(z)}{Q(z)},\alpha\right) &= \lim_{z\to\alpha}(z-\alpha)\frac{z^2}{(z-\alpha)(z-\beta)(z+\alpha)(z+\beta)}\\
&= \frac{1+\sqrt{3}\,\mathrm{i}}{4\sqrt{3}\,\mathrm{i}},
\end{aligned}
$$

$$
\begin{aligned}
\operatorname{Res}\left(\frac{P(z)}{Q(z)},\beta\right) &= \lim_{z\to\beta}(z-\beta)\frac{z^2}{(z-\alpha)(z-\beta)(z+\alpha)(z+\beta)}\\
&= \frac{1-\sqrt{3}\,\mathrm{i}}{4\sqrt{3}\,\mathrm{i}},
\end{aligned}
$$

最后,将所得留数代入公式得

$$
\int_{-\infty}^{+\infty}\frac{x^2}{x^4+x^2+1}\mathrm{d}x = 2\pi\mathrm{i}\left[\operatorname{Res}\left(\frac{P(z)}{Q(z)},\alpha\right)+\operatorname{Res}\left(\frac{P(z)}{Q(z)},\beta\right)\right]
$$

$$
= \frac{\pi}{\sqrt{3}}.
$$

5.3.3 形如 $\displaystyle\int_{-\infty}^{+\infty}R(x)\mathrm{e}^{aix}\mathrm{d}x\left(a>0,R(x)=\dfrac{P(x)}{Q(x)}\right)$ 的积分

其中 $R(x)$ 是有理分式,分母在实轴上不为零,且分母的次数比分子的次数至少高一次,$z_1,z_2,\cdots,z_n$ 为 $f(z)$ 在实轴上半平面内的所有极点.有结论如下:

$$
\int_{-\infty}^{+\infty}\frac{P(x)}{Q(x)}\mathrm{e}^{aix}\mathrm{d}x = 2\pi\mathrm{i}\sum_{j=1}^{n}\operatorname{Res}\left(\frac{P(z)}{Q(z)}\mathrm{e}^{aiz},z_j\right).
$$

例 5.10　计算积分 $\displaystyle\int_{-\infty}^{+\infty}\frac{\mathrm{e}^{ix}}{x^2+a^2}\mathrm{d}x,a>0.$

解　经验证,其中 $\dfrac{1}{x^2+a^2}$ 是有理分式,分母在实轴上不为零,且

分母的次数比分子的次数至少高两次,该积分可用上面公式计算.

首先,求出辅助函数 $f(z) = \dfrac{e^{iz}}{z^2+a^2}$ 在实轴上半平面的全部奇点.

由 $z^2+a^2=0$ 解得 $z=ai$ 与 $z=-ai$ 为 $f(z)$ 的奇点,而 $a>0$,所以, $f(z)$ 在实轴上半平面只有一个奇点 ai,且 ai 为 $f(z)$ 的一级极点.

其次,求留数. 有

$$\text{Res}\left(\frac{e^{iz}}{z^2+a^2}, ai\right) = \lim_{z \to ai}(z-ai)\frac{e^{iz}}{(z-ai)(z+ai)}$$

$$= \frac{e^{-a}}{2ai}.$$

最后,由公式得

$$\int_{-\infty}^{+\infty} \frac{e^{ix}}{x^2+a^2}dx = 2\pi i \cdot \text{Res}\left(\frac{e^{iz}}{z^2+a^2}, ai\right)$$

$$= \frac{\pi}{ae^a}.$$

利用欧拉公式,还能得到

$$\int_{-\infty}^{+\infty} \frac{\cos x}{x^2+a^2}dx = \frac{\pi}{ae^a} \quad \text{与} \quad \int_{-\infty}^{+\infty} \frac{\sin x}{x^2+a^2}dx = 0.$$

5.4　辐角原理及其应用

5.4.1　对数原理

定义 5.7　设函数 $\dfrac{f'(z)}{f(z)}$ 在简单闭曲线 C 上解析,则积分

$$\frac{1}{2\pi i}\oint_C \frac{f'(z)}{f(z)}dz$$

称为 $f(z)$ 关于曲线 C 的**对数留数**.

定理 5.10(对数留数定理)　设 $f(z)$ 在简单闭曲线 C 上解析且不为 0,且在 C 的内部除去有限个极点外也处处解析,则

$$\frac{1}{2\pi i}\oint_C \frac{f'(z)}{f(z)}dz = N - P,$$

其中 N 为 $f(z)$ 在 C 内零点的总个数, P 为 $f(z)$ 在 C 内极点的总个数,且 C 取正向.在计算零点与极点的个数时, m 级的零点或极点算作 m 个零点或极点.

证　设函数 $f(z)$ 在 C 内部的零点为 $a_1, a_2, \cdots, a_s$(相应的阶数为 $n_1, n_2, \cdots, n_s$),极点为 $b_1, b_2, \cdots, b_t$(相应的阶数为 $m_1, m_2, \cdots, m_t$),则对于任意的 $a_i(i=1,2,\cdots,s)$,当 $0 < |z-a_i| < r(r$ 充分小)

时,有
$$f(z) = (z-a_i)^{n_i}g(z),$$

其中 $g(z)$ 在 $|z-a_i| < r$ 内解析,且不为 0.因此
$$\frac{f'(z)}{f(z)} = \frac{[(z-a_i)^{n_i}g(z)]'}{(z-a_i)^{n_i}g(z)} = \frac{n_i}{z-a_i} + \frac{g'(z)}{g(z)},$$

故 a_i 为 $\dfrac{f'(z)}{f(z)}$ 的一级极点,且
$$\mathrm{Res}\left(\frac{f'(z)}{f(z)}, a_i\right) = n_i.$$

同理,对于任意的 $b_j(j=1,2,\cdots,t)$,当 $0 < |z-b_j| < r$(r 充分小)时,有
$$\frac{f'(z)}{f(z)} = -\frac{m_j}{z-b_j} + \frac{g'(z)}{g(z)},$$

b_j 为 $\dfrac{f'(z)}{f(z)}$ 的一级极点,且
$$\mathrm{Res}\left(\frac{f'(z)}{f(z)}, b_j\right) = -m_j.$$

由留数定理知,
$$\frac{1}{2\pi\mathrm{i}}\oint_C \frac{f'(z)}{f(z)}\mathrm{d}z = \sum_{i=1}^s \mathrm{Res}\left[\frac{f'(z)}{f(z)}, a_i\right] + \sum_{j=1}^t \mathrm{Res}\left[\frac{f'(z)}{f(z)}, b_j\right] = N - P.$$

5.4.2　辐角原理

对数留数的几何解释如下:

设 $\omega = f(z)$,则
$$\frac{1}{2\pi\mathrm{i}}\oint_C \frac{f'(z)}{f(z)}\mathrm{d}z = \frac{1}{2\pi\mathrm{i}}\oint_C \mathrm{d}\mathrm{Ln}\, f(z)$$
$$= \frac{1}{2\pi\mathrm{i}}\oint_C \mathrm{d}\left[\ln|f(z)| + \mathrm{i}\mathrm{Arg}\, f(z)\right]$$
$$= \frac{1}{2\pi\mathrm{i}}\left[\oint_{C'} \mathrm{d}\ln|\omega| + \mathrm{i}\oint_{C'} \mathrm{d}\mathrm{Arg}\, \omega\right].$$

易见
$$\oint_{C'} \mathrm{d}\ln|\omega| = 0.$$

C' 表示 z 沿 C 的正向绕行一周时,相应地 $\omega = f(z)$ 在 ω 平面上画出的连续封闭曲线.当 C' 不包围原点 $\omega = 0$ 时,$\oint_{C'} \mathrm{d}\mathrm{Arg}\, \omega = 0$. 当 C' 围绕原点且圈数为 k 时,
$$\oint_{C'} \mathrm{d}\mathrm{Arg}\, \omega = \pm 2k\pi,$$

且逆时针方向时取正号,反之取负号.因此对数留数的几何意义是 C' 绕原点的回转次数 k 总是一个整数.

如果把 z 沿 C 的正向绕行一周, $f(z)$ 的辐角的改变量记作

$$\Delta_{C^+} \operatorname{Arg} f(z) ,$$

则定理 5.10 可以写成

$$N - P = \frac{1}{2\pi} \Delta_{C^+} \operatorname{Arg} f(z) , \tag{5.2}$$

当 $f(z)$ 在 C 内解析, $P = 0$ 时, 上式 (5.2) 化为

$$N = \frac{1}{2\pi} \Delta_{C^+} \operatorname{Arg} f(z) , \tag{5.3}$$

这个结果称为辐角原理.

定理 5.11(辐角原理)　设 $f(z)$ 在简单闭曲线 C 上与 C 内解析, 且在 C 上不等于 0, 则 $f(z)$ 在 C 内零点的个数等于 $\frac{1}{2\pi}$ 乘以当 z 沿 C 的正向绕行一周 $f(z)$ 的辐角的改变量.

5.4.3　儒歇定理

利用辐角原理可以讨论函数在某一区域内的零点个数或极点个数, 在具体考察函数的零点分布时, 由辐角原理推出的儒歇定理, 用起来更方便.

定理 5.12　设 $f(z)$ 与 $g(z)$ 在简单闭曲线 C 上和 C 内解析, 且在 C 上满足条件 $|f(z)| > |g(z)|$, 则在 C 内 $f(z)$ 与 $f(z) + g(z)$ 的零点的个数相同.

证　因为 $f(z)$ 与 $g(z)$ 在简单闭曲线 C 上和 C 内解析, 且在 C 上满足条件 $|f(z)| > |g(z)|$, 所以在 C 上有 $|f(z)| > 0$, $|f(z) + g(z)| \geqslant |f(z)| - |g(z)| > 0$, 即在 C 上, $f(z)$ 与 $f(z) + g(z)$ 都不等于零.

设 N 与 N' 分别为函数 $f(z)$ 与 $f(z) + g(z)$ 在 C 的内部的零点的个数, 由于这两个函数在 C 的内部解析, 因此根据辐角定理, 由式 (5.3), 有

$$N = \frac{1}{2\pi} \Delta_{C^+} \operatorname{Arg} f(z) ,$$

$$N' = \frac{1}{2\pi} \Delta_{C^+} \operatorname{Arg} [f(z) + g(z)] ,$$

由于在 C 上, $f(z)$ 不等于零, $f(z) + g(z)$ 可以写成

$$f(z) + g(z) = f(z) \left[1 + \frac{g(z)}{f(z)} \right] ,$$

所以,

$$\Delta_{C^+} \operatorname{Arg} [f(z) + g(z)] = \Delta_{C^+} \operatorname{Arg} f(z) + \Delta_{C^+} \operatorname{Arg} \left[1 + \frac{g(z)}{f(z)} \right] ,$$

令 $\omega = 1 + \frac{g(z)}{f(z)}$, 则 $|\omega - 1| = \left| \frac{g(z)}{f(z)} \right| < 1$, 即 ω 在以 1 为中心的单位圆

内,所以 C 的像曲线 C' 不围绕原点,从而有

$$\Delta_{C^+}\mathrm{Arg}\left[1+\frac{g(z)}{f(z)}\right]=0,$$

因此,

$$\Delta_{C^+}\mathrm{Arg}[f(z)+g(z)]=\Delta_{C^+}\mathrm{Arg}\,f(z),$$

即 $N=N'$,即在 C 内 $f(z)$ 与 $f(z)+g(z)$ 的零点的个数相同.

例 5.11 利用对数留数定理计算下列积分.

(1) $\dfrac{1}{2\pi i}\oint_{|z|=3}\dfrac{f'(z)}{f(z)}\mathrm{d}z$,其中 $f(z)=z^3-6z+1$;

(2) $\oint_{|z|=4}\dfrac{4z^3-2}{z^4-2z-3}\mathrm{d}z.$

解 (1) $f(z)$ 的零点个数为 3,极点个数为 0,由对数留数定理可知

$$\frac{1}{2\pi i}\oint_{|z|=3}\frac{f'(z)}{f(z)}\mathrm{d}z=3.$$

(2) 令 $f(z)=z^4-2z-3$,则 $f'(z)=4z^3-2$,且 $f(z)$ 的零点个数为 4,极点个数为 0,由对数留数定理可知

$$\oint_{|z|=4}\frac{4z^3-2}{z^4-2z-3}\mathrm{d}z=2\pi i(4-0)=8\pi i.$$

例 5.12 求方程 $z^4-8z+1=0$ 在 $|z|<1$ 与 $1<|z|<3$ 内根的个数.

解 设 $f(z)=-8z,g(z)=z^4+1$,在 $|z|=1$ 上,有

$$|f(z)|=|-8z|=8,\ |g(z)|=|z^4+1|\leqslant|z^4|+1=2,$$

由于 $|f(z)|\geqslant|g(z)|$,由儒歇定理可知,$f(z)$ 与 $f(z)+g(z)$ 在 $|z|<1$ 内的零点个数相同,而 $f(z)$ 在 $|z|<1$ 内只有一个零点,所以 $f(z)+g(z)$ 在 $|z|<1$ 内也只有一个零点,即方程 $z^4-8z+1=0$ 在 $|z|<1$ 内只有一个根.

设 $f(z)=z^4,g(z)=z^4-8z+1$,在 $|z|=3$ 上,有

$$|f(z)|=|z^4|=81,\ |g(z)-f(z)|=|-8z+1|\leqslant8|z|+1=25,$$

即 $|f(z)|\geqslant|g(z)-f(z)|$,由儒歇定理可知,$f(z)$ 与 $g(z)-f(z)+f(z)$ 在 $|z|<3$ 内的零点个数相同,而 $f(z)$ 在 $|z|<3$ 内有四个零点,所以 $g(z)-f(z)+f(z)$ 在 $|z|<3$ 内也有四个零点,$g(z)$ 在 $|z|<1$ 内有一个零点,在 $|z|=1$ 上没有零点,所以在 $1<|z|<3$ 内有三个零点,即方程 $z^4-8z+1=0$ 在 $1<|z|<3$ 内有三个根.

第 5 章小结

1. 孤立奇点

（1）**孤立奇点的分类**

1）**孤立奇点的定义**:设点 z_0 为函数 $f(z)$ 的奇点,若 $f(z)$ 在点 z_0

处的某个去心邻域 $0<|z-z_0|<R$ 内解析,则称点 z_0 为函数 $f(z)$ 的**孤立奇点**.

2）孤立奇点的分类:设点 z_0 为函数 $f(z)$ 的孤立奇点,则可分为三类:

若 $f(z)$ 在点 z_0 处的洛朗级数的主要部分（含负幂项部分）为零,则称点 z_0 为 $f(z)$ 的**可去奇点**;

若 $f(z)$ 在点 z_0 处的洛朗级数的主要部分（含负幂项部分）为有限多项,设为

$$\frac{c_{-m}}{(z-z_0)^m}+\frac{c_{-(m-1)}}{(z-z_0)^{m-1}}+\cdots+\frac{c_{-1}}{z-z_0},c_{-m}\neq 0,$$

则称点 z_0 为 $f(z)$ 的 m **级（阶）极点**;

若 $f(z)$ 在点 z_0 处的洛朗级数的主要部分（含负幂项部分）有无限多项,则称点 z_0 为 $f(z)$ 的**本性奇点**.

（2）孤立奇点的性质

定理 5.1 若点 z_0 为 $f(z)$ 的孤立奇点,则以下条件是等价的.

1）点 z_0 为 $f(z)$ 的可去奇点;

2）$\lim\limits_{z\to z_0}f(z)=c_0(\neq\infty)$.

定理 5.2 若点 z_0 为 $f(z)$ 的孤立奇点,则下列三个条件是等价的.

1）点 z_0 为 $f(z)$ 的 m 级极点;

2）$f(z)$ 在点 z_0 的某个去心邻域 $0<|z-z_0|<R$ 内可表示为

$$f(z)=\frac{h(z)}{(z-z_0)^m},$$

其中,$h(z)$ 在点 z_0 的邻域 $|z-z_0|<R$ 内解析,且 $h(z_0)\neq 0$;

3）点 z_0 为 $\dfrac{1}{f(z)}$ 的 m 级零点（可去奇点视作解析点时）.

定理 5.3 点 z_0 为函数 $f(z)$ 的极点的充要条件是

$$\lim\limits_{z\to z_0}f(z)=\infty.$$

推论 5.1 设函数 $f(z)$ 在 $D:0<|z-z_0|<R(0<R\leqslant+\infty)$ 内解析,那么 z_0 是 $f(z)$ 的 m 级极点的充分必要条件是:$\lim\limits_{z\to z_0}(z-z_0)^m f(z)=c_{-m}$,在这里 m 是一个正整数,c_{-m} 是一个不等于 0 的复数.

定理 5.4 点 z_0 为函数 $f(z)$ 的本性奇点的充要条件是 $\lim\limits_{z\to z_0}f(z)$ 不存在,且不为 0.

（3）零点与极点的关系

m **级零点的定义**:如果不恒为零的解析函数 $f(z)$ 能表示成

$$f(z)=(z-z_0)^m\varphi(z),$$

其中 $\varphi(z)$ 在 z_0 处解析且 $\varphi(z_0)\neq 0$,m 为某一正整数,称 z_0 为 $f(z)$ 的 m **级零点**.

定理 5.5 如果 $f(z)$ 在 z_0 处解析,则 z_0 为 $f(z)$ 的 m 级零点的

充要条件是
$$f^{(n)}(z_0) = 0, (n = 0, 1, 2, \cdots, m-1), \quad f^{(m)}(z_0) \neq 0.$$
并且,函数的零点与极点有如下关系:

定理 5.6 如果 z_0 为 $f(z)$ 的 m 级零点,则 z_0 为 $\dfrac{1}{f(z)}$ 的 m 级极点,反过来也成立.

(4) **解析函数在无穷远点的性质**

1) **无穷远点孤立奇点的定义**:如果函数 $f(z)$ 在 $z = \infty$ 处的去心邻域 $R < |z| < +\infty$ 内解析,那么无穷远点称为 $f(z)$ 的**孤立奇点**.

2) **无穷远点孤立奇点的分类**:如果在 $R < |z| < +\infty$ 内,$f(z)$ 有洛朗级数展式,有

① 不含正幂项,那么称 $z = \infty$ 是 $f(z)$ 的**可去奇点**;

② 含有限个正幂项,且最高正幂项为 z^m,那么称 $z = \infty$ 是 $f(z)$ 的 m **级极点**;

③ 含无穷多正幂项,那么称 $z = \infty$ 是 $f(z)$ 的**本性奇点**.

定理 5.7 设函数 $f(z)$ 在区域 $R < |z| < +\infty$ 内解析,那么 $z = \infty$ 是 $f(z)$ 的可去奇点、极点或本性奇点的充要条件是: $\lim\limits_{z \to \infty} f(z)$ 极限存在且有限、极限为无穷或不存在且不为无穷.

2. 留数

(1) **留数的定义**

如果 $z_0 (\neq \infty)$ 为函数 $f(z)$ 的孤立奇点, C 为圆周: $|z - z_0| = r$,若 $f(z)$ 在 $0 < |z - z_0| \leqslant r$ 上解析,则称
$$\frac{1}{2\pi i} \oint_C f(z) \, \mathrm{d}z$$
为 $f(z)$ 在点 z_0 的**留数(或残数)**,记作 $\mathrm{Res}(f, z_0)$ 或 $\mathrm{Res}(z_0)$,即
$$\mathrm{Res}(f, z_0) = \frac{1}{2\pi i} \oint_C f(z) \, \mathrm{d}z, \quad \mathrm{Res}(f, z_0) = c_{-1}.$$

(2) **留数的计算规则**

规则 1 如果 z_0 为 $f(z)$ 的一级极点,那么
$$\mathrm{Res}(f, z_0) = \lim_{z \to z_0} (z - z_0) f(z).$$

规则 2 如果 z_0 为 $f(z)$ 的 m 级极点,那么
$$\mathrm{Res}(f, z_0) = \frac{1}{(m-1)!} \lim_{z \to z_0} \frac{\mathrm{d}^{m-1}}{\mathrm{d}z^{m-1}} \left[(z - z_0)^m f(z) \right].$$

规则 3 设 $f(z) = \dfrac{P(z)}{Q(z)}$,$P(z)$ 及 $Q(z)$ 在 z_0 处解析,如果 $P(z_0) \neq 0, Q(z_0) = 0, Q'(z_0) \neq 0$,那么 z_0 为 $f(z)$ 的一级极点,且
$$\mathrm{Res}(f, z_0) = \frac{P(z_0)}{Q'(z_0)}.$$

定理 5.8 设区域 G 是由闭曲线 C 的内部构成,如果函数 $f(z)$

在 G 内除有限个奇点 $a_1, a_2, \cdots, a_n$ 外处处解析,且在 $\overline{G} = G + C$ 上除点 $a_1, a_2, \cdots, a_n$ 外连续,则

$$\oint_C f(z)\, dz = 2\pi i \sum_{j=1}^{n} \operatorname{Res}(f, a_j).$$

(3) 无穷远点的留数

1) 无穷远点的留数的定义:设 $z = \infty$ 为函数 $f(z)$ 的孤立奇点,C 为正向圆周:$|z| = r$,若 $f(z)$ 在 $R < |z| < +\infty$ 内解析($R < r$),则称

$$\frac{1}{2\pi i} \oint_{C^-} f(z)\, dz$$

为函数 $f(z)$ 在点 $z = \infty$ 处的**留数(或残数)**,记作 $\operatorname{Res}(f, \infty)$ 或 $\operatorname{Res}(\infty)$,即

$$\operatorname{Res}(f, \infty) = \frac{1}{2\pi i} \oint_{C^-} f(z)\, dz, \quad \operatorname{Res}(f, \infty) = -c_{-1}$$

2) 无穷远点的留数计算方法:规则 4 $\operatorname{Res}(f, \infty) = -\operatorname{Res}\left[f\left(\frac{1}{z}\right)\frac{1}{z^2}, 0\right]$.

定理 5.9 如果函数 $f(z)$ 在扩充复平面内只有有限个孤立奇点,那么 $f(z)$ 在所有孤立奇点(包括 ∞ 点)的留数之和必等于零.

3. 留数在实积分计算中的应用

(1) 形如 $\int_0^{2\pi} R(\cos\theta, \sin\theta)\, d\theta$ 的积分

其中 $R(\cos\theta, \sin\theta)$ 为有理函数.

$$\int_0^{2\pi} R(\cos\theta, \sin\theta)\, d\theta = \oint_{|z|=1} R\left(\frac{z^2+1}{2z}, \frac{z^2-1}{2iz}\right) \frac{dz}{iz}$$

$$= \oint_{|z|=1} f(z)\, dz$$

$$= 2\pi i \sum_{k=1}^{n} \operatorname{Res}(f, z_k),$$

其中 $f(z)$ 为 z 的有理函数,且在单位圆周上分母不为零,$z_1, z_2, \cdots, z_n$ 为包含在单位圆周内 $f(z)$ 的所有孤立奇点.

(2) 形如 $\int_{-\infty}^{+\infty} R(x)\, dx$ 的积分

其中 $R(x)$ 是有理分式,分母在实轴上不为零,且分母的次数比分子的次数至少高二次,$z_1, z_2, \cdots, z_n$ 为 $f(z)$ 在实轴上半平面内的所有极点.有结论如下:

$$\int_{-\infty}^{+\infty} R(x)\, dx = \int_{-\infty}^{+\infty} \frac{P(x)}{Q(x)}\, dx = 2\pi i \sum_{k=1}^{n} \operatorname{Res}\left(\frac{P(z)}{Q(z)}, z_k\right).$$

(3) 形如 $\int_{-\infty}^{+\infty} R(x)\, e^{iax}\, dx \left(a > 0, R(x) = \frac{P(x)}{Q(x)}\right)$ 的积分

其中 $R(x)$ 是有理分式,分母在实轴上不为零,且分母的次数比分子的次数至少高一次,$z_1, z_2, \cdots, z_n$ 为 $f(z)$ 在实轴上半平面内的所有极点.有结论如下:

$$\int_{-\infty}^{+\infty} \frac{P(x)}{Q(x)} e^{iax} dx = 2\pi i \sum_{j=1}^{n} \text{Res}\left(\frac{P(z)}{Q(z)} e^{iaz}, z_j \right).$$

4. 辐角原理及其应用

（1）对数原理

1）对数原理的定义：设函数 $\frac{f'(z)}{f(z)}$ 在简单闭曲线 C 上解析，则积分

$$\frac{1}{2\pi i} \oint_C \frac{f'(z)}{f(z)} dz$$

称为 $f(z)$ 关于曲线 C 的**对数留数**.

2）对数留数定理：设 $f(z)$ 在简单闭曲线 C 上解析且不为 0，且在 C 的内部除去有限个极点外也处处解析，则

$$\frac{1}{2\pi i} \oint_C \frac{f'(z)}{f(z)} dz = N - P,$$

其中 N 为 $f(z)$ 在 C 内零点的总个数，P 为 $f(z)$ 在 C 内极点的总个数，且 C 取正向.在计算零点与极点的个数时，m 级的零点或极点算作 m 个零点或极点.

（2）辐角原理：设 $f(z)$ 在简单闭曲线 C 上与 C 内解析，且在 C 上不等于 0，则 $f(z)$ 在 C 内零点的个数等于 $\frac{1}{2\pi}$ 乘以当 z 沿 C 的正向绕行一周 $f(z)$ 的辐角的改变量.

（3）儒歇定理：设 $f(z)$ 与 $g(z)$ 在简单闭曲线 C 上和 C 内解析，且在 C 上满足条件 $|f(z)| > |g(z)|$，则在 C 内 $f(z)$ 与 $f(z) + g(z)$ 的零点的个数相同.

第 5 章习题

1. 下列函数有些什么奇点？如果是极点，指出它是几级极点.

（1）$\dfrac{1}{z(z^2+1)}$；　　　　（2）$\dfrac{z^2-3z+2}{(z-1)(z-2)^2}$；　　　　（3）$e^{\frac{1}{z-1}}$.

2. 设函数 $f(z)$ 与 $g(z)$ 分别以 $z=a$ 为 m 级极点与 n 级极点（或零点），则下列函数

（1）$f(z)g(z)$；　　　　（2）$f(z)+g(z)$

在 $z=a$ 处各有什么性质？

3. 求下列各函数在有限奇点处的留数.

（1）$\dfrac{e^z}{z^{n+1}}$；　　　　（2）$\dfrac{1}{z^3-z^5}$；　　　　（3）$\sin \dfrac{z}{z+1}$.

4. 求函数 $f(z) = \dfrac{z}{(1+z^2)(1+e^{\pi z})}$ 的孤立奇点.若是极点，指出级数.

5. 利用留数计算下列积分.

（1）$\oint_{|z|=2} \dfrac{z\mathrm{e}^z}{z^2-1}\mathrm{d}z$；

（2）$\oint_{|z|=1} \dfrac{2\mathrm{i}}{z^2+2az+1}\mathrm{d}z \quad (a>1)$；

（3）$\oint_{|z|=1} \dfrac{1}{(z-a)^n(z-b)^n}\mathrm{d}z \quad (|a|<1<|b|)$.

6. 利用留数计算积分 $\displaystyle\int_{|z|=n} \tan \pi z\,\mathrm{d}z \quad (n\in\mathbf{N})$.

7. 求下列函数在孤立奇点处的留数（包括无穷远点）.

（1）$\dfrac{1}{1-\mathrm{e}^z}$；　　　　（2）$\dfrac{z-\sin z}{z^4}$；　　　　（3）$\dfrac{\sin 2z}{(z+1)^3}$；

（4）$\dfrac{1-\mathrm{e}^{z^2}}{z^8}$；　　　　（5）$z^5\sin\dfrac{1}{z}$.

8. 利用留数定理计算下列积分.

（1）$\displaystyle\int_0^{+\infty} \dfrac{x^2}{x^4+x^2+1}\mathrm{d}x$；

（2）$\displaystyle\int_{-\infty}^{+\infty} \dfrac{\mathrm{d}x}{(x^2+a^2)(x^2+b^2)} \ (a>0,b>0)$；

（3）$\displaystyle\int_0^{2\pi} \dfrac{\mathrm{d}\theta}{1-2p\cos\theta+p^2} \ (0\leqslant p<1)$；

（4）$\displaystyle\int_0^{\pi} \dfrac{\cos mx}{5-4\cos x}\mathrm{d}x$；

（5）$\displaystyle\int_0^{+\infty} \dfrac{\cos x}{x^2+1}\mathrm{d}x$；

（6）$\displaystyle\int_0^{+\infty} \dfrac{x\sin x}{1+x^2}\mathrm{d}x$.

9. 求方程 $z^7-5z^4+z^2-2=0$ 在 $|z|<1$ 内根的个数.

10. 试证：方程 $z^5-z+3=0$ 的所有根都在圆环 $1<|z|<2$ 内.

11. 求方程 $z^8-5z^5-2z+1=0$ 在 $|z|<1$ 内根的个数.

12. 如果 $a>\mathrm{e}$，求证：方程 $\mathrm{e}^z=az^n$ 在单位圆内有 n 个根.

*第6章

共形映射

在复变函数论中我们借助积分、级数等方法研究了解析函数，这一章将通过几何的思想来研究解析函数的性质和应用.

从几何上看，复变函数 $w=f(z)$ 是从复平面 z 到复平面 w 上的一个映射. 而解析函数所确定的映射[解析变换 $w=f(z)$]是共形映射，它具有许多重要的性质. 它是复变函数论中最重要的概念之一，并且与物理中的概念有密切的联系，而且对物理学中许多领域有重要的应用.例如，应用共形映射成功地解决了流体力学与空气动力学、弹性力学、磁场、电场与热场理论以及其他方面的许多实际问题. 不但如此，20 世纪中亚音速及超音速飞机的研制促成了从共形映射理论到拟共形映射理论的发展.

6.1 解析变换的特征

6.1.1 解析变换的性质

首先，来讨论一般解析变换的一些性质：

定理 6.1 设 $w=f(z)$ 在区域 D 内解析且不恒为常数，则 D 的像 $G=f(D)$ 也是一个区域.

证 首先证明 G 是一个开集. 设 $w_0 \in G$，则有 $z_0 \in D$ 使得 $w_0 = f(z_0)$.

由解析函数零点的孤立性，存在以 z_0 为中心的某个圆周 C，使得 C 及 C 的内部全包含在 D 内，除 z_0 外，在 C 及 C 的内部，$f(z)-w_0$ 都不为零，故存在 $\delta>0$，在 C 上，有

$$|f(z)-w_0| \geqslant \delta.$$

对于满足 $|w-w_0|<\delta$ 的 w，在 C 上，有

$$|f(z)-w_0| \geqslant \delta> |w-w_0|.$$

由儒歇定理，在 C 的内部，$f(z)-w=f(z)-w_0+w_0-w$ 和 $f(z)-w_0$ 在 C 内有相同个数的零点，即 w_0 的邻域 $|w-w_0|<\delta$ 包含在 D 内.

由于 $f(z)$ 是连续的，所以显然 G 是连通的.

接下来我们研究单叶解析函数的映射性质.

设函数 $w=f(z)$ 在区域 D 内解析，并且在任意不同两点，函数

所取的值都不同,则称它为区域 D 上的单叶解析函数,简称为单叶函数.

利用证明上面定理的方法,可以得到:

引理 6.1　设函数 $f(z)$ 在 z_0 点解析,且 z_0 为 $f(z)-w_0$ 的 p 阶零点,则对充分小的正数 ρ,存在着一个正数 μ,使得当 $0<|w-w_0|<\mu$ 时,$f(z)-w$ 在 $0<|z-z_0|<\rho$ 内有 p 个一阶零点.

接下来,我们来看两个例子:

例 6.1　函数 $w=z+\alpha$ 及 $w=\beta z$(其中 α,β 是复常数,且 $\beta\neq0$)是 z 平面上的单叶解析函数,它们把 z 平面映射成 w 平面.

例 6.2　$w=\mathrm{e}^z$ 在每个带形

$$a<\mathrm{Im}\,z<a+2\pi$$

内单叶解析,并且把这个带形映射成 w 平面上除去从原点出发的一条射线而得的区域,其中 a 是任意实常数.

推论 6.1　设函数 $f(z)$ 在区域 D 内单叶解析,那么在 D 内任一点,$f'(z)\neq0$.

证　假定 $z_0\in D,f'(z_0)=0$,由引理 6.1,得出与单叶解析相矛盾的结论.

上述推论的逆命题不成立,例如 $w=\mathrm{e}^z$ 的导数在 z 平面上不为零,而该函数在整个 z 平面上不是单叶的.

这里有下面另一个推论:

推论 6.2　设函数 $w=f(z)$ 在 $z=z_0$ 处解析,并且 $f'(z_0)\neq0$,那么 $f(z)$ 在 z_0 处的某邻域内是单叶解析的.

如果 $w=f(z)$ 在区域 D 内单叶解析,根据定理 6.1,它把区域 D 双射到区域 $G=f(D)$,$f(z)$ 在 G 内所确定的函数为 $z=\varphi(w)$.那么可以推得:

定理 6.2　设函数 $f(z)$ 在区域 D 内单叶解析,并且 $G=f(D)$,那么 $w=f(z)$ 在 G 内所确定的函数 $z=\varphi(w)$ 是单叶解析的,并且如果 $w_0\in G,z_0=\varphi(w_0)$,那么

$$\varphi'(w_0)=\frac{1}{f'(z_0)}.$$

证　任给 $\varepsilon>0$,选取引理 6.1 中的正数 ρ 及 μ,使得 $\rho<\varepsilon$,那么,当 $|w-w_0|<\mu$ 时,有 $|\varphi(w)-\varphi(w_0)|<\rho<\varepsilon$,因此 $z=\varphi(w)$ 在 G 内任一点连续.

下面证明导数公式成立.当 $w\in G$,并且 $z=\varphi(w)$ 时,有 $z\in D$,$z\neq z_0$.于是

$$\frac{\varphi(w)-\varphi(w_0)}{w-w_0}=\frac{z-z_0}{w-w_0}=\frac{1}{\dfrac{w-w_0}{z-z_0}},$$

因为当 $w\to w_0$ 时,$z=\varphi(w)\to z_0=\varphi(z_0)$,所以

$$\lim_{w \to w_0} \frac{\varphi(w) - \varphi(w_0)}{w - w_0} = \frac{1}{\displaystyle\lim_{z \to z_0} \frac{w - w_0}{z - z_0}} = \frac{1}{\displaystyle\lim_{z \to z_0} \frac{f(z) - f(z_0)}{z - z_0}} = \frac{1}{f'(z_0)},$$

即定理的结论成立.

设函数 $w = f(z)$ 是区域 D 内的单叶解析函数, $z_0 \in D$, $w_0 = f(z_0)$, 则有 $f'(z_0) \neq 0$.

过 z_0 作一条简单光滑曲线 $C: z = z(t) = x(t) + \mathrm{i}y(t)$ $(a \leqslant t \leqslant b)$, 所对应的有

$$z(t_0) = z_0 (t_0 \in [a, b]).$$

求导可得

$$\frac{\mathrm{d}z}{\mathrm{d}t} = z'(t) = x'(t) + \mathrm{i}y'(t),$$

则 $z'(t_0)$ 存在, 且 $z'(t_0) \neq 0$, 作过曲线 C 上点 $z_0 = z(t_0)$ 及 $z_1 = z(t_1)$ 的割线, 割线的方向向量为 $\dfrac{z_1 - z_0}{t_1 - t_0}$, 当 t_1 趋近于 t_0 时, 向量 $\dfrac{z_1 - z_0}{t_1 - t_0}$ 与实轴的夹角 $\arg \dfrac{z_1 - z_0}{t_1 - t_0}$ 存在极限, 即为曲线 C 在 $z = z_0$ 处的切线的位置.

已知

$$\lim_{t_1 \to t_0} \frac{z_1 - z_0}{t_1 - t_0} = z'(t_0) \neq 0,$$

所以, 有

$$\lim_{t_1 \to t_0} \arg \frac{z_1 - z_0}{t_1 - t_0} = \arg z'(t_0),$$

这就是曲线 C 在 $z_0 = z(t_0)$ 处切线与实轴的夹角, 在这里辐角是连续变动的, 并且极限式两边辐角的数值是相应地适当选取的.

函数 $w = f(z)$ 把简单光滑曲线 C 映射成一条简单曲线 Γ

$$w = f[z(t)] \quad (t_0 \leqslant t \leqslant t_1),$$

由于 $w'(t_0) = f'(z(t_0))z'(t_0)$, 可见 Γ 也是一条光滑曲线. 它在 w_0 处的切线与实轴的夹角是

$\arg w'(t_0) = \arg f'(z(t_0))z'(t_0) = \arg f'(z(t_0)) + \arg z'(t_0)$,

因此, Γ 在 w_0 处切线与实轴的夹角及 C 在 z_0 处切线与实轴的夹角相差 $\arg z'(t_0)$, 如图 6-1 所示.

注: 这里的 $\arg z'(t_0)$ 与曲线 C 的形状及在 z_0 处切线的方向无关.

另外在 D 内过 z_0 另有一条简单光滑曲线 $C_1: z = z_1(t)$, 函数 $w = f(z)$ 把它映射成一条简单光滑曲线 $\Gamma_1: w = f(z_1(t))$. 和上面一样, C_1 与 Γ_1 在 z_0 处及 w_0 处切线与实轴的夹角分别是 $\arg z_1'(t_0)$ 及

$$\arg f'(z_1(t_0))z_1'(t_0) = \arg f'(z_1(t_0)) + \arg z_1'(t_0).$$

所以, 在 w_0 处曲线 Γ 到曲线 Γ_1 的夹角恰好等于在 z_0 处曲线 C 到曲线 C_1 的夹角, 如图 6-2 所示.

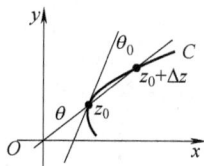

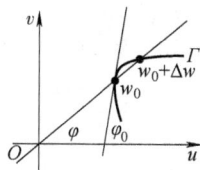

图 6-1

$$\arg f'(z_1(t_0))z_1'(t_0) - \arg f'(z(t_0))z'(t_0) = \arg z_1'(t_0) - \arg z'(t_0),$$

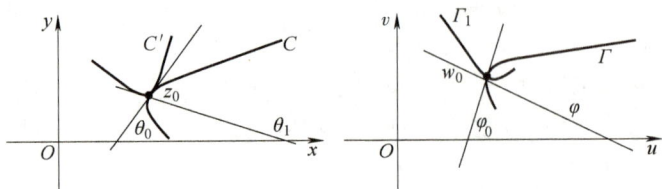

图 6-2

因此,用单叶解析函数做映射时,曲线间的夹角的大小及方向保持不变.称这个性质为单叶解析函数所做映射的**保角性**.

下面再说明它的模的几何意义.

因为

$$|f'(z_0)| = \lim_{z \to z_0} \frac{|f(z) - f(z_0)|}{|z - z_0|},$$

由于 $|f'(z_0)|$ 是比值 $\dfrac{|f(z) - f(z_0)|}{|z - z_0|}$ 在 $z \to z_0$ 时的极限,它可以近似地表示这种比值.在 $w = f(z)$ 所做映射下,$|z - z_0|$ 及 $|f(z) - f(z_0)|$ 分别表示 z 平面上向量 $z - z_0$ 及 w 平面上向量 $f(z) - f(z_0)$ 的长度,这里向量 $z - z_0$ 及 $f(z) - f(z_0)$ 的起点分别取在 z_0 及 $f(z_0)$.当 $|z - z_0|$ 较小时,$|f(z) - f(z_0)|$ 近似地表示经过映射后,$|f(z) - f(z_0)|$ 对 $|z - z_0|$ 的伸缩倍数,而且这一倍数与向量 $z - z_0$ 的方向无关.我们把 $|f'(z_0)|$ 称为在点 z_0 处的**伸缩率**.

从几何直观上看.设 $w = f(z)$ 是在区域 D 内解析的函数,$z_0 \in D$,$w_0 = f(z_0)$,$f'(z_0) \neq 0$,那么 $w = f(z)$ 把 z 平面上半径充分小的圆 $|z - z_0| = \rho$ 近似地映射成 w 平面上的圆

$$|w - w_0| = |f'(z_0)|\rho \quad (0 < \rho < +\infty).$$

此外,$w = f(z)$ 把 z_0 的一个邻域内任意一个小三角形映射成 w 平面上含 w_0 的一个区域内的曲边三角形.这两个三角形的对应角相等,对应边近似成比例.因此这两个三角形近似为相似三角形.

6.1.2   保角变换与共形映射

定义 6.1   如果函数 $w = f(z)$ 在点 z_0 处的某邻域内有定义,且在点 z_0 处具有:

(1) 伸缩率不变性;

(2) 过 z_0 的任意两条曲线的夹角在变换 $w = f(z)$ 下,既保持大小,又保持方向.

则称函数 $w = f(z)$ 在点 z_0 处是**保角的**,或称 $w = f(z)$ 是在点 z_0 处的**保角变换**.如果 $w = f(z)$ 在区域 D 内处处保角的,则称 $w = f(z)$ 在区域 D 是**保角的**,或称 $w = f(z)$ 是在区域 D 内的**保角变换**.

由上面的讨论,有下面的定理.

定理 6.3   如果函数 $w=f(z)$ 是区域 D 内的解析函数,则它在导数不为零的点处是保角的 .

定义 6.2   如果函数 $w=f(z)$ 在区域 D 内是保角的,并且是单叶解析的,即当 $z_1 \neq z_2$ 时都有 $f(z_1) \neq f(z_2)$,则称变换 $w=f(z)$ 在区域 D 内是**共形的**,也称它为区域 D 内的**共形映射**.

如下例所示.

例 6.3 $w=e^z$ 在复平面上解析,且 $(e^z)' = e^z \neq 0$,因此 e^z 在任何区域内都构成保角变换,但它在复平面上不是共形映射,而在区域 $0 < \mathrm{Im}\, z < 4\pi$ 内,$w=e^z$ 构成共形映射.

根据理论和实际应用的需要,对于共形映射,需要研究两个方面的问题:对于给定的 z 平面上的区域 D 上定义的共形映射 $w=f(z)$,求出 w 平面相应的区域 $G=f(D)$;给定 z 平面上的区域 D 和 w 平面的区域 G,求共形映射 $w=f(z)$ 将区域 D 映射为区域 G.

而对于单叶解析函数,可得到下面推论.

推论 6.3   如果函数 $w=f(z)$ 在区域 D 内是单叶解析函数,则它在区域 D 内是保角的 .

在所有解析函数中,分式线性变换有较简单的映射性质,并且它是共形的,此外它还有十分奇特的几何性,重点研究它能够轻松掌握共形映射,并从中可以得到很多有价值的技巧.

6.2 分式线性变换

6.2.1 分式线性变换的定义

定义 6.3   分式线性函数是指下列形状的函数:
$$w=L(z)=\frac{az+b}{cz+d},$$
其中 a,b,c,d 是复常数,而且 $ad-bc \neq 0$.

条件 $ad-bc \neq 0$ 是必要的,否则变换 $L(z)$ 恒为常数 . 当 $c=0$ 时,称它为整线性函数 .

分式线性函数的反函数为
$$z=\frac{-dw+b}{cw-a},$$
也是分式线性函数,其中 $(-d)(-a)-bc \neq 0$.

当 $c=0$ 时,所定义的分式线性变换是把 z 平面双射到 w 平面.

为了以后讨论方便,把分式线性变换的定义域推广到扩充复平

面 C_∞ 上.当 $c=0$ 时,在 $z=\infty$ 处定义 $w=\infty$;当 $c\neq0$ 时,在 $z=-\dfrac{d}{c}$,$z=\infty$ 处分别定义为 $w=\infty$,$w=\dfrac{a}{c}$.这样分式线性变换可以看成 C_∞ 到 C_∞ 的一个双射.

一般分式线性变换是由下列四种简单变换函数叠加而得,如把 z 及 w 看作同一个复平面上的点,且有

(1) $w=z+a$(a 为一个复数)确定了一个平移;

(2) $w=ze^{i\theta}$(θ 为一个实数)确定一个旋转;

(3) $w=rz$(r 为一个正数)确定一个以原点为相似中心的相似映射;

(4) $w=\dfrac{1}{z}$ 是由映射 $z_1=\dfrac{1}{z}$ 及关于实轴的对称映射 $w=\bar{z}_1$ 复合而成的.

事实上,我们有

$$w=\frac{az+b}{d}=\frac{a}{d}\left(z+\frac{b}{a}\right)\qquad(c=0),$$

$$w=\frac{az+b}{cz+d}=\frac{a}{c}+\frac{bc-ad}{c}\,\frac{1}{cz+d}\quad(c\neq0).$$

例 6.4 试证:除恒等变换外,一切分式线性变换都有两个不动点(考虑重数).

证 分式线性变换都有不动点一定满足方程

$$z=\frac{az+b}{cz+d},$$

即

$$cz^2+(d-a)z-b=0,$$

如 $c\neq0$,显然上面的方程有两个根.

当 $c=0$,则 $d\neq0$,方程变为

$$(d-a)z-b=0.$$

进一步,如果 $a\neq d$,有

$$z=\frac{b}{d-a},$$

同时可以看到变换把 $z=\infty$ 映射成 $w=\infty$,如果 $a=d$,则 $b\neq0$,$z=\infty$ 为二重不动点.

接下来,讨论分式线性变换的映射性质.

6.2.2 分式线性变换的映射性质

平移、旋转及以原点为相似中心的相似映射都是保角的,且在扩充复平面上是单叶的,从上面的讨论中可知,仅需考察 $w=\dfrac{1}{z}$(反

演变换)的共形性质.

如果 $z \neq 0, \infty$,则

$$\frac{\mathrm{d}w}{\mathrm{d}z} = -\frac{1}{z^2} \neq 0,$$

这时,反演变换是保角的.

在 $z = 0, \infty$ 处,先给出下面定义.

定义 6.4 如果两条曲线在**反演变换**下的像曲线在原点处的交角是 α,那么这两条曲线在无穷远点处的交角为 α.

由该定义知道,反演变换在 $z = 0$ 及 $z = \infty$ 处是保角的. 所以我们得到:

定理 6.4 分式线性变换在扩充复平面上是共形的.

定义 6.5 扩充复平面上有顺序的四个相异点 z_1, z_2, z_3, z_4 构成的量

$$(z_1, z_2, z_3, z_4) = \frac{z_4 - z_1}{z_4 - z_2} : \frac{z_3 - z_1}{z_3 - z_2}$$

称为**交比**.

定理 6.5 在分式线性变换下,四个点的交比不变. 即分式线性函数把扩充 z 平面上任意不同的四点 z_1, z_2, z_3, z_4 分别映射成扩充 w 平面上四点 w_1, w_2, w_3, w_4,那么

$$(z_1, z_2, z_3, z_4) = (w_1, w_2, w_3, w_4).$$

证 设

$$w_i = \frac{az_i + b}{cz_i + d}, i = 1, 2, 3, 4,$$

则

$$w_i - w_j = \frac{(az_i + b)(cz_j + d) - (az_j + b)(cz_i + d)}{(cz_i + d)(cz_j + d)}$$

$$= \frac{(z_i - z_j)(ad - bc)}{(cz_i + d)(cz_j + d)},$$

故定理成立.

定理 6.6 设分式线性变换将扩充 z 平面上三个不同的点 z_1, z_2, z_3 指定变为扩充 w 平面上三个点 w_1, w_2, w_3,则此分式线性变换能被唯一确定,并且可以写成

$$(z, z_1, z_2, z_3) = (w, w_1, w_2, w_3).$$

规定:在扩充复平面上,任一直线看成半径是无穷大的圆.

定理 6.7 在扩充复平面上,分式线性变换把圆映射成圆.

证 由于分式线性函数所确定的映射是平移、旋转、相似映射及 $w = \frac{1}{z}$ 型的函数所确定的映射复合而得,但前三个映射显然把圆

映射成圆,所以只需证明映射 $w=\dfrac{1}{z}$ 也把圆映射为圆即可.

在圆的方程

$$a(x^2+y^2)+bx+cy+d=0,$$

(如果 $a=0$,这表示一条直线)中,代入

$$x^2+y^2=z\bar{z},x=\frac{z+\bar{z}}{2},y=\frac{z-\bar{z}}{2\mathrm{i}},$$

则得圆的复数表示为

$$az\bar{z}+\bar{\beta}z+\beta\bar{z}+d=0,$$

其中 a,b,c,d 是实常数,$\beta=\dfrac{1}{2}(b+\mathrm{i}c)$ 是复常数.

函数 $w=\dfrac{1}{z}$ 把圆映射成为

$$dw\bar{w}+\beta w+\bar{\beta}\bar{w}+a=0,$$

即 w 平面的圆(如果 $d=0$,它表示一条直线,即扩充 w 平面上半径为无穷大的圆).

设分式线性变换把扩充 z 平面上的圆 C 映射成扩充 w 平面上的圆 C'.于是,C 及 C' 把这两个扩充复平面分别分成两个没有公共点的区域,D_1,D_2 及 D_1',D_2',其边界分别是 C 及 C'.则此分式线性变换把 D_1 映射成 D_1',D_2' 之中的一个区域,但是,D_1 的像是 D_1' 还是 D_2' 可以通过检验 D_1 中某一个点的像来确定.

进一步,我们看到,扩充 z 平面上的任何圆,可以用一个分式线性变换把它映射成扩充 w 平面上的任何圆.

事实上,设 C 是 z 平面上的一个圆,C' 是 w 平面上的一个圆,在 C 和 C' 上分别取三个不同的点 z_1,z_2,z_3 和 w_1,w_2,w_3,则存在一个分式线性变换,把 z_1,z_2,z_3 映射成 w_1,w_2,w_3,从而把圆 C 映射成圆 C'.

定义 6.6 给定圆 $C:|z-z_0|=R(0<R<+\infty)$,如果两个有限点 z_1 及 z_2 在过 z_0 的同一条射线上,并且

$$|z_1-z_0|\,|z_2-z_0|=R^2,$$

那么称 z_1 及 z_2 是关于圆 C 的**对称点**.

容易得到,z_1 及 z_2 关于圆 $C:|z-z_0|=R(0<R<+\infty)$ 对称的充要条件是

$$z_2-z_0=\frac{R^2}{\overline{z_1-z_0}}.$$

注:(1) 圆 C 上的点是它本身关于圆 C 的对称点.

(2) 规定 z_0 及 ∞ 是关于圆 C 的对称点.

定理 6.8 不同两点 z_1 及 z_2 是关于圆 C 的对称点的充分必要条件是:通过 z_1 及 z_2 的任何圆与圆 C 直交.

证　如果 C 是直线(半径为无穷大的圆),或者 C 是半径为有限的圆,z_1 及 z_2 之中有一个是无穷远点,则结论显然.

现在考虑圆 C 为 $|z-z_0|=R(0<R<+\infty)$,而 z_1 及 z_2 都是有限的情形.

必要性:设 z_1 及 z_2 关于圆 C 对称,那么通过 z_1 及 z_2 的直线(半径为无穷大的圆)显然和圆 C 直交.

作过 z_1 及 z_2 的任何圆(半径为有限)C'. 过 z_0 作圆 C' 的切线,设其切点是 z'.

于是
$$|z'-z_0|^2=|z_1-z_0||z_2-z_0|=R^2,$$
从而 $|z'-z_0|=R$.

这说明 $z'\in C$,而上述 C' 的切线恰好是圆 C 的半径,因此 C 与 C' 直交.

充分性:过 z_1 及 z_2 作一个圆(半径为有限)C',与 C 交于一点 z'.

由于圆 C 与 C' 直交,C' 在 z' 的切线通过圆 C 的中心 z_0.显然,z_1 及 z_2 在这切线的同一侧.又过 z_1 及 z_2 作一直线 L,由于 L 与 C 直交,它通过圆心 z_0.于是 z_1 及 z_2 在通过 z_0 的一条射线上.有
$$|z_1-z_0||z_2-z_0|=R^2,$$
因此,z_1 及 z_2 是关于圆 C 的对称点.

定理 6.9　如果分式线性变换把 z 平面上的圆 C 映射成 w 平面上的圆 C',那么它把关于圆 C 的对称点 z_1 及 z_2 映射成关于圆 C' 的对称点 w_1 及 w_2.

证　过 w_1 及 w_2 的任何圆是由过 z_1 及 z_2 的圆映射得来的.

由前面定理,过 z_1 及 z_2 的任何圆与圆 C 直交,从而由分式线性变换的保形性,过 w_1 及 w_2 的任何圆与圆 C' 直交.再利用定理 6.8,w_1 及 w_2 是关于圆 C' 的对称点.

例 6.5　考虑扩充 w 平面上的一个圆 $|w|=R$.分式线性变换
$$w=\frac{z-z_1}{z-z_2}$$
把 z_1 及 z_2 映射成关于圆 $|w|=R$ 的对称点 0 及 ∞,把扩充 z 平面上的曲线
$$\left|\frac{z-z_1}{z-z_2}\right|=R,$$
映射成为圆
$$|w|=R.$$

由定理 6.8 及定理 6.9 知,上式表示一个圆,z_1 及 z_2 是关于它的对称点.

下面考察分式线性变换的一些应用.

6.2.3 分式线性变换的应用

1. 把上半平面 Im z>0 共形映射成单位圆盘 $|w|<1$ 的分式线性变换.

这种变换应当把 Im $z>0$ 内某一点 z_0 映射成 $w=0$,并且把 Im $z=0$ 映射成 $|w|=1$. 根据分式线性变换的性质,它应把关于实轴 Im $z=0$ 的对称点映射成为关于圆 $|w|=1$ 的对称点,因此,所求变换不仅把 z_0 映射成 $w=0$,而且把 $\bar{z}_0$ 映射成 $w=\infty$.

该变换可以表示为

$$w=\lambda\,\frac{z-z_0}{z-\bar{z}_0},$$

其中 λ 是一个复常数. 如果 z 是实数,那么

$$|w|=|\lambda|\,\left|\frac{z-z_0}{z-\bar{z}_0}\right|=|\lambda|=1,$$

于是 $\lambda=\mathrm{e}^{\mathrm{i}\theta}$,其中 θ 是一个实常数.

因此所求的函数变换应是

$$w=\mathrm{e}^{\mathrm{i}\theta}\frac{z-z_0}{z-\bar{z}_0}.$$

由于 z 是实数时,$|w|=1$,因此它把直线 Im $z=0$ 映射成圆 $|w|=1$,从而把上半平面 Im $z>0$ 映射成 $|w|<1$ 或 $|w|>1$,又因为当 $z=z_0$ 时,$|w|=0<1$,这个函数正是我们所要求的.

注:

(1) 圆盘 $|w|<1$ 的直径是由通过 z_0 及 $\bar{z}_0$ 的圆在上半平面的弧映射成的;

(2) 以 $w=0$ 为中心的圆由以 z_0 及 $\bar{z}_0$ 为对称点的圆映射成的;

(3) $w=0$ 是由 $z=z_0$ 映射成的.

2. 把单位圆 $|z|<1$ 共形映射成单位圆盘 $|w|<1$ 的分式线性变换.

这种变换应当把 $|z|<1$ 内某一点 z_0 映射成 $w=0$,并且把 $|z|=1$ 映射成 $|w|=1$. 不难看出,与 z_0 关于圆 $|z|=1$ 的对称点是 $\dfrac{1}{\bar{z}_0}$,和上面一样,这种变换还应把 $\dfrac{1}{\bar{z}_0}$ 映射成 $w=\infty$,因此所求的函数应是

$$w=\lambda\,\frac{z-z_0}{z-\dfrac{1}{\bar{z}_0}}=\lambda_1\,\frac{z-z_0}{1-z\bar{z}_0},$$

其中 λ,λ_1 是复常数.

其次,如果 $|z|=1$ 时,那么

$$1-z\bar{z}_0=z\bar{z}-\bar{z}_0z=z(\bar{z}-\bar{z}_0),$$

于是

$$|w| = |\lambda_1| \left| \frac{z-z_0}{1-z\bar{z}_0} \right| = |\lambda_1| = 1,$$

因此 $\lambda_1 = e^{i\theta}$，其中 θ 是一个实常数．所求的变换应是

$$w = e^{i\theta} \frac{z-z_0}{1-z\bar{z}_0}.$$

由于当 $|z|=1$ 时，$|w|=1$，因此它把圆 $|z|=1$ 映射成圆 $|w|=1$，从而把 $|z|<1$ 映射成 $|w|<1$ 或 $|w|>1$，又因为当 $z=z_0$ 时，$|w|=0$，因此这个变换正是我们所要求的．

注解：

（1）圆盘 $|w|<1$ 的直径是由通过 z_0 及 $\frac{1}{z_0}$ 的圆在 $|z|<1$ 内的弧映射成的；

（2）以 $w=0$ 为中心的圆由以 z_0 及 $\frac{1}{z_0}$ 为对称点的圆映射成的；

（3）$w=0$ 是由 $z=z_0$ 映射成的．

下面给出几个实例.

例 6.6 求将 $\mathrm{Im}(z)>0$ 映射成 $\mathrm{Im}(w)>0$ 的分式线性映射.

解 设 $w = \frac{az+b}{cz+d}$，对任意的 $z_k \in \mathbf{R}$，$(k=1,2,3)$，即为实轴上的点.

当 $a,b,c,d \in \mathbf{R}$，则有

$$w_k = \frac{az_k+b}{cz_k+d} \in \mathbf{R},$$

所以一定是实轴映射到实轴，则一定有

$$w' = \frac{ad-bc}{(cz+d)^2} > 0 \quad (z \in \mathbf{R}, ad-bc>0).$$

这意味着实轴映射到实轴是同向，因此上半 z 平面映射到上半 w 平面.也就是当 $a,b,c,d \in \mathbf{R}$，$ad-bc>0$ 时，分式线性映射 $w = \frac{az+b}{cz+d}$ 将 $\mathrm{Im}(z)>0$ 映射成 $\mathrm{Im}(w)>0$，如图 6-3 所示.

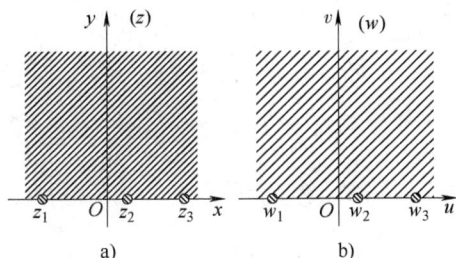

图 6-3

从上例中可以得到,这种形式的映射也可将 $\text{Im}(z)<0$ 映射成 $\text{Im}(w)<0$,如果将条件改变,也就是当 $a,b,c,d\in\mathbf{R},ad-bc<0$ 时,分式线性映射 $w=\dfrac{az+b}{cz+d}$ 将 $\text{Im}(z)>0$ 映射成 $\text{Im}(w)<0$.

如果要求 $\text{Im}(z)>0$ 映射成 $\text{Im}(w)>0$ 的分式线性映射,可在实轴上取三对不同的对应点 $z_1<z_2<z_3,w_1<w_2<w_3$,然后代入

$$\frac{w-w_1}{w-w_2}\frac{w_3-w_2}{w_3-w_1}=\frac{z-z_1}{z-z_2}\frac{z_3-z_2}{z_3-z_1}$$

就可得到.

例 6.7　求将 $|z|<1$ 映射成 $|w|<1$ 的分式线性映射.

解　设 $\alpha\in\{z\,|\,|z|<1\}$ 映射到 $w=0$,由保对称性可得 α 关于 $|z|=1$ 的对称点 $\dfrac{1}{\overline{\alpha}}$ 映射到 $w=\infty$ ($w=0$ 与 $w=\infty$ 是关于 $|w|=1$ 的对称点),则

$$w=k\left(\frac{z-\alpha}{z-\dfrac{1}{\overline{\alpha}}}\right)=k\overline{\alpha}\left(\frac{z-\alpha}{\overline{\alpha}z-1}\right)=k'\left(\frac{z-\alpha}{1-\overline{\alpha}z}\right),\ (k'=-k\overline{\alpha}).$$

因为 $|z|=1\to|w|=1$,可得 $|z|=1$,$|w|=1$,将 $z=1$ 代入上式得 $|k'|\left|\dfrac{1-\alpha}{1-\overline{\alpha}}\right|=|w|=1$,又 $|1-\alpha|=|1-\overline{\alpha}|$,则有 $|k'|=1$,取 $k'=e^{i\theta}$,θ 为实常数,如图 6-4 所示,所以所求分式线性映射为

$$w=e^{i\theta}\left(\frac{z-\alpha}{1-\overline{\alpha}z}\right)\quad(|\alpha|<1).$$

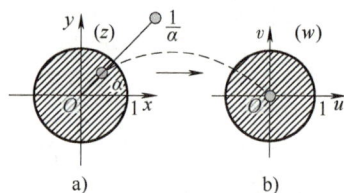

图 6-4

在计算中,有几种常见的函数构成共形映射,在下节中可以专门研究它们.

6.3　几个初等函数构成的共形映射

6.3.1　幂函数 $w=z^n$($n\geqslant2$ 为整数)

容易得到:函数 $w=z^n$ 将角形域 $0<\theta<\theta_0\left(\theta_0\leqslant\dfrac{2\pi}{n}\right)$ 共形映射为角形域 $0<\varphi<n\theta_0$,如图 6-5 所示.因此通俗地讲,幂函数的特点是扩大角形域.相应地,根式函数 $w=\sqrt[n]{z}$ 作为幂函数的逆映射,则是将角形域 $0<\theta<\theta_0\left(\theta_0\leqslant\dfrac{2\pi}{n}\right)$ 共形映射为角形域 $0<\varphi<\dfrac{\theta_0}{n}$.同样,我们也通常说,根式函数的特点是缩小角形域.

注意:如果是扇形域(即模有限),则模要相应地扩大或缩小,这一点往往容易忽略.

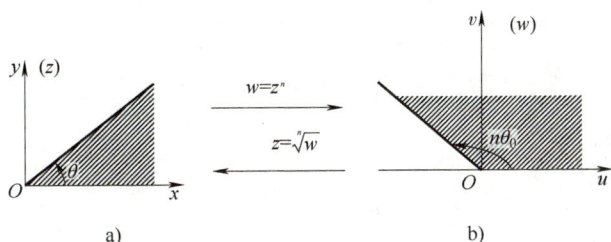

图 6-5

例 6.8 区域 $D=\{z:|z|<1,\mathrm{Im}\,z>0,\mathrm{Re}\,z>0\}$，求一共形映射，将 D 变为上半平面.

解 如图 6-6 所示，首先由 $z_1=z^2$ 将 D 变为上半单位圆域；

由分式线性映射 $z_2=\dfrac{1+z_1}{1-z_1}$ 将其变为第一象限；

由映射 $\omega=z_2^2$ 将其变为上半平面.

因此所求映射为

$$\omega=\left(\frac{1+z^2}{1-z^2}\right)^2.$$

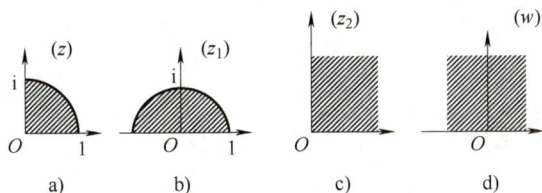

图 6-6

6.3.2 指数函数 $w=\mathrm{e}^z$

容易得到：函数 $w=\mathrm{e}^z$ 将带形域 $0<\mathrm{Im}\,z<h\,(h\leqslant2\pi)$ 共形映射为角形域 $0<\arg w<h$，如图 6-7 所示.因此可以简单地说，指数函数的特点是将带形域变成角形域.相应地，对数函数 $w=\ln z$ 作为指数函数的逆映射，则是将角形域 $0<\arg w<h\,(h\leqslant2\pi)$ 变成带形域 $0<\mathrm{Im}\,z<h$.

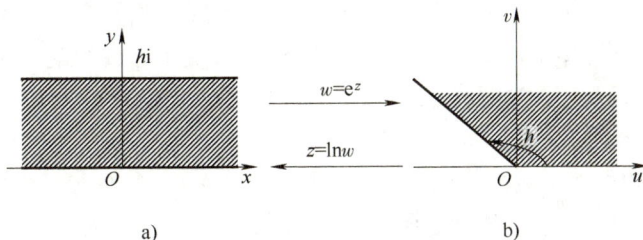

图 6-7

例 6.9 求一共形映射，将带形域 $D=\left\{z:\dfrac{\pi}{2}<\mathrm{Im}\,z<\pi\right\}$ 映射为上

半平面.

解   如图 6-8 所示,首先由平移映射 $z_1 = z - \dfrac{\pi}{2}\mathrm{i}$ 将带形域 D 变为带形域

$$0 < \operatorname{Im} z_1 < \frac{\pi}{2},$$

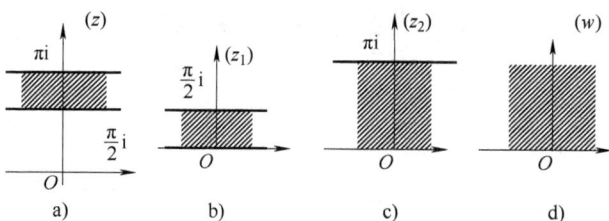

再由相似映射 $z_2 = 2z_1$ 变为带形域

$$0 < \operatorname{Im} z_2 < \pi,$$

最后由指数函数 $w = \mathrm{e}^{z_2}$ 变为上半平面.因此所求的映射为

$$w = \mathrm{e}^{2\left(z - \frac{\pi}{2}\mathrm{i}\right)}.$$

图   6-8

6.4   黎曼定理及其简单应用

下面有几个关于保角映射的一般性定理,在实践中经常用到.它们是黎曼定理,最大模原理和施瓦茨引理.最大模原理是研究解析函数的有力工具.而最大模原理及施瓦茨引理属于解析函数的基本性质,它们在复变函数论中有大量应用.

而要证明黎曼定理,首先要学习最大模原理并推出施瓦茨引理.

6.4.1   最大模原理

由柯西积分公式知道,一个在区域内的解析函数完全可由其边界上的积分值所确定,那么一个解析函数的模在区域的最大值是否也是由边界上函数的模的值所确定,下面这一定理就回答了这个问题.

定理 6.10(最大模原理)   如果函数 $w = f(z)$ 在区域 D 内解析,并且 $|f(z)|$ 在 D 内某点达到最大值,那么 $f(z)$ 在 D 内恒等于常数.

证   假定 $f(z)$ 在 D 内不恒等于常数,那么 $D_1 = f(D)$ 是一个区域.

设 $|f(z)|$ 在 $z_0 \in D$ 达到最大值.

显然,

$$w_0 = f(z_0) \in D_1,$$

而且 w_0 必有一个充分小的邻域包含在 D_1 内. 于是在这个邻域内可以找到一点 w' 满足

$$|w'| > |w_0|.$$

从而在 D 内有一点 z' 满足 $w' = f(z')$ 以及 $|f(z')| > |f(z_0)|$, 这与所设矛盾. 因此 $f(z)$ 在 D 内恒等于常数.

此定理表明, 在一个区域内不恒等于常数的解析函数, 其模不可能在这个区域内达到最大值, 并且此定理的结论具有非常明确的物理意义.

推论 6.4 设 D 是一个有界区域, 其边界为有限条简单闭曲线 C. 设 $f(z)$ 在 D 及其边界组成的闭区域 $\overline{D}$ 上连续, 在 D 内解析, 并且不恒等于常数. 设 M 是 $|f(z)|$ 在 $\overline{D}$ 上的最大值, 即 $f(z)$ 在 $\overline{D}$ 上的最大模, 那么 $f(z)$ 在边界 C 上而且只在边界 C 上达到最大模.

这个证明可以用反证法, 读者可自行证明.

通过最大模原理, 可以得到一个重要的引理.

6.4.2 施瓦茨引理

引理 6.2(施瓦茨引理) 设 $f(z)$ 是在开圆盘 $|z| < 1$ 内的解析函数. 设 $f(0) = 0$, 并且当 $|z| < 1$ 时, $|f(z)| < 1$. 在这些条件下, 有

(1) 当 $|z| < 1$ 时, $|f(z)| \leqslant |z|$;

(2) $|f'(0)| \leqslant 1$;

(3) 如果对于某一个复常数 $z_0 (0 < |z_0| < 1)$, $|f(z_0)| = |z_0|$, 或者如果 $|f'(0)| = 1$, 那么在 $|z| < 1$ 内, $f(z) = \lambda z$, 其中 λ 是一个复常数, 并且 $|\lambda| = 1$.

证 由于 $f(0) = 0$, $f(z)$ 在 $|z| < 1$ 内有泰勒级数

$$f(z) = \alpha_1 z + \alpha_2 z^2 + \cdots + \alpha_n z^n + \cdots = zg(z),$$

其中 $g(z) = \alpha_1 + \alpha_2 z + \cdots + \alpha_n z^{n-1} + \cdots$ 在 $|z| < 1$ 内解析. 因为当 $|z| < 1$ 时, $|f(z)| < 1$, 所以对于 $|z| = r (0 < r < 1)$, 有

$$|g(z)| = \left| \frac{f(z)}{z} \right| < \frac{1}{r},$$

由最大模原理, 当 $|z| \leqslant r$ 时, 仍然有

$$|g(z)| < \frac{1}{r},$$

令 $r \to 1$, 就得到: 当 $|z| < 1$ 时,

$$|g(z)| \leqslant 1,$$

于是当 $0 < |z| < 1$ 时,

$$\left| \frac{f(z)}{z} \right| \leqslant 1,$$

即

$$|f(z)| \leqslant |z|.$$

由于 $f(0)=0$,当 $z=0$ 时,上式成立,就得到引理中的结论(1),(2)的结论也显然成立.结论成立.

设在某一点 $z_0(0<|z_0|<1)$, $|f(z_0)|=|z_0|$. 那么 $|g(z)|$ 在 z_0 处达到它的最大模 1. 或者设 $|f'(0)|=1$,那么有 $|g(0)|=|f'(0)|=1$,即 $|g(z)|$ 在 0 处达到它的最大值 1.因此,由最大模原理,在 $|z|<1$ 内 $g(z)=\lambda$,其中 λ 是一个模为 1 的复常数.

注:此引理表明,设 $f(z)$ 在 $|z|<1$ 内解析,在映射 $w=f(z)$ 下,$|z|<1$ 的像在 $|w|<1$ 内,并设 $f(0)=0$,那么上面定理的三个结论都成立.

施瓦茨引理在复变函数论的发展历史上,曾因和比伯巴赫猜想有关而受到广泛关注. 根据理论和实际应用的需要,我们需要研究给定 z 平面上的区域 D 和 w 平面的区域 G,求共形映射 $w=f(z)$ 将区域 D 映射为区域 G 的问题.

而关于这个问题有下面的黎曼定理,它回答了区域间共形映射的存在性与唯一性问题.

6.4.3 黎曼定理

黎曼定理又称黎曼存在唯一性定理,它证明了共形映射存在的唯一性,定理如下:

定理 6.11(黎曼定理) 设 D 与 G 是任意两个单连通区域,如果它们的边界点不少于两个,那么一定存在共形映射 $w=f(z)$,使得区域 D 映射为区域 G. 如果使得区域 D 中的定点 z 映射为区域 G 中的定点 w,且在该点处的转动角为 0,则这种共形映射是唯一的.

定理的证明较为复杂,这里从略.

黎曼定理虽然没有给出建立共形映射 $w=f(z)$ 的具体方法,但它肯定了这种函数是存在的,这实际上就是肯定了在某些实际问题中,将在复杂区域上讨论的问题转到在简单区域上去讨论的途径是存在的. 前面介绍了一些常用的映射,也通过一些简单的例子展示了如何建立区域之间的共形映射,这里给出一些建立共形映射把复杂区域映射成简单区域的实例.

例 6.10 求作一个单叶解析函数,把 z 平面上的带形 $0<\mathrm{Im}\, z<\pi$ 共形映射成 w 平面上的单位圆 $|w|<1$.

解 函数

$$w'=\mathrm{e}^z,$$

把 z 平面上的已给带形共形映射成 w' 平面上的上半平面,如图 6-9 所示.

取 w' 平面上关于实轴的对称点 $-\mathrm{i}$ 及 i,那么函数

$$w=\frac{w'-\mathrm{i}}{w'+\mathrm{i}}$$

把 w' 平面上的上半平面共形映射成 w 平面上的单位圆 $|w|<1$.

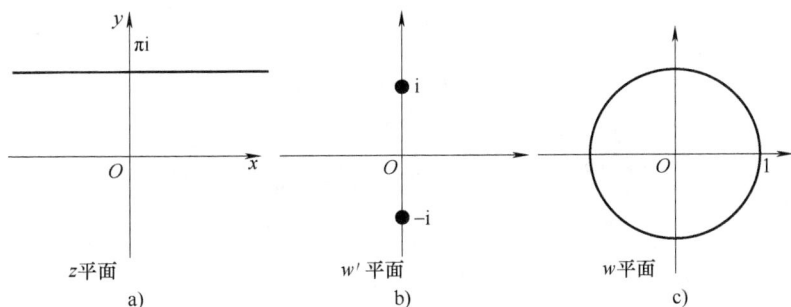

图 6-9

因此,我们得到

$$w = \frac{e^z - i}{e^z + i}.$$

例 6.11 求作一个单叶解析函数,把扩充 z 平面上单位圆的外部 $|z| > 1$ 共形映射成扩充 w 平面上去掉割线 $-1 \leqslant \mathrm{Re}\, w \leqslant 1$, $\mathrm{Im}\, w = 0$ 而得的区域.

解 容易验证,分式线性函数

$$w' = \frac{w+1}{w-1},$$

把割线 $-1 \leqslant \mathrm{Re}\, w \leqslant 1$, $\mathrm{Im}\, w = 0$ 共形映射成 w' 平面上的负实轴,把扩充 w 平面上已给区域共形映射成 w' 平面上除去负实轴(包括 0)而得的区域,如图 6-10 所示.

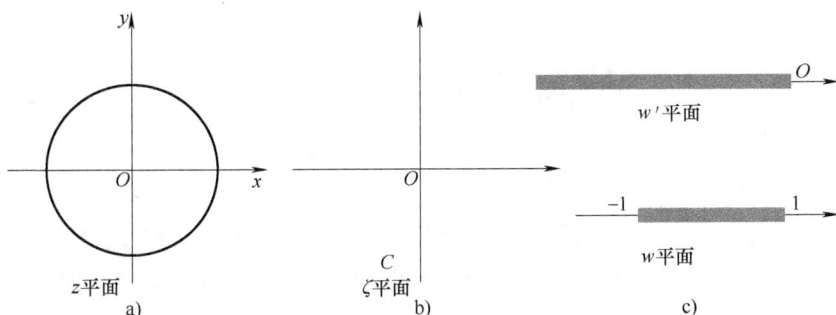

图 6-10

另一方面,分式线性函数 $\zeta = \dfrac{z+1}{z-1}$,把圆 $|z| = 1$ 共形映射成 ζ 平面上的虚轴.

由于它把 $z = 2$ 映射成 $\zeta = 3$,可见它把扩充 z 平面上单位圆的外部 $|z| > 1$ 共形映射成 ζ 平面上的右半平面.

显然,

$$w' = \zeta^2$$

把 ζ 平面上的这一部分共形映射成 w' 平面上除去负实轴而得的

区域.

因此我们得到

$$\frac{w+1}{w-1}=\left(\frac{z+1}{z-1}\right)^2,$$

由此可得函数

$$w=\frac{1}{2}\left(z+\frac{1}{z}\right),$$

即为所求函数.

例 6.12　求作一个单叶解析函数,把半圆盘 $|z|<1,\operatorname{Im}z>0$ 共形映射成上半平面.

解　因为圆及实轴在 1 及 -1 上直交,所以作分式线性函数

$$w'=\frac{z+1}{z-1},$$

把 -1 及 1 分别映射成 w' 平面上的 0 及 ∞ 两点,于是把 $|z|=1$ 及 $\operatorname{Im}z=0$ 映射成 w' 平面上在原点互相直交的两条直线,如图 6-11 所示.

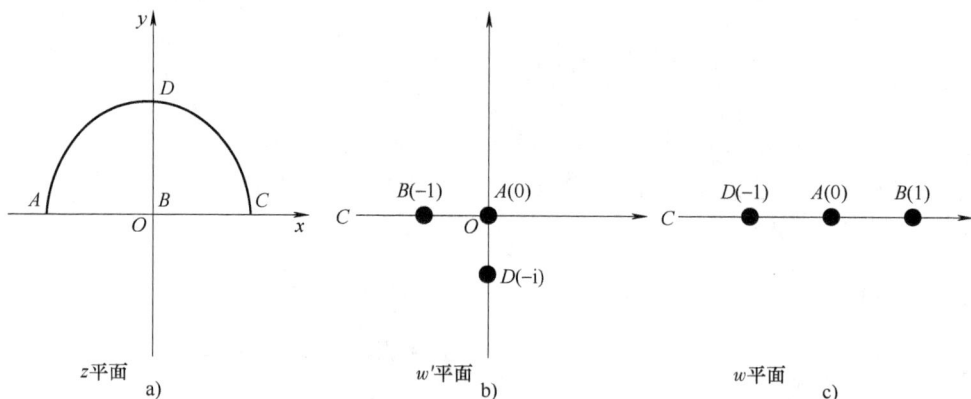

图　6-11

由于分式线性函数中的系数是实数,所以 z 平面上的实轴映射成 w' 平面上的实轴;又由于 $z=0$ 映射成 $w'=-1$,半圆的直径 AC 映射成 w' 平面上的负半实轴.

显然圆 $|z|=1$ 映射成 w' 平面上的虚轴;又由于 $z=\mathrm{i}$ 映射成 $w'=\frac{\mathrm{i}+1}{\mathrm{i}-1}=-\mathrm{i}$,半圆 ADC 映射成 w' 平面上的下半虚轴.

根据在共形映射下区域及其边界之间的对应关系,把半圆盘映射到 w' 平面上的区域,应当在周界 ABC 的左方,因此它是第三象限 $\pi<\arg w'<\frac{3\pi}{2}$.

最后做映射

$$w=w'^2,$$

当 w' 在第三象限中变化时,$\arg w'$ 在 2π 及 3π 之间变化.因此 w' 平

面上的第三象限就映射成 w 平面上的上半平面.

因此,所求单叶函数为

$$w = {w'}^2 = \left(\frac{z+1}{z-1}\right)^2.$$

第 6 章小结

1. 解析变换的特征

（1）解析变换的性质

定理 6.1　设 $w=f(z)$ 在区域 D 内解析且不恒为常数,则 D 的像 $G=f(D)$ 也是一个区域.

引理 6.1　设函数 $f(z)$ 在 z_0 点解析,且 z_0 为 $f(z)-w_0$ 的 p 阶零点,则对充分小的正数 ρ,存在着一个正数 μ,使得当 $0<|w-w_0|<\mu$ 时,$f(z)-w$ 在 $0<|z-z_0|<\rho$ 内有 p 个一阶零点.

推论 6.1　设函数 $f(z)$ 在区域 D 内单叶解析,那么在 D 内任一点,$f'(z)\neq 0$.

推论 6.2　设函数 $w=f(z)$ 在 $z=z_0$ 处解析,并且 $f'(z_0)\neq 0$,那么 $f(z)$ 在 z_0 处的某邻域内是单叶解析的.

定理 6.2　设函数 $f(z)$ 在区域 D 内单叶解析,并且 $G=f(D)$,那么 $w=f(z)$ 在 G 内所确定的函数 $z=\varphi(w)$ 是单叶解析的,并且如果 $w_0\in G, z_0=\varphi(w_0)$,那么

$$\varphi'(w_0)=\frac{1}{f'(z_0)}.$$

伸缩率的定义：$|f'(z_0)| = \lim\limits_{z\to z_0}\frac{|f(z)-f(z_0)|}{|z-z_0|}$,我们把 $|f'(z_0)|$ 称为在点 z_0 的**伸缩率**.

（2）保角变换与共形映射

保角变换的定义：如果函数 $w=f(z)$ 在点 z_0 处的某邻域内有定义,且在点 z_0 处具有：

1）伸缩率不变性；

2）过 z_0 的任意两条曲线的夹角在变换 $w=f(z)$ 下,既保持大小,又保持方向.

则称函数 $w=f(z)$ 在点 z_0 处是**保角的**,或称 $w=f(z)$ 是在点 z_0 处的**保角变换**.如果 $w=f(z)$ 在区域 D 内处处保角的,则称 $w=f(z)$ 在区域 D 是**保角的**,或称 $w=f(z)$ 是在区域 D 内的**保角变换**.

定理 6.3　如果函数 $w=f(z)$ 是区域 D 内的解析函数,则它在导数不为零的点处是保角的.

共形映射的定义：如果函数 $w=f(z)$ 在区域 D 内是保角的,并且是单叶解析的,即当 $z_1\neq z_2$ 时,都有 $f(z_1)\neq f(z_2)$,则称变换 $w=$

$f(z)$ 在区域 D 内是**共形的**,也称它为区域 D 内的**共形映射**.

推论 6.3　如果函数 $w=f(z)$ 在区域 D 内是单叶解析函数,则它在区域 D 内是保角的.

2. 分式线性变换

(1) 分式线性变换的定义

分式线性函数是指下列形状的函数:

$$w=L(z)=\frac{az+b}{cz+d},$$

其中 a,b,c,d 是复常数,而且 $ad-bc\neq0$.

(2) 分式线性变换的映射性质

交角的定义:如果两条曲线在反演变换下的像曲线在原点处的**交角是 α**,那么这两条曲线在无穷远点处的交角为 α.

交比的定义:扩充复平面上有顺序的四个相异点 z_1,z_2,z_3,z_4 构成的量

$$(z_1,z_2,z_3,z_4)=\frac{z_4-z_1}{z_4-z_2}:\frac{z_3-z_1}{z_3-z_2}$$

称为交比.

定理 6.4　分式线性变换在扩充复平面上是共形的.

定理 6.5　在分式线性变换下,四个点的交比不变.即分式线性函数把扩充 z 平面上任意不同的四点 z_1,z_2,z_3,z_4 分别映射成扩充 w 平面上的四点 w_1,w_2,w_3,w_4,那么

$$(z_1,z_2,z_3,z_4)=(w_1,w_2,w_3,w_4).$$

定理 6.6　设分式线性变换将扩充 z 平面上三个不同的点 z_1,z_2,z_3 指定变为扩充 w 平面上三个点 w_1,w_2,w_3,则此分式线性变换能被唯一确定,并且可以写成

$$(z,z_1,z_2,z_3)=(w,w_1,w_2,w_3).$$

定理 6.7　在扩充复平面上,分式线性变换把圆映射成圆.

定理 6.8　不同两点 z_1 及 z_2 是关于圆 C 的对称点的充分必要条件是:通过 z_1 及 z_2 的任何圆与圆 C 直交.

定理 6.9　如果分式线性变换把 z 平面上的圆 C 映射成 w 平面上的圆 C',那么它把关于圆 C 的对称点 z_1 及 z_2 映射成关于圆 C' 的对称点 w_1 及 w_2.

(3) 分式线性变换的应用

1) 把上半平面 $\operatorname{Im}z>0$ 共形映射成单位圆盘 $|w|<1$ 的分式线性变换.

2) 把单位圆 $|z|<1$ 共形映射成单位圆盘 $|w|<1$ 的分式线性变换.

3. 几个初等函数构成的共形映射

(1) 幂函数 $w=z^n(n\geq2$ 为整数$)$;

(2) 指数函数 $w=e^z$.

4. 黎曼定理

(1) 最大模原理

如果函数 $w=f(z)$ 在区域 D 内解析,并且 $|f(z)|$ 在 D 内某点达到最大值,那么 $f(z)$ 在 D 内恒等于常数.

推论 6.4 设 D 是一个有界区域,其边界为有限条简单闭曲线 C.设 $f(z)$ 在 D 及其边界组成的闭区域 $\overline{D}$ 上连续,在 D 内解析,并且不恒等于常数. 设 M 是 $|f(z)|$ 在 $\overline{D}$ 上的最大值,即 $f(z)$ 在 $\overline{D}$ 上的最大模,那么 $f(z)$ 在边界 C 上而且只在边界 C 上达到最大模.

(2) 施瓦茨引理

设 $f(z)$ 是在开圆盘 $|z|<1$ 内的解析函数. 设 $f(0)=0$,并且当 $|z|<1$ 时,$|f(z)|<1$.在这些条件下,有

1) 当 $|z|<1$ 时,$|f(z)| \leqslant |z|$;

2) $|f'(0)| \leqslant 1$;

3) 如果对于某一个复常数 $z_0(0<|z_0|<1)$,$|f'(z_0)|=|z_0|$,或者如果 $|f'(0)|=1$,那么在 $|z|<1$ 内,$f(z)=\lambda z$,其中 λ 是一个复常数,并且 $|\lambda|=1$.

(3) 黎曼定理

设 D 与 G 是任意两个单连通区域,如果它们的边界点不少于两个,那么一定存在共形映射 $w=f(z)$,使得区域 D 映射为区域 G.如果使得区域 D 中的定点 z 映射为区域 G 中的定点 w,且在该点处的转动角为 0,则这种共形映射是唯一的.

第 6 章习题

1. 求下列解析函数所构成的映射在指定点处的伸缩率和旋转角.

(1) $w=z^3$,在 $z_1=-\dfrac{1}{4}$ 和 $z_2=\sqrt{3}-i$ 处;

(2) $w=e^z$,在 $z_1=\dfrac{\pi}{2}i$ 和 $z_2=2-\pi i$ 处;

(3) $w=(1+\sqrt{3}i)z+2-i$,在 $z_1=1$ 和 $z_2=-3+2i$ 处.

2. 下列各题中的映射 $w=f(z)$ 怎样由平移映射 $w=z+b$、旋转与伸缩映射 $w=az$、反演映射 $w=\dfrac{1}{z}$ 复合而成?并求各映射将指定的区域 D 映射成何种区域,要求作图.

(1) $f(z)=zi+2i$, $D:\mathrm{Re}(z)>0$;

(2) $f(z)=1-(1+i)z$, $D:\mathrm{Im}(z)>0$;

(3) $f(z)=\dfrac{i+z}{z}$, $D:1<|z|<2$.

3. 设分式线性映射 $w = f(z)$，它将 z 平面上以 $z_1 = 0, z_2 = 1+i$，$z_3 = 2$ 为顶点的三角形映成 w 平面上以 $w_1 = i, w_2 = -2+3i, w_3 = 5i$ 为顶点的三角形，求此分式线性映射.

4. 求分式线性映射，它将 $-1, i, 1+i$ 分别映到

(1) $0, 2i, 1-i$;   (2) $i, \infty, 1$.

5. 给定三对点①$1 \leftrightarrow 1$ ②$i \leftrightarrow 0$ ③$-i \leftrightarrow -1$，求相应的线性变换 $w = L(z)$.

6. 求分式线性映照 $w = L(z)$，使得

(1) 把上半平面映为 $|w-w_0| < R$，且 $L(i) = w_0, L'(i) > 0$;

(2) 把 $|z| < 1$ 映为 $|w| < 1$，且 $L(0) = a, L'(0) > 0, |a| < 1$;

(3) 把上半平面映成下半平面，且把 $(-1, 1)$ 映为 $(0, \infty)$;

(4) 把 $|z| < 1$ 映为 $|w-1| < 1$，且 $L(0) = \dfrac{1}{2}, L(1) = 0$.

7. 求将上半 z 平面 $\operatorname{Im} z > 0$，共形映射成单位圆 $|w| < 1$ 的线性变换 $w = L(z)$，使得 $L(i) = 0, L'(i) > 0$.

8. 求将区域 $D: |z+i| < 2, \operatorname{Im} z > 0$ 到上半平面的一个共形映射.

9. 求一变换把具有割线"$\operatorname{Re} z = a, 0 \leqslant \operatorname{Im} z \leqslant h$"的上半 z 平面共形映射成上半 w 平面.

10. 如果单叶解析函数 $w = f(z)$ 把 z 平面上可求面积的区域 D 共形映射成 w 平面上的区域 G，试证明 G 的面积:

$$A = \iint_D |f'(z)|^2 \mathrm{d}x\mathrm{d}y \,(z = x + yi, w = u + vi).$$

11. 求将圆 $|z-4i| < 2$ 变换成半平面 $v > u$ 的共形映射，使得圆心变到 -4，而圆周上的点 $2i$ 变到 $w = 0$.

12. 求将区域 $|z| < 2$ 及 $|z-1| > 1$ 的公共部分变换成 w 的上半平面的共形映射.

13. 求一共形映射将 $|z| < 4$ 与 $|z-2| > 2$ 所构成的区域映射成上半平面.

14. 求把上半平面带形区域 $-\dfrac{\pi}{4} < \operatorname{Re} z < \dfrac{\pi}{4}, \operatorname{Im} z > 0$ 映射成上半平面 $\operatorname{Im} w > 0$，且满足 $w\left(\pm\dfrac{\pi}{4}\right) = \pm 1, w(0) = 0$ 的共形映射.

15. 求把扩充复平面上单位圆的外部区域 $|z| > 1$ 映射成扩充 w 平面中具有一段割线 $\operatorname{Im} w = 0, -1 \leqslant \operatorname{Re} w \leqslant 1$ 的区域的共形映射.

第7章

傅里叶变换

人们在处理和分析工程实际问题时,通常采用构造对应变换的方法,把复杂的问题简单化,以便分析问题和解决问题. 但变换不同于化简,它必须是可逆的,即要有与之对应的变换,积分变换是工程技术中最常用的变换法,即通过某种积分运算把一个函数化为另一个函数,同时把函数的微积分运算转化为代数运算,由于积分变换的这一特性,使得它在微分方程和其他方程的求解中成为重要方法之一. 常用的积分变换有傅里叶(Fourier)变换和拉普拉斯(Laplace)变换.

本章将介绍傅里叶变换,主要内容有傅里叶变换的概念、基本性质及单位脉冲函数(δ函数)及其傅里叶变换.

7.1 傅里叶变换的概念

7.1.1 傅里叶级数

在高等数学中,讨论了函数的傅里叶级数展开问题,傅里叶提出,定义在有限区间 $\left[-\dfrac{T}{2}, \dfrac{T}{2}\right]$ 上的函数 $f_T(t)$ 可以表示为三角级数:

$$f_T(t) = \frac{a_0}{2} + \sum_{n=1}^{+\infty} \left(a_n \cos \frac{2n\pi t}{T} + b_n \sin \frac{2n\pi t}{T} \right). \qquad (7.1)$$

但并没有给出严格的证明. 后来狄利克雷(Dirichlet)证明了下面的定理,为傅里叶级数奠定了理论基础.

定理 7.1 设 $f_T(t)$ 是以 T 为周期的实变函数,且在 $\left[-\dfrac{T}{2}, \dfrac{T}{2}\right]$ 上满足狄利克雷条件,即 $f_T(t)$ 在 $\left[-\dfrac{T}{2}, \dfrac{T}{2}\right]$ 上满足:

(1)连续或只有有限个第一类间断点;

(2)只有有限个极值点.

则在 $f_T(t)$ 的连续点处有

$$f_T(t) = \frac{a_0}{2} + \sum_{n=1}^{+\infty} \left(a_n \cos n\omega_0 t + b_n \sin n\omega_0 t \right), \qquad (7.2)$$

傅里叶变换的概念

其中
$$\omega_0 = \frac{2\pi}{T},$$

$$a_n = \frac{2}{T}\int_{-\frac{T}{2}}^{\frac{T}{2}} f_T(t)\cos n\omega_0 t\,\mathrm{d}t \quad (n=0,1,2,\cdots),$$

$$b_n = \frac{2}{T}\int_{-\frac{T}{2}}^{\frac{T}{2}} f_T(t)\sin n\omega_0 t\,\mathrm{d}t, \quad (n=1,2,\cdots),$$

在间断点 t_0 处,式(7.2)左端为 $\dfrac{f_T(t_0+0)+f_T(t_0-0)}{2}$.

下面从物理的观点看傅里叶级数. 令

$$A_0 = \frac{a_0}{2},\ A_n = \sqrt{a_n^2+b_n^2},\ \cos\theta_n = \frac{a_n}{A_n},\ \sin\theta_n = -\frac{b_n}{A_n}(n=1,2,\cdots),$$

则式(7.2)变为

$$f_T(t) = A_0 + \sum_{n=1}^{+\infty} A_n\cos(n\omega_0 t + \theta_n). \tag{7.3}$$

如果 $f_T(t)$ 代表信号, $\omega_0 = \dfrac{2\pi}{T}$ 为 $f_T(t)$ 的频率(称为**基频**),则式(7.3)表明,一个周期为 T 的信号可以分解为角频率为 $n\omega_0$ 的简谐波之和, A_n 反映了频率为 $n\omega_0$ 的谐波的振幅, θ_n 表示该谐波的初相位,谐波的叠加即为周期信号 $f_T(t)$, 振幅 A_n 和初相位 θ_n 刻画了信号 $f_T(t)$ 的性态.

为了使用方便,给出傅里叶级数的复指数形式,由欧拉公式可知

$$\cos n\omega_0 t = \frac{1}{2}(\mathrm{e}^{\mathrm{i}n\omega_0 t}+\mathrm{e}^{-\mathrm{i}n\omega_0 t}),\ \sin n\omega_0 t = \frac{1}{2\mathrm{i}}(\mathrm{e}^{\mathrm{i}n\omega_0 t}-\mathrm{e}^{-\mathrm{i}n\omega_0 t}),$$

将上式代入式(7.2)得

$$f_T(t) = \frac{a_0}{2} + \sum_{n=1}^{+\infty}\left(a_n\frac{\mathrm{e}^{\mathrm{i}n\omega_0 t}+\mathrm{e}^{-\mathrm{i}n\omega_0 t}}{2} + b_n\frac{\mathrm{e}^{\mathrm{i}n\omega_0 t}-\mathrm{e}^{-\mathrm{i}n\omega_0 t}}{2\mathrm{i}}\right)$$

$$= \frac{a_0}{2} + \sum_{n=1}^{+\infty}\left(\frac{a_n-\mathrm{i}b_n}{2}\mathrm{e}^{\mathrm{i}n\omega_0 t} + \frac{a_n+\mathrm{i}b_n}{2}\mathrm{e}^{-\mathrm{i}n\omega_0 t}\right),$$

令

$$c_0 = \frac{a_0}{2},\ c_n = \frac{a_n-\mathrm{i}b_n}{2},\ c_{-n} = \frac{a_n+\mathrm{i}b_n}{2} \quad (n=1,2,\cdots),$$

可得

$$f_T(t) = \sum_{n=-\infty}^{+\infty} c_n\mathrm{e}^{\mathrm{i}n\omega_0 t}, \tag{7.4}$$

系数

$$c_{\pm n} = \frac{a_n \mp \mathrm{i}b_n}{2}$$

$$= \frac{1}{T}\left[\int_{-\frac{T}{2}}^{\frac{T}{2}} f_T(t)\cos n\omega_0 t\,\mathrm{d}t \mp \mathrm{i}\int_{-\frac{T}{2}}^{\frac{T}{2}} f_T(t)\sin n\omega_0 t\,\mathrm{d}t\right]$$

$$= \frac{1}{T} \int_{-\frac{T}{2}}^{\frac{T}{2}} f_T(t) \mathrm{e}^{\mp \mathrm{i} n \omega_0 t} \mathrm{d}t \quad (n = 0, \pm 1, \pm 2, \cdots),$$

式(7.2)称为**傅里叶级数的三角形式**,式(7.4)称为**傅里叶级数的复指数形式**,工程上一般采用复指数形式.

由 c_n, a_n 及 b_n 的关系可得

$$c_0 = A_0, \ |c_n| = |c_{-n}| = \frac{1}{2}\sqrt{a_n^2 + b_n^2} = \frac{1}{2}A_n,$$

$$\arg c_n = -\arg c_{-n} = \theta_n (n = 1, 2, \cdots).$$

c_n 的模和辐角正好反映了信号 $f_T(t)$ 中频率为 $n\omega_0$ 的谐波的振幅和初相位,用 c_n 就可以描述 $f_T(t)$ 的频率特性,为了进一步明确 c_n 与频率 $n\omega_0$ 的对应关系,记 $c_n = F(n\omega_0)$, c_n 称为函数 $f_T(t)$ 的**离散频谱函数**,$|c_n|$ 称为 $f_T(t)$ 的**离散频谱**,$\arg c_n$ 称为**离散相位谱**.

例7.1 求以 T 为周期的函数

$$f_T(t) = \begin{cases} 0, & -\frac{T}{2} < t < 0, \\ 2, & 0 < t < \frac{T}{2}, \end{cases}$$

的复指数形式的傅里叶级数.

解 $\omega_0 = \frac{2\pi}{T}$, $c_0 = \frac{1}{T}\int_{-\frac{T}{2}}^{\frac{T}{2}} f_T(t)\mathrm{d}t = \frac{1}{T}\int_0^{\frac{T}{2}} 2\mathrm{d}t = 1,$

$$c_n = \frac{1}{T}\int_{-\frac{T}{2}}^{\frac{T}{2}} f_T(t) \mathrm{e}^{-\mathrm{i} n \omega_0 t}\mathrm{d}t = \frac{2}{T}\int_0^{\frac{T}{2}} \mathrm{e}^{-\mathrm{i} n \omega_0 t}\mathrm{d}t$$

$$= -\frac{2}{\mathrm{i} n \omega_0 T}(\mathrm{e}^{-\frac{\mathrm{i} n \omega_0 T}{2}} - 1)$$

$$= \frac{\mathrm{i}}{n\pi}(\mathrm{e}^{-\mathrm{i} n \pi} - 1) = \begin{cases} 0, & \text{当 } n \text{ 为偶数}, \\ -\frac{2\mathrm{i}}{n\pi}, & \text{当 } n \text{ 为奇数}. \end{cases}$$

因此 $f_T(t)$ 的复指数形式的傅里叶级数为

$$f_T(t) = 1 + \sum_{n=-\infty}^{+\infty} \frac{-2\mathrm{i}}{(2n-1)\pi} \mathrm{e}^{\mathrm{i}(2n-1)\omega_0 t}.$$

7.1.2 傅里叶积分

一个周期函数可以展开为傅里叶级数,对于非周期函数是否可以展开为傅里叶级数?

任何一个非周期函数 $f(t)$ 都可以看成是由某个周期函数 $f_T(t)$ 当 $T \to +\infty$ 时转化而来的. 构造周期为 T 的函数 $f_T(t)$,使函数 $f_T(t)$ 在 $\left[-\frac{T}{2}, \frac{T}{2}\right]$ 之内等于 $f(t)$,而在 $\left[-\frac{T}{2}, \frac{T}{2}\right]$ 之外按周期为 T 延拓到整个数轴上,当 T 越大,则 $f_T(t)$ 与 $f(t)$ 相等的范围也越大,表明当 $T \to +\infty$ 时,周期函数 $f_T(t)$ 可以转化为 $f(t)$,即有

傅里叶变换的性质

$$f(t) = \lim_{T \to +\infty} f_T(t).$$

即
$$f(t) = \lim_{T \to +\infty} \sum_{n=-\infty}^{+\infty} \left[\frac{1}{T} \int_{-\frac{T}{2}}^{\frac{T}{2}} f_T(\tau) e^{-in\omega_0\tau} d\tau \right] e^{in\omega_0 t}.$$

将频率 $n\omega_0$ 记为 ω_n,则

$$\Delta\omega_n = \omega_{n+1} - \omega_n = \omega_0 = \frac{2\pi}{T},$$

$$f(t) = \frac{1}{2\pi} \sum_{n=-\infty}^{+\infty} \left[\int_{-\frac{T}{2}}^{\frac{T}{2}} f_T(\tau) e^{-i\omega_n\tau} d\tau \right] e^{i\omega_n t} \Delta\omega_n$$

$$= \frac{1}{2\pi} \sum_{n=-\infty}^{+\infty} F_T(\omega_n) e^{i\omega_n t} \Delta\omega_n,$$

$$F_T(\omega_n) = \int_{-\frac{T}{2}}^{\frac{T}{2}} f_T(\tau) e^{-i\omega_n\tau} d\tau.$$

当 $T \to +\infty$ 时,$\Delta\omega_n \to 0$,因此

$$f(t) = \lim_{T \to +\infty} f_T(\tau) = \frac{1}{2\pi} \lim_{\Delta\omega_n \to 0} \sum_{n=-\infty}^{+\infty} F_T(\omega_n) e^{i\omega_n t} \Delta\omega_n$$

$$= \frac{1}{2\pi} \int_{-\infty}^{+\infty} \left[\lim_{T \to +\infty} F_T(\omega) \right] e^{i\omega t} d\omega$$

$$= \frac{1}{2\pi} \int_{-\infty}^{+\infty} \left[\int_{-\infty}^{+\infty} f(\tau) e^{-i\omega\tau} d\tau \right] e^{i\omega t} d\omega,$$

就得到了 $f(t)$ 的一个积分形式的展开式,上式通常称为函数 $f(t)$ 的**傅里叶积分公式**.在推导公式的过程中,每一步都是有条件的,我们只是给出了形式上的推导.一个定义在 $(-\infty, +\infty)$ 上的非周期函数满足什么条件,可以用傅里叶积分公式表示,由下面的定理给出.

定理 7.2(傅里叶积分定理)   如果 $f(t)$ 在 $(-\infty, +\infty)$ 上满足下列条件:

(1) $f(t)$ 在任一有限区间上满足狄利克雷条件;

(2) $f(t)$ 在 $(-\infty, +\infty)$ 上绝对可积,即

$$\int_{-\infty}^{+\infty} |f(t)| dt < +\infty,$$

则
$$\frac{1}{2\pi} \int_{-\infty}^{+\infty} \left[\int_{-\infty}^{+\infty} f(\tau) e^{-i\omega\tau} d\tau \right] e^{i\omega t} d\omega =$$

$$\begin{cases} f(t), & \text{当 } t \text{ 是 } f(t) \text{ 的连续点时}, \\ \frac{1}{2}[f(t+0) + f(t-0)], & \text{当 } t \text{ 是 } f(t) \text{ 的间断点时}. \end{cases}$$

傅里叶积分定理是傅里叶积分公式成立的充分条件,定理的证明比较复杂,这里不予证明.

7.1.3　傅里叶变换

基于上面的讨论,可以给出傅里叶变换的概念.

定义 7.1　设函数 $f(t)$ 满足傅里叶积分定理中的条件,积分

$$F(\omega) = \int_{-\infty}^{+\infty} f(t) \mathrm{e}^{-\mathrm{i}\omega t} \mathrm{d}t \qquad (7.5)$$

称为 $f(t)$ 的**傅里叶变换**,记为 $\mathscr{F}[f(t)]$,即

$$F(\omega) = \mathscr{F}[f(t)],$$

积分

$$f(t) = \frac{1}{2\pi} \int_{-\infty}^{+\infty} F(\omega) \mathrm{e}^{\mathrm{i}\omega t} \mathrm{d}\omega \qquad (7.6)$$

称为 $F(\omega)$ 的**傅里叶逆变换**,记为 $\mathscr{F}^{-1}[F(\omega)]$,即

$$f(t) = \mathscr{F}^{-1}[F(\omega)],$$

其中 $F(\omega)$ 称为 $f(t)$ 的**像函数**,$f(t)$ 称为 $F(\omega)$ 的**像原函数**.像函数与像原函数构成一个**傅里叶变换对**.

　　与傅里叶级数一样,傅里叶变换也有明确的物理含义,由式(7.6)可以说明非周期函数与周期函数一样,也是由许多不同频率的简谐波的叠加合成,不同的是,非周期函数包含了从零到无穷大的所有频率分量. 而 $F(\omega)$ 是 $f(t)$ 中各频率分量的分布密度,因此称 $F(\omega)$ 为 $f(t)$ 的**频谱密度函数**(简称**连续频谱**或**频谱**),称 $|F(\omega)|$ 为**振幅谱**,$\arg F(\omega)$ 称为**相位谱**.由于傅里叶变换具有这种明确的物理含义,因而在工程实际问题中得到了广泛的应用.

　　例 7.2　求矩形脉冲函数

$$f(t) = \begin{cases} E, & |t| \leqslant c, \\ 0, & \text{其他} \end{cases} \quad (c > 0)$$

的傅里叶变换.

　　解
$$\begin{aligned} F(\omega) &= \int_{-\infty}^{+\infty} f(t) \mathrm{e}^{-\mathrm{i}\omega t} \mathrm{d}t \\ &= \int_{-c}^{c} E \mathrm{e}^{-\mathrm{i}\omega t} \mathrm{d}t \\ &= -\frac{E}{\mathrm{i}\omega} \mathrm{e}^{-\mathrm{i}\omega t} \Big|_{-c}^{c} \\ &= -\frac{E}{\mathrm{i}\omega} (\mathrm{e}^{-\mathrm{i}\omega c} - \mathrm{e}^{\mathrm{i}\omega c}) \\ &= \frac{2E}{\omega} \sin c\omega. \end{aligned}$$

　　例 7.3　求指数衰减函数

$$f(t) = \begin{cases} \mathrm{e}^{-at}, & t \geqslant 0, \\ 0, & t < 0 \end{cases} \quad (a > 0)$$

的傅里叶变换,并画出频谱图.

　　解
$$\begin{aligned} F(\omega) &= \int_{-\infty}^{+\infty} f(t) \mathrm{e}^{-\mathrm{i}\omega t} \mathrm{d}t \\ &= \int_{0}^{+\infty} \mathrm{e}^{-(a+\omega\mathrm{i})t} \mathrm{d}t \end{aligned}$$

$$= -\frac{1}{a+\mathrm{i}\omega}\mathrm{e}^{-(a+\omega\mathrm{i})t}\Big|_0^{+\infty}$$

$$= \frac{1}{a+\mathrm{i}\omega}$$

$$= \frac{a-\mathrm{i}\omega}{a^2+\omega^2}.$$

振幅谱为

$$|F(\omega)| = \left|\frac{a-\mathrm{i}\omega}{a^2+\omega^2}\right| = \frac{1}{\sqrt{a^2+\omega^2}},$$

相位谱为

$$\arg F(\omega) = \arg\left(\frac{a-\mathrm{i}\omega}{a^2+\omega^2}\right) = -\arctan\frac{\omega}{a}.$$

图形如图 7-1 所示.

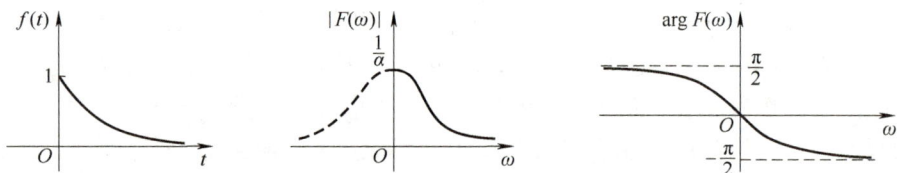

图　7-1

7.2　傅里叶变换的性质

　　为了叙述方便,假定在以下性质中,凡是需要求傅里叶变换的函数都满足傅里叶积分定理中的条件,在涉及逆变换时,都假定函数是连续的,在此统一说明,后面不再一一强调.

7.2.1　基本性质

1. 线性性质

设 $F_1(\omega) = \mathscr{F}[f_1(t)]$, $F_2(\omega) = \mathscr{F}[f_2(t)]$, α, β 为常数,则

$$\mathscr{F}[\alpha f_1(t) + \beta f_2(t)] = \alpha F_1(\omega) + \beta F_2(\omega), \tag{7.7}$$

$$\mathscr{F}^{-1}[\alpha F_1(\omega) + \beta F_2(\omega)] = \alpha f_1(t) + \beta f_2(t). \tag{7.8}$$

性质可以利用积分的线性性质推出.

　　例 7.4　求函数 $f(t) = \begin{cases} 2\mathrm{e}^{-t} - 3\mathrm{e}^{-2t}, & t \geqslant 0, \\ 0, & t < 0 \end{cases}$ 的傅里叶变换.

　　解　由例 7.3 可知 $f(t) = \begin{cases} \mathrm{e}^{-at}, & t \geqslant 0, \\ 0, & t < 0 \end{cases}$ 的傅里叶变换为 $\dfrac{1}{a+\mathrm{i}\omega}$,

令 $f_1(t) = \begin{cases} \mathrm{e}^{-t}, & t \geqslant 0, \\ 0, & t < 0 \end{cases}$, $f_2(t) = \begin{cases} \mathrm{e}^{-2t}, & t \geqslant 0, \\ 0, & t < 0 \end{cases}$, 则 $f(t) = 2f_1(t) -$

$3f_2(t)$,且

$$\mathscr{F}[f_1(t)] = \frac{1}{1+i\omega}, \mathscr{F}[f_2(t)] = \frac{1}{2+i\omega},$$

利用傅里叶变换的线性性质可得

$$\mathscr{F}[f(t)] = 2\mathscr{F}[f_1(t)] - 3\mathscr{F}[f_2(t)]$$

$$= \frac{2}{1+i\omega} - \frac{3}{2+i\omega}$$

$$= \frac{1-i\omega}{2-\omega^2+3i\omega}.$$

2. 位移性质

设 $F(\omega) = \mathscr{F}[f(t)]$,$t_0, \omega_0$ 为实常数,则

$$\mathscr{F}[f(t \pm t_0)] = e^{\pm i\omega t_0} F(\omega), \qquad (7.9)$$

逆变换的形式可以表示为

$$\mathscr{F}^{-1}[F(\omega \pm \omega_0)] = f(t)e^{\mp i\omega_0 t}. \qquad (7.10)$$

证　令 $u = t \pm t_0$,由傅里叶变换的定义可知

$$\mathscr{F}[f(t \pm t_0)] = \int_{-\infty}^{+\infty} f(t \pm t_0)e^{-i\omega t}dt$$

$$= \int_{-\infty}^{+\infty} f(u)e^{-i\omega(u \mp t_0)}du$$

$$= e^{\pm i\omega t_0}\int_{-\infty}^{+\infty} f(u)e^{-i\omega u}du$$

$$= e^{\pm i\omega t_0}F(\omega).$$

令 $u = \omega \pm \omega_0$,可证式(7.10).

傅里叶变换的位移性质的**物理意义**:式(7.9)表明,当一个函数(或信号)沿时间轴移动后,它的各频率成分的大小不发生改变,但相位发生变化;式(7.10)则被用来进行频谱搬移,这一技术在通信系统中得到了广泛应用.

例 7.5　求矩形脉冲函数

$$g(t) = \begin{cases} E, & c \leq t \leq 3c, \\ 0, & 其他 \end{cases} \quad (c>0)$$

的傅里叶变换.

解　已知函数 $f(t) = \begin{cases} E, & |t| \leq c, \\ 0, & 其他 \end{cases}$ 的傅里叶变换为

$$F(\omega) = \frac{2E}{\omega}\sin c\omega,$$

$g(t)$ 是 $f(t)$ 在时间轴上向右平移 $2c$,利用位移性质,可得

$$G(\omega) = \mathscr{F}[g(t)]$$

$$= \mathscr{F}[f(t-2c)]$$

$$= e^{-2ci\omega}F(\omega)$$

$$= \frac{2E}{\omega}e^{-2ci\omega}\sin c\omega.$$

3. 相似性质

设 $F(\omega) = \mathscr{F}[f(t)]$，$a \neq 0$，则

$$\mathscr{F}[f(at)] = \frac{1}{|a|}F\left(\frac{\omega}{a}\right), \qquad (7.11)$$

逆变换的形式表示为

$$\mathscr{F}^{-1}[F(a\omega)] = \frac{1}{|a|}f\left(\frac{t}{a}\right). \qquad (7.12)$$

证　当 $a>0$ 时，令 $x=at$，由傅里叶变换的定义可知

$$\mathscr{F}[f(at)] = \int_{-\infty}^{+\infty} f(at)\,e^{-i\omega t}\,dt$$

$$= \int_{-\infty}^{+\infty} f(x)\,e^{-i\omega\frac{x}{a}}\,\frac{1}{a}\,dx$$

$$= \frac{1}{a}\int_{-\infty}^{+\infty} f(x)\,e^{-i\omega\frac{x}{a}}\,dx = \frac{1}{a}F\left(\frac{\omega}{a}\right),$$

当 $a<0$ 时，令 $x=at$，则

$$\mathscr{F}[f(at)] = \int_{-\infty}^{+\infty} f(at)\,e^{-i\omega t}\,dt$$

$$= \int_{+\infty}^{-\infty} f(x)\,e^{-i\omega\frac{x}{a}}\,\frac{1}{a}\,dx$$

$$= -\frac{1}{a}\int_{-\infty}^{+\infty} f(x)\,e^{-i\omega\frac{x}{a}}\,dx = -\frac{1}{a}F\left(\frac{\omega}{a}\right).$$

傅里叶变换的相似性质的**物理意义**：它说明若函数（或信号）被压缩（$a>1$），则其频谱被扩展；反之，若函数被扩展（$a<1$），则其频谱被压缩.

例 7.6　已知函数 $f(t) = \dfrac{\sin 2t}{\pi t}$ 的傅里叶变换为

$$F(\omega) = \begin{cases} 1, & |\omega| \leqslant 2, \\ 0, & |\omega| > 2, \end{cases}$$

求函数 $f(2t)$ 的傅里叶变换.

解　　　　　　$$\mathscr{F}[f(2t)] = \frac{1}{2}F\left(\frac{1}{2}\omega\right)$$

$$= \begin{cases} \dfrac{1}{2}, & \left|\dfrac{1}{2}\omega\right| \leqslant 2, \\ 0, & \left|\dfrac{1}{2}\omega\right| > 2, \end{cases}$$

$$= \begin{cases} \dfrac{1}{2}, & |\omega| \leqslant 4, \\ 0, & |\omega| > 4. \end{cases}$$

4. 微分性质

设 $F(\omega) = \mathscr{F}[f(t)]$，且 $\lim\limits_{|t|\to+\infty} f^{(k)}(t) = 0$，$k=0,1,\cdots,n-1$，则

$$\mathscr{F}[f^{(n)}(t)] = (i\omega)^n F(\omega),$$

$$\mathscr{F}^{-1}\left[F^{(n)}(\omega)\right]=(-\mathrm{i}t)^{n}f(t).$$

证
$$\mathscr{F}\left[f'(t)\right]=\int_{-\infty}^{+\infty}f'(t)\mathrm{e}^{-\mathrm{i}\omega t}\mathrm{d}t$$

$$=f(t)\mathrm{e}^{-\mathrm{i}\omega t}\Big|_{-\infty}^{+\infty}+\mathrm{i}\omega\int_{-\infty}^{+\infty}f(t)\mathrm{e}^{-\mathrm{i}\omega t}\mathrm{d}t,$$

因为

$$\lim_{|t|\to+\infty}\left|f(t)\mathrm{e}^{-\mathrm{i}\omega t}\right|=\lim_{|t|\to+\infty}\left|f(t)\right|=0,$$

所以

$$\mathscr{F}\left[f'(t)\right]=\mathrm{i}\omega\int_{-\infty}^{+\infty}f(t)\mathrm{e}^{-\mathrm{i}\omega t}\mathrm{d}t=\mathrm{i}\omega F(\omega),$$

又因为

$$\mathscr{F}\left[f''(t)\right]=\mathscr{F}\left[\left(f'(t)\right)'\right]=\mathrm{i}\omega\mathscr{F}\left[f'(t)\right]$$

$$=(\mathrm{i}\omega)^{2}\mathscr{F}\left[f(t)\right]=(\mathrm{i}\omega)^{2}F(\omega),$$

依此类推,可得　　$\mathscr{F}\left[f^{(n)}(t)\right]=(\mathrm{i}\omega)^{n}F(\omega).$

同理可得　　$\mathscr{F}^{-1}\left[F^{(n)}(\omega)\right]=(-\mathrm{i}t)^{n}f(t).$

还可以得到**像函数的导数公式**

$$F'(\omega)=\mathscr{F}\left[-\mathrm{i}tf(t)\right],$$

$$F^{(n)}(\omega)=\mathscr{F}\left[(-\mathrm{i}t)^{n}f(t)\right].$$

5. 积分性质

设 $F(\omega)=\mathscr{F}\left[f(t)\right]$, $g(t)=\int_{-\infty}^{t}f(\tau)\mathrm{d}\tau$,若 $\lim\limits_{t\to+\infty}g(t)=0$,则

$$\mathscr{F}\left[g(t)\right]=\frac{1}{\mathrm{i}\omega}F(\omega).$$

证　因为 $g'(t)=f(t)$,所以 $\mathscr{F}\left[f(t)\right]=\mathscr{F}\left[g'(t)\right]=\mathrm{i}\omega\mathscr{F}\left[g(t)\right]$,
即

$$\mathscr{F}\left[g(t)\right]=\frac{1}{\mathrm{i}\omega}F(\omega).$$

7.2.2　卷积与卷积定理

一般情况,两个函数乘积的傅里叶变换不等于这两个函数傅里叶变换的乘积,下面我们将定义两个函数间一种特殊的"积",使得两个函数在这种意义下的"积"的傅里叶变换等于这两个函数的傅里叶变换的乘积.

1. 卷积

定义 7.2　设 $f_1(t)$ 与 $f_2(t)$ 在 $(-\infty,+\infty)$ 内有定义,若对任何实数 t,积分

$$\int_{-\infty}^{+\infty}f_1(\tau)f_2(t-\tau)\mathrm{d}\tau$$

都收敛,则称积分为函数 $f_1(t)$ 与 $f_2(t)$ 的**卷积**,记为 $f_1(t)*f_2(t)$,即

$$f_1(t)*f_2(t)=\int_{-\infty}^{+\infty}f_1(\tau)f_2(t-\tau)\mathrm{d}\tau.$$

由卷积的定义,可以验证卷积满足下列**运算律**:

(1) 交换律: $f_1(t) * f_2(t) = f_2(t) * f_1(t)$;

(2) 结合律: $f_1(t) * [f_2(t) * f_3(t)] = [f_1(t) * f_2(t)] * f_3(t)$;

(3) 分配律: $f_1(t) * [f_2(t) + f_3(t)] = f_1(t) * f_2(t) + f_1(t) * f_3(t)$.

例 7.7 求下列函数的卷积

$$f(t) = \begin{cases} e^{-\alpha t}, & t \geq 0, \\ 0, & t < 0, \end{cases} \qquad g(t) = \begin{cases} e^{-\beta t}, & t \geq 0, \\ 0, & t < 0, \end{cases}$$

其中 $\alpha > 0, \beta > 0$ 且 $\alpha \neq \beta$.

解 由定义有

$$f(t) * g(t) = \int_{-\infty}^{+\infty} f(\tau) g(t - \tau) d\tau,$$

当 $t < 0$ 时, $f(t) * g(t) = 0$;

当 $t \geq 0$ 时, $f(t) * g(t) = \int_0^t f(\tau) g(t - \tau) d\tau$

$$= \int_0^t e^{-\alpha \tau} e^{-\beta(t-\tau)} d\tau$$

$$= e^{-\beta t} \int_0^t e^{-(\alpha-\beta)\tau} d\tau$$

$$= \frac{1}{\alpha - \beta} (e^{-\beta t} - e^{-\alpha t}),$$

综上可得

$$f(t) * g(t) = \begin{cases} \dfrac{1}{\alpha - \beta} (e^{-\beta t} - e^{-\alpha t}), & t \geq 0, \\ 0, & t < 0. \end{cases}$$

卷积和傅里叶变换之间存在密切的关系,下面介绍傅里叶变换和卷积之间的一个结论.

2. 卷积定理

定理 7.3 设 $f_1(t), f_2(t)$ 的傅里叶变换存在,且

$$F_1(\omega) = \mathscr{F}[f_1(t)], F_2(\omega) = \mathscr{F}[f_2(t)],$$

则

$$\mathscr{F}[f_1(t) * f_2(t)] = F_1(\omega) \cdot F_2(\omega),$$

$$\mathscr{F}[f_1(t) \cdot f_2(t)] = \frac{1}{2\pi} F_1(\omega) * F_2(\omega).$$

证 由卷积与傅里叶变换定义有

$$\mathscr{F}[f_1(t) * f_2(t)] = \int_{-\infty}^{+\infty} \left[\int_{-\infty}^{+\infty} f_1(\tau) f_2(t - \tau) d\tau \right] e^{-i\omega t} dt$$

$$= \int_{-\infty}^{+\infty} f_1(\tau) \left[\int_{-\infty}^{+\infty} f_2(t - \tau) e^{-i\omega t} dt \right] d\tau$$

$$= \int_{-\infty}^{+\infty} f_1(\tau) e^{-i\omega \tau} \left[\int_{-\infty}^{+\infty} f_2(t - \tau) e^{-i\omega(t-\tau)} dt \right] d\tau$$

$$= F_1(\omega) \cdot F_2(\omega).$$

同理可得 $\quad \mathscr{F}[f_1(t) \cdot f_2(t)] = \dfrac{1}{2\pi} F_1(\omega) * F_2(\omega).$

7.3　傅里叶变换的应用

在物理和工程技术中,除了用到指数衰减函数以外,还经常会碰到单位脉冲函数. 因为许多物理现象具有脉冲性质,例如在电学中,要研究线性电路受具有脉冲性质的电势作用后所产生的电流;在力学中,要研究机械系统受冲击力作用后的运动情况等.研究此类问题就会产生所要介绍的单位脉冲函数.

单位脉冲函数是一个广义函数,这类函数是指它没有普通意义下的"函数值",不能用普通意义下"值的对应关系"来定义.在广义函数论中,单位脉冲函数定义为某个基本函数空间上的线性连续泛函,要讲清楚这个定义,需要用一些超出工程数学教学大纲范围的知识.

7.3.1　单位脉冲函数(δ 函数)的概念及其性质

1. 单位脉冲函数(δ 函数)的定义

定义 7.3　称一个函数为 δ 函数,记作 $\delta(t)$,如果它满足条件:

(1) $\delta(t) = \begin{cases} +\infty, & t=0, \\ 0, & t \neq 0; \end{cases}$

(2) $\displaystyle\int_{-\infty}^{+\infty} \delta(t)\,\mathrm{d}t = 1.$

单位脉冲函数还可以定义为

定义 7.4　称函数 $\delta(t-t_0)$ 为 $t=t_0$ 时的 δ 函数,如果 $\delta(t-t_0)$ 满足条件:

(1) $\delta(t-t_0) = \begin{cases} +\infty, & t=t_0, \\ 0, & t \neq t_0; \end{cases}$

(2) $\displaystyle\int_{-\infty}^{+\infty} \delta(t-t_0)\,\mathrm{d}t = 1.$

工程上称 δ 函数为**单位脉冲函数**,并用一个长度等于 1 的有向线段来表示,这个有向线段的长度表示 δ 函数的积分值,称为**冲激强度**.

2. 单位脉冲函数(δ 函数)的基本性质

下面直接给出 δ 函数的几个基本性质,不作证明.

性质 7.1　设 $f(t)$ 为连续函数,则

$$\int_{-\infty}^{+\infty} \delta(t)f(t)\,\mathrm{d}t = f(0). \tag{7.13}$$

对 $\delta(t-t_0)$，则有

$$\int_{-\infty}^{+\infty} \delta(t - t_0)f(t)\,\mathrm{d}t = f(t_0).$$

这个性质也称为**筛选性质**，其中式(7.13)给出了 δ 函数与其他函数的一种运算关系，它也常被人用来定义 δ 函数，即采用检验的方式考察某个函数是否为 δ 函数. 筛选性质表明，利用 δ 函数可以将信号 $f(t)$ 在某些时间点上对应的值筛选出来.因此该函数在近代物理和工程技术中有着广泛的应用，特别是在信号与系统分析中，单位脉冲信号可以用来构造和表示其他信号，系统对一个信号的响应在某种意义上可以用该系统对单位脉冲的响应来表达.

性质 7.2 δ 函数为**偶函数**，即 $\delta(t)=\delta(-t)$.

性质 7.3 设 $u(t)$ 为**单位阶跃函数**，即

$$u(t) = \begin{cases} 1, & t>0, \\ 0, & t<0, \end{cases}$$

则有

$$\int_{-\infty}^{t} \delta(t)\,\mathrm{d}t = u(t), \qquad \frac{\mathrm{d}u(t)}{\mathrm{d}t} = \delta(t).$$

7.3.2 δ 函数的傅里叶变换

根据 δ 函数的定义及性质，δ 函数的傅里叶变换为

$$F(\omega) = \mathscr{F}[f(t)] = \int_{-\infty}^{+\infty} \delta(t)\mathrm{e}^{-\mathrm{i}\omega t}\,\mathrm{d}t = \mathrm{e}^{-\mathrm{i}\omega t}\Big|_{t=0} = 1. \qquad (7.14)$$

即单位脉冲函数包含各种频率分量且它们具有相等的幅度，称此为**均匀频谱**.由此可以得出，δ 函数与 1 构成傅里叶变换对，由逆变换公式，可得

$$\mathscr{F}^{-1}[1] = \frac{1}{2\pi}\int_{-\infty}^{+\infty} \mathrm{e}^{\mathrm{i}\omega t}\,\mathrm{d}\omega = \delta(t). \qquad (7.15)$$

由式(7.15)可得积分公式

$$\int_{-\infty}^{+\infty} \mathrm{e}^{\mathrm{i}\omega t}\,\mathrm{d}\omega = 2\pi\delta(t). \qquad (7.16)$$

需要注意的是，这里 δ 函数的傅里叶变换仍采用傅里叶变换的古典定义，但此时的广义积分是由 δ 函数的定义和运算性质直接给出的，并不是普通意义下的积分值，故称 $\delta(t)$ 的傅里叶变换是一种广义的傅里叶变换.利用这个概念，可以对一些常用的函数，如常数、单位阶跃函数、正弦函数以及余弦函数进行傅里叶变换，尽管它们并不满足绝对可积条件.下面给出几个例子.

例 7.8 求函数 $f(t)=1$ 的傅里叶变换.

解 设 $F(\omega)=2\pi\delta(\omega)$，则

$$\mathscr{F}^{-1}[F(\omega)] = \frac{1}{2\pi}\int_{-\infty}^{+\infty} 2\pi\delta(\omega)\mathrm{e}^{\mathrm{i}\omega t}\,\mathrm{d}\omega = \mathrm{e}^{\mathrm{i}\omega t}\Big|_{\omega=0} = 1,$$

故

$$\mathscr{F}[1] = 2\pi\delta(\omega).$$

例 7.9　求函数 $f(t) = e^{i\omega_0 t}$ 的傅里叶变换.

解　利用傅里叶变换的位移性质, 得

$$\mathscr{F}[f(t)] = \mathscr{F}[e^{i\omega_0 t} \cdot 1] = 2\pi\delta(\omega - \omega_0).$$

例 7.10　求函数 $f(t) = \cos \omega_0 t$ 的傅里叶变换.

解　　　　$\cos \omega_0 t = \dfrac{1}{2}(e^{i\omega_0 t} + e^{-i\omega_0 t}),$

利用傅里叶变换的定义可得

$$\begin{aligned}
\mathscr{F}[\cos \omega_0 t] &= \mathscr{F}\left[\frac{1}{2}(e^{i\omega_0 t} + e^{-i\omega_0 t})\right] \\
&= \int_{-\infty}^{+\infty} \frac{1}{2}(e^{i\omega_0 t} + e^{-i\omega_0 t}) e^{-i\omega t} \mathrm{d}t \\
&= \frac{1}{2}\int_{-\infty}^{+\infty} \left[e^{-i(\omega-\omega_0)t} + e^{-i(\omega+\omega_0)t}\right] \mathrm{d}t \\
&= \frac{1}{2}[2\pi\delta(\omega-\omega_0) + 2\pi\delta(\omega+\omega_0)] \\
&= \pi[\delta(\omega-\omega_0) + \delta(\omega+\omega_0)].
\end{aligned}$$

同理可得

$$\mathscr{F}[\sin \omega_0 t] = i\pi[\delta(\omega+\omega_0) - \delta(\omega-\omega_0)].$$

第 7 章小结

1. 傅里叶变换的概念

（1）傅里叶积分定理

如果 $f(t)$ 在 $(-\infty, +\infty)$ 上满足下列条件：

1）$f(t)$ 在任一有限区间上满足狄利克雷条件；

2）$f(t)$ 在 $(-\infty, +\infty)$ 上绝对可积, 即

$$\int_{-\infty}^{+\infty} |f(t)| \mathrm{d}t < +\infty,$$

则　　　$\dfrac{1}{2\pi}\int_{-\infty}^{+\infty} \left[\int_{-\infty}^{+\infty} f(\tau) e^{-i\omega\tau} \mathrm{d}\tau\right] e^{i\omega t} \mathrm{d}\omega =$

$$\begin{cases} f(t), & \text{当 } t \text{ 是 } f(t) \text{ 的连续点时,} \\ \dfrac{1}{2}[f(t+0) + f(t-0)], & \text{当 } t \text{ 是 } f(t) \text{ 的间断点时.} \end{cases}$$

（2）傅里叶变换的定义

设函数 $f(t)$ 满足傅里叶积分定理中的条件, 积分

$$F(\omega) = \int_{-\infty}^{+\infty} f(t) e^{-i\omega t} \mathrm{d}t$$

称为 $f(t)$ 的**傅里叶变换**.

2. 傅里叶变换的性质

（1）线性性质

设 $F_1(\omega) = \mathscr{F}[f_1(t)], F_2(\omega) = \mathscr{F}[f_2(t)], \alpha, \beta$ 为常数, 则

$$\mathscr{F}[\alpha f_1(t)+\beta f_2(t)]=\alpha F_1(\omega)+\beta F_2(\omega),$$

$$\mathscr{F}^{-1}[\alpha F_1(\omega)+\beta F_2(\omega)]=\alpha f_1(t)+\beta f_2(t).$$

（2）位移性质

设 $F(\omega)=\mathscr{F}[f(t)]$，$t_0,\omega_0$ 为实常数，则

$$\mathscr{F}[f(t\pm t_0)]=e^{\pm i\omega t_0}F(\omega),$$

$$\mathscr{F}^{-1}[F(\omega\pm\omega_0)]=f(t)e^{\mp i\omega_0 t}.$$

（3）相似性质

设 $F(\omega)=\mathscr{F}[f(t)]$，$a\neq 0$，则

$$\mathscr{F}[f(at)]=\frac{1}{|a|}F\left(\frac{\omega}{a}\right),$$

$$\mathscr{F}^{-1}[F(a\omega)]=\frac{1}{|a|}f\left(\frac{t}{a}\right).$$

（4）微分性质

设 $F(\omega)=\mathscr{F}[f(t)]$，且 $\lim\limits_{|t|\to+\infty}f^{(k)}(t)=0$，$k=0,1,\cdots,n-1$，则

$$\mathscr{F}[f^{(n)}(t)]=(i\omega)^n F(\omega),$$

$$\mathscr{F}^{-1}[F^{(n)}(\omega)]=(-it)^n f(t).$$

（5）积分性质

设 $F(\omega)=\mathscr{F}[f(t)]$，$g(t)=\int_{-\infty}^{t}f(\tau)\mathrm{d}\tau$，若 $\lim\limits_{t\to+\infty}g(t)=0$，则

$$\mathscr{F}[g(t)]=\frac{1}{i\omega}F(\omega).$$

（6）卷积的定义

设 $f_1(t)$ 与 $f_2(t)$ 在 $(-\infty,+\infty)$ 内有定义，若对任何实数 t，积分

$$\int_{-\infty}^{+\infty}f_1(\tau)f_2(t-\tau)\mathrm{d}\tau$$

都收敛，则称积分为函数 $f_1(t)$ 与 $f_2(t)$ 的**卷积**，记为 $f_1(t)*f_2(t)$，即

$$f_1(t)*f_2(t)=\int_{-\infty}^{+\infty}f_1(\tau)f_2(t-\tau)\mathrm{d}\tau.$$

（7）卷积定理

设 $f_1(t),f_2(t)$ 的傅里叶变换存在，且

$$F_1(\omega)=\mathscr{F}[f_1(t)],F_2(\omega)=\mathscr{F}[f_2(t)],$$

则

$$\mathscr{F}[f_1(t)*f_2(t)]=F_1(\omega)\cdot F_2(\omega),$$

$$\mathscr{F}[f_1(t)\cdot f_2(t)]=\frac{1}{2\pi}F_1(\omega)*F_2(\omega).$$

3. 傅里叶变换的应用

（1）单位脉冲函数（δ 函数）的定义

称一个函数为 δ 函数，记作 $\delta(t)$，如果它满足条件：

1）$\delta(t)=\begin{cases}+\infty, & t=0,\\ 0, & t\neq 0;\end{cases}$

2）$\int_{-\infty}^{+\infty}\delta(t)\mathrm{d}t=1.$

（2）单位脉冲函数（δ 函数）的性质

1）设 $f(t)$ 为连续函数，则

$$\int_{-\infty}^{+\infty} \delta(t)f(t)\,\mathrm{d}t = f(0).$$

对 $\delta(t-t_0)$，则有

$$\int_{-\infty}^{+\infty} \delta(t - t_0)f(t)\,\mathrm{d}t = f(t_0).$$

2）δ 函数为偶函数，即 $\delta(t) = \delta(-t)$.

3）设 $u(t)$ 为单位阶跃函数，即

$$u(t) = \begin{cases} 1, & t>0, \\ 0, & t<0, \end{cases}$$

则有

$$\int_{-\infty}^{t} \delta(t)\,\mathrm{d}t = u(t), \qquad \frac{\mathrm{d}u(t)}{\mathrm{d}t} = \delta(t).$$

第 7 章习题

1. 求周期函数 $f(t) = \left| \sin \dfrac{t}{2} \right|^{5}$ 的傅里叶级数.

2. $f(t) = \begin{cases} E, & -\dfrac{\tau}{2} \leqslant t \leqslant \dfrac{\tau}{2}, \\ 0, & \text{其他}, \end{cases}$，求 $f(t)$ 的傅里叶级数的复指数形式.

3. 求 $f(t) = |\sin t|$ 的离散频谱和傅里叶级数的复指数形式.

4. 求下列函数的傅里叶变换.

（1）$f(t) = \mathrm{e}^{-b|t|}$　$(b>0)$；　　（2）$f(t) = \begin{cases} 1-t^{2}, & |t| \leqslant 1, \\ 0, & |t|>1. \end{cases}$

5. 求矩形脉冲函数 $f(t) = \begin{cases} A, & 0 \leqslant t < T, \\ 0, & \text{其他} \end{cases}$（$T>0$）的傅里叶变换.

6. 求函数 $f(t) = \dfrac{4}{t^{2}+4}$ 的傅里叶变换.

7. 求函数 $f(t) = \begin{cases} 5\mathrm{e}^{-3t} - 3\mathrm{e}^{-t}, & t \geqslant 0, \\ 0, & t<0 \end{cases}$ 的傅里叶变换.

8. 证明：$\mathscr{F}[f(t)\sin \omega_0 t] = \dfrac{\mathrm{i}}{2}[F(\omega+\omega_0) - F(\omega-\omega_0)]$.

9. 求积分方程 $ax'(t) + bx(t) + c\displaystyle\int_{-\infty}^{t} x(t)\,\mathrm{d}t = h(t)$ 的解，其中 a,b,c 为常数，$h(t)$ 为已知实变函数.

10. 证明：单位阶跃函数 $u(t)$ 的傅里叶变换为 $\dfrac{1}{\mathrm{i}\omega} + \pi\delta(\omega)$.

11. 设 $F(\omega) = \mathscr{F}[f(t)]$，证明：$\mathscr{F}\left[\int_{-\infty}^{t} f(\tau)\mathrm{d}\tau\right] = \dfrac{F(\omega)}{\mathrm{i}\omega} + \pi F(0)\delta(\omega)$.

12. 设 $f(t) = \cos\omega_0 t \cdot u(t)$，求：$\mathscr{F}[f(t)]$.

13. 设 $f(t) = \mathrm{e}^{-\beta t}u(t)\sin\omega_0 t$，$\beta > 0$，求：$\mathscr{F}[f(t)]$.

14. 求 $f(t) = \begin{cases} 1, & t \geqslant 0, \\ 0, & t < 0 \end{cases}$ 与 $g(t) = \begin{cases} \mathrm{e}^{-t}, & t \geqslant 0, \\ 0, & t < 0 \end{cases}$ 的卷积.

15. 函数 $f(t) = \begin{cases} 6, & 3 \leqslant t \leqslant 7, \\ 0, & 其他 \end{cases}$ 的傅里叶变换.

16. 求 $f(t) = \sin\omega_0 t$ 的傅里叶变换.

第 8 章

拉普拉斯变换

第 7 章介绍了傅里叶变换,傅里叶变换在许多领域发挥了重要作用,特别是在信号处理领域,直到今天傅里叶变换仍然是最基本的分析和处理工具,可以说信号分析本质上是傅里叶分析(谱分析),但傅里叶变换也有它的局限性.因此,人们对傅里叶变换的一些不足之处进行了不断的改进,这些改进主要分为两个方面:一方面是提高它对问题的刻画能力;另一方面是扩大它本身的适用范围.

本章介绍拉普拉斯变换,拉普拉斯变换理论(亦称为算子微积分)是在 19 世纪末发展起来的,首先是英国工程师海维赛德发明了用运算法解决当时电工计算中出现的一些问题,但是缺乏严密的数学论证.后来由法国数学家拉普拉斯给出了严密的数学定义,称之为拉普拉斯变换(简称拉氏变换)方法.拉普拉斯变换对像原函数 $f(t)$ 约束条件比起傅里叶变换要弱,因而在电学、力学等众多的工程技术与科学研究领域中得到了广泛的应用.

本章主要内容有拉普拉斯变换的定义、基本性质,以及拉普拉斯逆变换和拉普拉斯变换的一些应用.

8.1 拉普拉斯变换的概念

8.1.1 拉普拉斯变换的定义

在古典意义下,傅里叶变换存在的条件是除了满足狄利克雷条件外,还要在 $(-\infty, +\infty)$ 内满足绝对可积的条件.但是很多函数其实不满足绝对可积的条件,例如,按照指数增长的函数不满足傅里叶变换的条件,且这类函数很常见.另外,傅里叶变换的函数必须在整个数轴上有定义,但在实际应用中,许多函数以时间 t 作为自变量,这些函数在 $t<0$ 时没有意义.

为了解决这些问题,对定义在 $(-\infty, +\infty)$ 上的函数 $f(t)$ 进行改造,将 $f(t)$ 乘以因子 $u(t)e^{-\beta t}(\beta>0)$,其中 $u(t)$ 是单位阶跃函数,由于函数 $e^{-\beta t}$ 的强衰减性质,有可能使 $f(t)u(t)e^{-\beta t}$ 绝对可积,且由于 $u(t)$ 的作用,$f(t)u(t)e^{-\beta t}$ 仅在 $[0, +\infty)$ 上不为零,只要 β 选得适当,

拉普拉斯变换的
概念与性质

一般来说,这个函数的傅里叶变换总是存在的,对函数 $f(t)$ 进行先乘以 $u(t)\mathrm{e}^{-\beta t}(\beta>0)$,再取傅里叶变换的运算,就产生了拉普拉斯变换.

设 $f(t)$ 在 $(-\infty,+\infty)$ 上有定义,不一定满足绝对可积的条件,设

$$\varphi(t)=f(t)u(t)=\begin{cases}f(t), & t\geq 0,\\ 0, & t<0.\end{cases}$$

选取参数 β 充分大,使 $\varphi(t)\mathrm{e}^{-\beta t}$ 满足傅里叶积分定理的条件,则在 $\varphi(t)$ 的连续点处,有

$$\varphi(t)\mathrm{e}^{-\beta t}=\frac{1}{2\pi}\int_{-\infty}^{+\infty}\left[\int_{-\infty}^{+\infty}\varphi(\tau)\mathrm{e}^{-\beta\tau}\mathrm{e}^{-\mathrm{i}\omega\tau}\mathrm{d}\tau\right]\mathrm{e}^{\mathrm{i}\omega t}\mathrm{d}\omega$$

$$=\frac{1}{2\pi}\int_{-\infty}^{+\infty}\left[\int_{0}^{+\infty}f(\tau)\mathrm{e}^{-(\beta+\mathrm{i}\omega)\tau}\mathrm{d}\tau\right]\mathrm{e}^{\mathrm{i}\omega t}\mathrm{d}\omega,$$

上式在区间 $(-\infty,+\infty)$ 内对于 $\varphi(t)$ 的每一个连续点都成立,因为 $t\geq 0$ 时,$f(t)=\varphi(t)$,所以当 $t\geq 0$ 时,有

$$f(t)\mathrm{e}^{-\beta t}=\frac{1}{2\pi}\int_{-\infty}^{+\infty}\left[\int_{0}^{+\infty}f(\tau)\mathrm{e}^{-(\beta+\mathrm{i}\omega)\tau}\mathrm{d}\tau\right]\mathrm{e}^{\mathrm{i}\omega t}\mathrm{d}\omega,$$

上式两边同乘以 $\mathrm{e}^{\beta t}$,则

$$f(t)=\frac{1}{2\pi}\int_{-\infty}^{+\infty}\left[\int_{0}^{+\infty}f(\tau)\mathrm{e}^{-(\beta+\mathrm{i}\omega)\tau}\mathrm{d}\tau\right]\mathrm{e}^{(\beta+\mathrm{i}\omega)t}\mathrm{d}\omega,$$

令 $s=\beta+\mathrm{i}\omega$,可得

$$f(t)=\frac{1}{2\pi\mathrm{i}}\int_{\beta-\mathrm{i}\infty}^{\beta+\mathrm{i}\infty}\left[\int_{0}^{+\infty}f(\tau)\mathrm{e}^{-s\tau}\mathrm{d}\tau\right]\mathrm{e}^{st}\mathrm{d}s,$$

假设

$$F(s)=\int_{0}^{+\infty}f(t)\mathrm{e}^{-st}\mathrm{d}t,$$

则有

$$f(t)=\frac{1}{2\pi\mathrm{i}}\int_{\beta-\mathrm{i}\infty}^{\beta+\mathrm{i}\infty}F(s)\mathrm{e}^{st}\mathrm{d}s,$$

上式中的积分是沿直线 $\mathrm{Re}(s)=\beta$ 的复积分.它是主值意义下的积分,即

$$\int_{\beta-\mathrm{i}\infty}^{\beta+\mathrm{i}\infty}F(s)\mathrm{e}^{st}\mathrm{d}s=\lim_{y\to+\infty}\int_{\beta-\mathrm{i}y}^{\beta+\mathrm{i}y}F(s)\mathrm{e}^{st}\mathrm{d}s.$$

下面我们给出拉普拉斯变换的定义.

定义 8.1 设函数 $f(t)$ 是定义在 $[0,+\infty)$ 上的实值函数,如果对于复参数 $s=\beta+\mathrm{i}\omega$,积分

$$F(s)=\int_{0}^{+\infty}f(t)\mathrm{e}^{-st}\mathrm{d}t \tag{8.1}$$

在复平面 s 的某一区域内收敛,则称 $F(s)$ 为 $f(t)$ 的**拉普拉斯变换**,记为

$F(s) = \mathscr{L}[f(t)]$，称 $F(s)$ 为 $f(t)$ 的**像函数**，称 $f(t)$ 为 $F(s)$ 的**拉普拉斯逆变换**，记为 $f(t) = \mathscr{L}^{-1}[F(s)]$，即

$$f(t) = \mathscr{L}^{-1}[F(s)] = \frac{1}{2\pi \mathrm{i}}\int_{\beta - \mathrm{i}\infty}^{\beta + \mathrm{i}\infty} F(s)\mathrm{e}^{st}\mathrm{d}s, \qquad (8.2)$$

称 $f(t)$ 为 $F(s)$ 的**像原函数**.

　　函数 $f(t)$ 的拉普拉斯变换，其实就是函数 $f(t)u(t)\mathrm{e}^{-\beta t}$ 的傅里叶变换，在工程上，t 经常是时间，s 是频率.

　　例 8.1　求单位阶跃函数

$$u(t) = \begin{cases} 0, & t < 0, \\ 1, & t \geqslant 0, \end{cases}$$

的拉普拉斯变换.

　　解　由拉普拉斯变换的定义

$$\mathscr{L}[u(t)] = \int_0^{+\infty} \mathrm{e}^{-st}\mathrm{d}t = -\frac{1}{s}\mathrm{e}^{-st}\Big|_0^{+\infty} = \frac{1}{s} \quad (\mathrm{Re}(s) > 0).$$

　　例 8.2　求符号函数 $\mathrm{sgn}\, t$ 和 $f(t) = 1$ 的拉普拉斯变换.

　　解　由拉普拉斯变换的定义

$$\mathscr{L}[\mathrm{sgn}\, t] = \int_0^{+\infty} \mathrm{e}^{-st}\mathrm{d}t = -\frac{1}{s}\mathrm{e}^{-st}\Big|_0^{+\infty} = \frac{1}{s} \quad (\mathrm{Re}(s) > 0),$$

$$\mathscr{L}[f(t)] = \mathscr{L}[1] = \int_0^{+\infty} \mathrm{e}^{-st}\mathrm{d}t = -\frac{1}{s}\mathrm{e}^{-st}\Big|_0^{+\infty} = \frac{1}{s} \quad (\mathrm{Re}(s) > 0).$$

　　由例 8.1、例 8.2 可以看出 $u(t)$，$\mathrm{sgn}\, t$ 和 $f(t) = 1$ 虽然是不同的函数，但它们在 $t > 0$ 时的表达式相同，这说明函数的拉普拉斯变换只考虑 $t \geqslant 0$ 的部分，与 $t < 0$ 的部分无关.

　　例 8.3　求函数 $f(t) = \mathrm{e}^{\alpha t}\,(\alpha \in \mathbf{R})$ 的拉普拉斯变换.

　　解　由拉普拉斯变换的定义

$$\mathscr{L}[f(t)] = \int_0^{+\infty} \mathrm{e}^{\alpha t}\mathrm{e}^{-st}\mathrm{d}t = \int_0^{+\infty} \mathrm{e}^{-(s-\alpha)t}\mathrm{d}t = \frac{1}{s - \alpha} \quad (\mathrm{Re}(s) > \alpha).$$

　　注：若 α 为复数，上面的结果同样是成立的，其中 $\mathrm{Re}(s) > \mathrm{Re}(\alpha)$.

8.1.2　拉普拉斯变换的存在定理

　　由上面的例子可以发现，拉普拉斯变换存在的条件要比傅里叶变换存在的条件要弱得多，但不是任何一个函数都能进行拉普拉斯变换．那么满足什么条件的函数存在拉普拉斯变换呢？下面的定理回答了这个问题.

　　定理 8.1　设函数 $f(t)$ 满足下列条件：

　　(1) 在 $t \geqslant 0$ 的任何有限区间上分段连续；

　　(2) 当 $t \to +\infty$ 时，$f(t)$ 的增长速度不超过某一指数函数，即存在常数 $M > 0$ 及 $c \geqslant 0$，使得

$$|f(t)| \leqslant M\mathrm{e}^{ct} \quad (0 \leqslant t < +\infty) \qquad (8.3)$$

拉普拉斯
变换的性质

成立(其中 c 称为 $f(t)$ 的**增长指数**),则 $f(t)$ 的拉普拉斯变换

$$F(s) = \int_0^{+\infty} f(t) e^{-st} dt$$

在半平面 $\mathrm{Re}(s) > c$ 上一定存在,并且在 $\mathrm{Re}(s) > c$ 的半平面内,$F(s)$ 是**解析函数**.

　　证 (只证明存在性)取 $s = \beta + \mathrm{i}\omega$,则 $|e^{-st}| = e^{-\beta t}$,由条件(2)可得

$$|F(s)| = \left| \int_0^{+\infty} f(t) e^{-st} dt \right| \leqslant M \int_0^{+\infty} e^{-(\beta - c)t} dt,$$

又由 $\mathrm{Re}(s) = \beta > c$,即 $\beta - c > 0$,可知上式右端积分收敛,因此 $F(s)$ 在半平面 $\mathrm{Re}(s) > c$ 上存在.

　　定理 8.1 中所给出的条件,只是拉普拉斯变换存在的一个**充分条件**,而不是必要条件. 定理 8.1 表明,一个函数即使它的绝对值随着 t 的增大而增大,但只要不比某个指数函数增长得快,则它的拉普拉斯变换就存在.

8.2　拉普拉斯变换的性质

8.2.1　基本性质

　　前面介绍了拉普拉斯变换的概念和存在的条件,下面介绍拉普拉斯变换的基本性质,利用这些性质,可以更方便在应用时使用拉普拉斯变换.为了叙述方便,在下面的性质中,凡是要求拉普拉斯变换的函数都满足拉普拉斯变换存在定理中的条件,并且把这些函数的增长指数都统一地取为 c.

1. 线性性质

设 α, β 为常数,且 $\mathscr{L}[f(t)] = F(s)$,$\mathscr{L}[g(t)] = G(s)$,则有

$$\mathscr{L}[\alpha f(t) + \beta g(t)] = \alpha F(s) + \beta G(s), \tag{8.4}$$

$$\mathscr{L}^{-1}[\alpha F(s) + \beta G(s)] = \alpha f(t) + \beta g(t). \tag{8.5}$$

这个性质表明函数线性组合的拉普拉斯变换等于各函数拉普拉斯变换的线性组合.

　　例 8.4　求 $\sin \omega t$ 的拉普拉斯变换.

　　解　由 $\sin \omega t = \dfrac{1}{2\mathrm{i}}(e^{\mathrm{i}\omega t} - e^{-\mathrm{i}\omega t})$ 及 $\mathscr{L}[e^{\mathrm{i}\omega t}] = \dfrac{1}{s - \mathrm{i}\omega}$,可得

$$\mathscr{L}[\sin \omega t] = \frac{1}{2\mathrm{i}}(\mathscr{L}[e^{\mathrm{i}\omega t}] - \mathscr{L}[e^{-\mathrm{i}\omega t}])$$

$$= \frac{1}{2\mathrm{i}}\left(\frac{1}{s - \mathrm{i}\omega} - \frac{1}{s + \mathrm{i}\omega} \right)$$

$$= \frac{\omega}{s^2 + \omega^2}.$$

同理可得 $\mathscr{L}[\cos \omega t] = \dfrac{s}{s^2+\omega^2}$.

例 8.5　已知 $F(s) = \dfrac{1}{s^2+3s+2}$，求 $\mathscr{L}^{-1}[F(s)]$.

解　由 $F(s) = \dfrac{1}{s^2+3s+2} = \dfrac{1}{s+1} - \dfrac{1}{s+2}$ 及 $\mathscr{L}[e^{\alpha t}] = \dfrac{1}{s-\alpha}$，可得

$$\mathscr{L}^{-1}[F(s)] = \mathscr{L}^{-1}\left[\frac{1}{s+1}\right] - \mathscr{L}^{-1}\left[\frac{1}{s+2}\right]$$
$$= e^{-t} - e^{-2t}.$$

2. 微分性质

（1）像原函数的微分性质

设 $\mathscr{L}[f(t)] = F(s)$，则有
$$\mathscr{L}[f'(t)] = sF(s) - f(0), \tag{8.6}$$
更一般地，有
$$\mathscr{L}[f^{(n)}(t)] = s^n F(s) - s^{n-1}f(0) - s^{n-2}f'(0) - \cdots - f^{(n-1)}(0), \tag{8.7}$$
其中 $f^{(k)}(0) = \lim\limits_{t\to 0^+} f^{(k)}(t)$，$k = 1, 2, \cdots, n-1$.

特别，当初值 $f(0) = f'(0) = \cdots = f^{(n-1)}(0) = 0$ 时，有
$$\mathscr{L}[f'(t)] = sF(s),\ \mathscr{L}[f''(t)] = s^2 F(s),\ \cdots,\ \mathscr{L}[f^{(n)}(t)] = s^n F(s).$$

证　根据拉普拉斯变换定义，有
$$\mathscr{L}[f'(t)] = \int_0^{+\infty} f'(t)e^{-st}dt,$$
对右端积分利用分部积分法，可得
$$\int_0^{+\infty} f'(t)e^{-st}dt = f(t)e^{-st}\Big|_0^{+\infty} + s\int_0^{+\infty} f(t)e^{-st}dt,$$
由于 $|f(t)e^{-st}| \leqslant Me^{-(\beta-c)t}$，$\mathrm{Re}(s) = \beta > c$，故 $\lim\limits_{t\to +\infty} f(t)e^{-st} = 0$，因此
$$\mathscr{L}[f'(t)] = sF(s) - f(0).$$
再利用数学归纳法，可得
$$\mathscr{L}[f^{(n)}(t)] = s^n F(s) - s^{n-1}f(0) - s^{n-2}f'(0) - \cdots - f^{(n-1)}(0).$$

例 8.6　利用微分性质求 $f(t) = \sin \omega t$ 的拉普拉斯变换.

解　由于 $f(0) = 0$，$f'(0) = \omega$，$f''(t) = -\omega^2 \sin \omega t$，则
$$\mathscr{L}[-\omega^2 \sin \omega t] = \mathscr{L}[f''(t)] = s^2 F(s) - sf(0) - f'(0),$$
即 $-\omega^2 \mathscr{L}[\sin \omega t] = s^2 \mathscr{L}[\sin \omega t] - \omega$，移项化简，得

$$\mathscr{L}[\sin \omega t] = \frac{\omega}{s^2+\omega^2}.$$

同理可得　　　$\mathscr{L}[\cos \omega t] = \dfrac{s}{s^2+\omega^2}$.

（2）像函数的微分性质

设 $\mathscr{L}[f(t)] = F(s)$，则有
$$F'(s) = \mathscr{L}[-tf(t)] = -\mathscr{L}[tf(t)], \tag{8.8}$$
更一般地，有

$$F^{(n)}(s) = \mathscr{L}\left[(-t)^n f(t)\right] = (-1)^n \mathscr{L}\left[t^n f(t)\right]. \qquad (8.9)$$

证　由 $F(s) = \int_0^{+\infty} f(t) e^{-st} dt$ 可得

$$
\begin{aligned}
F'(s) &= \frac{d}{ds}\int_0^{+\infty} f(t) e^{-st} dt \\
&= \int_0^{+\infty} \frac{\partial}{\partial s}\left[f(t) e^{-st}\right] dt \\
&= -\int_0^{+\infty} t f(t) e^{-st} dt \\
&= -\mathscr{L}\left[t f(t)\right].
\end{aligned}
$$

对 $F'(s)$ 用同样步骤,反复进行可得式(8.9).

例 8.7　求函数 $f(t) = t^2 \sin \omega t$ 的拉普拉斯变换.

解　因为 $\mathscr{L}\left[\sin \omega t\right] = \dfrac{\omega}{s^2 + \omega^2}$,由式(8.9)可得

$$
\begin{aligned}
\mathscr{L}\left[t^2 \sin \omega t\right] &= \mathscr{L}\left[(-t)^2 \sin \omega t\right] \\
&= \left(\frac{\omega}{s^2 + \omega^2}\right)'' \\
&= \frac{2\omega(3s^2 - \omega^2)}{(s^2 + \omega^2)^3}.
\end{aligned}
$$

3. 积分性质

（1）像原函数的积分性质

设 $\mathscr{L}\left[f(t)\right] = F(s)$,则有

$$\mathscr{L}\left[\int_0^t f(t) dt\right] = \frac{1}{s} F(s). \qquad (8.10)$$

更一般地,有

$$\mathscr{L}\left[\underbrace{\int_0^t dt \int_0^t dt \cdots \int_0^t f(t) dt}_{n次积分}\right] = \frac{1}{s^n} F(s). \qquad (8.11)$$

证　设 $g(t) = \int_0^t f(t) dt$,则有 $g'(t) = f(t)$ 且 $g(0) = 0$,由像函数的微分性质

$$\mathscr{L}\left[g'(t)\right] = s\mathscr{L}\left[g(t)\right] - g(0),$$

即

$$\mathscr{L}\left[g(t)\right] = \frac{1}{s}\mathscr{L}\left[g'(t)\right] = \frac{1}{s}\mathscr{L}\left[f(t)\right] = \frac{1}{s} F(s),$$

所以

$$\mathscr{L}\left[\int_0^t f(t) dt\right] = \frac{1}{s} F(s).$$

（2）像函数的积分性质

设 $\mathscr{L}\left[f(t)\right] = F(s)$,若 $\int_s^{\infty} F(s) ds$ 收敛,则有

$$\int_s^{\infty} F(s) ds = \mathscr{L}\left[\frac{f(t)}{t}\right], \qquad (8.12)$$

更一般地,有

$$\underbrace{\int_s^\infty \mathrm{d}s \int_s^\infty \mathrm{d}s \cdots \int_s^\infty F(s)\,\mathrm{d}s}_{n次积分} = \mathscr{L}\left[\frac{f(t)}{t^n}\right]. \qquad (8.13)$$

证　由于

$$\int_s^\infty F(s)\,\mathrm{d}s = \int_s^\infty \left[\int_0^{+\infty} f(t)\mathrm{e}^{-st}\mathrm{d}t\right]\mathrm{d}s = \int_0^{+\infty} f(t)\left(\int_s^\infty \mathrm{e}^{-st}\mathrm{d}s\right)\mathrm{d}t$$

$$= \int_0^{+\infty} f(t)\left[\left(-\frac{1}{t}\mathrm{e}^{-st}\right)\Big|_s^\infty\right]\mathrm{d}t = \int_0^{+\infty} \frac{f(t)}{t}\mathrm{e}^{-st}\mathrm{d}t$$

$$= \mathscr{L}\left[\frac{f(t)}{t}\right],$$

反复进行上述运算可得

$$\underbrace{\int_s^\infty \mathrm{d}s \int_s^\infty \mathrm{d}s \cdots \int_s^\infty F(s)\,\mathrm{d}s}_{n次积分} = \mathscr{L}\left[\frac{f(t)}{t^n}\right].$$

例 8.8　求函数 $f(t) = \dfrac{\sin t}{t}$ 的拉普拉斯变换.

解　由于 $\mathscr{L}[\sin t] = \dfrac{1}{1+s^2}$ 及 $\displaystyle\int_s^\infty F(s)\,\mathrm{d}s = \mathscr{L}\left[\dfrac{f(t)}{t}\right]$,

$$\mathscr{L}\left[\frac{\sin t}{t}\right] = \int_s^{+\infty} \frac{1}{1+s^2}\mathrm{d}s = \mathrm{arccot}\,s,$$

即

$$\int_0^{+\infty} \frac{\sin t}{t}\mathrm{e}^{-st}\mathrm{d}t = \mathrm{arccot}\,s.$$

在上式中,如果令 $s=0$ 有

$$\int_0^{+\infty} \frac{\sin t}{t}\mathrm{d}t = \frac{\pi}{2}.$$

通过上面的例子可以得到一种启示,即在拉普拉斯变换及其一些性质中取 s 为某些特定值,就可以用来求一些函数的广义积分.

例如,取 $s=0$,则有

$$\int_0^{+\infty} f(t)\,\mathrm{d}t = F(0), \qquad (8.14)$$

$$\int_0^{+\infty} t f(t)\,\mathrm{d}t = -F'(0), \qquad (8.15)$$

$$\int_0^{+\infty} \frac{f(t)}{t}\mathrm{d}t = \int_0^{+\infty} F(s)\,\mathrm{d}s. \qquad (8.16)$$

使用这些公式时必须谨慎,必要时需要考察一下广义积分的存在性.

例 8.9　计算下列积分

$$(1)\ \int_0^{+\infty} \mathrm{e}^{-3t}\cos 2t\,\mathrm{d}t; \qquad (2)\ \int_0^{+\infty} \frac{1-\cos t}{t}\mathrm{e}^{-t}\mathrm{d}t.$$

解　(1) 由 $\mathscr{L}[\cos 2t] = \dfrac{s}{s^2+4}$,有

$$\int_0^{+\infty} e^{-3t} \cos 2t \mathrm{d}t = \frac{s}{s^2+4}\bigg|_{s=3} = \frac{3}{13}.$$

(2) 由 $\int_s^{\infty} F(s) \mathrm{d}s = \mathscr{L}\left[\frac{f(t)}{t}\right]$，有

$$\mathscr{L}\left[\frac{1-\cos t}{t}\right] = \int_s^{+\infty} \mathscr{L}[1-\cos t] \mathrm{d}s = \int_s^{+\infty} \frac{1}{s(s^2+1)} \mathrm{d}s$$

$$= \frac{1}{2} \ln \frac{s^2}{s^2+1}\bigg|_s^{+\infty} = \frac{1}{2} \ln \frac{s^2+1}{s^2},$$

$$\int_0^{+\infty} \frac{1-\cos t}{t} e^{-st} \mathrm{d}t = \frac{1}{2} \ln \frac{s^2+1}{s^2},$$

令 $s=1$ 得

$$\int_0^{+\infty} \frac{1-\cos t}{t} e^{-t} \mathrm{d}t = \frac{1}{2} \ln 2.$$

4. 位移性质

设 $\mathscr{L}[f(t)] = F(s)$，则有

$$\mathscr{L}[e^{\alpha t} f(t)] = F(s-\alpha) \text{（其中，} \alpha \text{ 为一复常数）}. \qquad (8.17)$$

证　由拉普拉斯变换定义可得

$$\mathscr{L}[e^{\alpha t} f(t)] = \int_0^{+\infty} e^{\alpha t} f(t) e^{-st} \mathrm{d}t$$

$$= \int_0^{+\infty} f(t) e^{-(s-\alpha)t} \mathrm{d}t$$

$$= F(s-\alpha).$$

5. 延迟性质

设 $\mathscr{L}[f(t)] = F(s)$，当 $t<0$ 时，$f(t) = 0$，则对任一非负实数 τ，有

$$\mathscr{L}[f(t-\tau)] = e^{-s\tau} F(s). \qquad (8.18)$$

证　由拉普拉斯变换的定义可得

$$\mathscr{L}[f(t-\tau)] = \int_0^{+\infty} f(t-\tau) e^{-st} \mathrm{d}t = \int_\tau^{+\infty} f(t-\tau) e^{-st} \mathrm{d}t,$$

令 $t_1 = t-\tau$，则

$$\mathscr{L}[f(t-\tau)] = \int_0^{+\infty} f(t_1) e^{-s(t_1+\tau)} \mathrm{d}t_1 = e^{-s\tau} F(s).$$

例 8.10　设 $f(t) = \cos t$，求 $\mathscr{L}[\cos(t+\pi)]$.

解　由于 $\mathscr{L}[\cos t] = \dfrac{s}{s^2+1}$，由式(8.18)可得

$$\mathscr{L}[\cos(t+\pi)] = e^{\pi s} \mathscr{L}[\cos t] = \frac{s e^{\pi s}}{s^2+1}.$$

拉普拉斯变换的
性质及卷积定理

8.2.2　卷积定理

1. 卷积

设 $f_1(t)$ 与 $f_2(t)$ 都满足当 $t<0$ 时，$f_1(t) = f_2(t) = 0$，则含参变量 t

的积分

$$\int_0^t f_1(\tau) f_2(t-\tau)\mathrm{d}\tau \tag{8.19}$$

是 t 的函数,称它为 $f_1(t)$ 与 $f_2(t)$ 的**卷积**,记作 $f_1(t) * f_2(t)$.

这个定义与第 7 章中卷积的定义是一致的,在第 7 章中,$f_1(t)$ 与 $f_2(t)$ 的卷积是指

$$f_1(t) * f_2(t) = \int_{-\infty}^{+\infty} f_1(\tau) f_2(t-\tau)\mathrm{d}\tau.$$

如果 $f_1(t)$ 与 $f_2(t)$ 都满足当 $t<0$ 时,$f_1(t) = f_2(t) = 0$,则上式可表示为

$$\begin{aligned}
f_1(t) * f_2(t) &= \int_{-\infty}^{0} f_1(\tau) f_2(t-\tau)\mathrm{d}\tau + \int_{0}^{t} f_1(\tau) f_2(t-\tau)\mathrm{d}\tau + \\
&\quad \int_{t}^{+\infty} f_1(\tau) f_2(t-\tau)\mathrm{d}\tau \\
&= \int_{0}^{t} f_1(\tau) f_2(t-\tau)\mathrm{d}\tau.
\end{aligned}$$

今后在没有特殊说明的情况下,都假定这些进行卷积运算的函数在 $t<0$ 时恒为零,它们的卷积都用式(8.19)进行计算.

利用上面卷积的定义可以证明卷积满足性质:

(1) **交换律**　$f_1(t) * f_2(t) = f_2(t) * f_1(t)$;

(2) **结合律**　$f_1(t) * [f_2(t) * f_3(t)] = [f_1(t) * f_2(t)] * f_3(t)$;

(3) **分配律**　$f_1(t) * [f_2(t) + f_3(t)] = f_1(t) * f_2(t) + f_1(t) * f_3(t)$.

例 8.11　求函数 $f_1(t) = t$ 与 $f_2(t) = \cos t$ 的卷积.

解
$$\begin{aligned}
f_1(t) * f_2(t) &= \int_0^t \tau \cos(t-\tau)\mathrm{d}\tau \\
&= -\tau \sin(t-\tau) \Big|_0^t + \int_0^t \sin(t-\tau)\mathrm{d}\tau \\
&= 1 - \cos t.
\end{aligned}$$

2. 卷积定理

定理 8.2(卷积定理)　设 $f_1(t)$ 与 $f_2(t)$ 都满足拉普拉斯变换存在定理中的条件,且 $\mathscr{L}[f_1(t)] = F_1(s)$,$\mathscr{L}[f_2(t)] = F_2(s)$,则有

$$\mathscr{L}[f_1(t) * f_2(t)] = F_1(s) \cdot F_2(s),$$

或

$$\mathscr{L}^{-1}[F_1(s) \cdot F_2(s)] = f_1(t) * f_2(t).$$

证　容易验证 $f_1(t) * f_2(t)$ 都满足拉普拉斯变换存在定理中的条件,它的拉普拉斯变换为

$$\begin{aligned}
\mathscr{L}[f_1(t) * f_2(t)] &= \int_0^{+\infty} [f_1(t) * f_2(t)] \mathrm{e}^{-st}\mathrm{d}t \\
&= \int_0^{+\infty} \left[\int_0^t f_1(\tau) f_2(t-\tau)\mathrm{d}\tau\right] \mathrm{e}^{-st}\mathrm{d}t,
\end{aligned}$$

上式积分区域如图 8-1 所示,由于二重积分绝对可积,所以可以交换积分次序,即

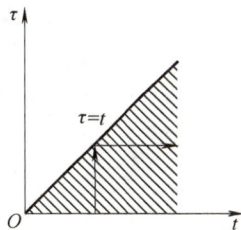

图 8-1

$$\mathscr{L}\left[f_1(t) * f_2(t)\right] = \int_0^{+\infty} f_1(\tau)\left[\int_\tau^{+\infty} f_2(t-\tau)\mathrm{e}^{-st}\mathrm{d}t\right]\mathrm{d}\tau,$$

在内层积分中,令 $t-\tau=u$,则有

$$\int_\tau^{+\infty} f_2(t-\tau)\mathrm{e}^{-st}\mathrm{d}t = \int_0^{+\infty} f_2(u)\mathrm{e}^{-s(u+\tau)}\mathrm{d}u = \mathrm{e}^{-s\tau}F_2(s),$$

所以

$$\mathscr{L}\left[f_1(t) * f_2(t)\right] = \int_0^{+\infty} f_1(\tau)\mathrm{e}^{-s\tau}F_2(s)\mathrm{d}\tau$$

$$= F_2(s)\int_0^{+\infty} f_1(\tau)\mathrm{e}^{-s\tau}\mathrm{d}\tau$$

$$= F_2(s) \cdot F_1(s).$$

卷积定理表明两个函数卷积的拉普拉斯变换等于这两个函数拉普拉斯变换的乘积.

两个函数的卷积定理可以推广到 n 个函数的情况,若 $f_k(t)$,$k=1,2,\cdots,n$,满足拉普拉斯变换存在定理中的条件,且 $\mathscr{L}\left[f_k(t)\right]=F_k(s)$,$k=1,2,\cdots,n$,则

$$\mathscr{L}\left[f_1(t) * f_2(t) * \cdots * f_n(t)\right] = F_1(s) \cdot F_2(s) \cdot \cdots \cdot F_n(s).$$

例 8.12   已知 $F(s) = \dfrac{1}{(s-2)(s-1)^2}$,求 $f(t) = \mathscr{L}^{-1}\left[F(s)\right]$.

解   由于 $$F(s) = \frac{1}{s-2}\frac{1}{(s-1)^2},$$

$$\mathscr{L}^{-1}\left[\frac{1}{s-2}\right] = \mathrm{e}^{2t}, \ \mathscr{L}^{-1}\left[\frac{1}{(s-1)^2}\right] = t\mathrm{e}^t,$$

$$f(t) = \mathrm{e}^{2t} * t\mathrm{e}^t = \int_0^t \tau\mathrm{e}^\tau \mathrm{e}^{2(t-\tau)}\mathrm{d}\tau = \mathrm{e}^{2t}\int_0^t \tau\mathrm{e}^{-\tau}\mathrm{d}\tau = \mathrm{e}^{2t} - \mathrm{e}^t - t\mathrm{e}^t.$$

例 8.13   设 $\mathscr{L}\left[f(t)\right]=F(s)$,利用卷积定理证明:

$$\mathscr{L}\left[\int_0^t f(t)\mathrm{d}t\right] = \frac{1}{s}F(s).$$

解   设 $f_1(t)=f(t)$,$f_2(t)=1$,则

$$\mathscr{L}\left[1\right] = \frac{1}{s}, \ \mathscr{L}\left[f(t)\right] = F(s),$$

有

$$\mathscr{L}\left[f_1(t) * f_2(t)\right] = \mathscr{L}\left[\int_0^t f(\tau)\mathrm{d}\tau\right] = \frac{1}{s}F(s).$$

8.3   拉普拉斯逆变换

8.3.1   拉普拉斯反演积分公式

拉普拉斯变换的
逆变换与应用

前面讨论了由已知函数 $f(t)$ 求它的像函数 $F(s)$,但运用拉普拉斯变换求解具体问题时,常会碰到与此相反的问题,当函数 $f(t)$

的像函数 $F(s)$ 已知时,可得像原函数

$$f(t) = \frac{1}{2\pi\mathrm{i}}\int_{\beta-\mathrm{i}\infty}^{\beta+\mathrm{i}\infty} F(s)\mathrm{e}^{st}\mathrm{d}s \quad (t>0). \tag{8.20}$$

这就是由像函数 $F(s)$ 求像原函数 $f(t)$ 的一般公式,称为**反演积分公式**,右端积分是沿直线 $\mathrm{Re}(s)=\beta$ 的复积分,计算复变函数的积分通常比较困难,由于 $F(s)$ 是 s 的解析函数,因此可以利用解析函数求积分的一些方法求出 $f(t)$,下面讨论这个问题.

8.3.2 拉普拉斯逆变换定理

定理 8.3 设 $s_1, s_2, \cdots, s_n$ 是函数 $F(s)$ 的所有孤立奇点(适当选取 c,使得这些奇点全在 $\mathrm{Re}(s) \leqslant c$ 的范围内),且当 $s \to \infty$ 时,$F(s) \to 0$,则有

$$\frac{1}{2\pi\mathrm{i}}\int_{\beta-\mathrm{i}\infty}^{\beta+\mathrm{i}\infty} F(s)\mathrm{e}^{st}\mathrm{d}s = \sum_{k=1}^{n} \mathrm{Res}\left[F(s)\mathrm{e}^{st}, s_k\right],$$

即

$$f(t) = \sum_{k=1}^{n} \mathrm{Res}\left[F(s)\mathrm{e}^{st}, s_k\right] \quad (t>0). \tag{8.21}$$

证 如图 8-2 所示,闭曲线 $C=L+C_R$,L 在平面 $\mathrm{Re}(s)>c$ 内,C_R 是半径为 R 的半圆弧,当 R 充分大时,可使 $s_1, s_2, \cdots, s_n$ 都在 C 内,由于 $F(s)\mathrm{e}^{st}$ 除孤立奇点 $s_1, s_2, \cdots, s_n$ 外是解析的,由留数定理有

$$\oint_c F(s)\mathrm{e}^{st}\mathrm{d}s = 2\pi\mathrm{i}\sum_{k=1}^{n} \mathrm{Res}\left[F(s)\mathrm{e}^{st}, s_k\right],$$

即

$$\frac{1}{2\pi\mathrm{i}}\left[\int_{\beta-\mathrm{i}R}^{\beta+\mathrm{i}R} F(s)\mathrm{e}^{st}\mathrm{d}s + \int_{C_R} F(s)\mathrm{e}^{st}\mathrm{d}s\right] = \sum_{k=1}^{n} \mathrm{Res}\left[F(s)\mathrm{e}^{st}, s_k\right],$$

根据若尔当引理,当 $t>0$ 时,

$$\lim_{R\to\infty}\int_{C_R} F(s)\mathrm{e}^{st}\mathrm{d}s = 0,$$

因此

$$\frac{1}{2\pi\mathrm{i}}\int_{\beta-\mathrm{i}\infty}^{\beta+\mathrm{i}\infty} F(s)\mathrm{e}^{st}\mathrm{d}s = \sum_{k=1}^{n} \mathrm{Res}\left[F(s)\mathrm{e}^{st}, s_k\right],$$

即

$$f(t) = \sum_{k=1}^{n} \mathrm{Res}\left[F(s)\mathrm{e}^{st}, s_k\right] \quad (t>0).$$

设 $F(s) = \dfrac{A(s)}{B(s)}$ 为**有理分式函数**,其中 $A(s)$ 和 $B(s)$ 都是 s 的**不可约的多项式**,$B(s)$ 的次数为 n,且 $B(s)$ 的次数高于 $A(s)$ 的次数,$F(s)$ 满足上述定理,因此式(8.21)成立,这时分为两种情况进行讨论:

(1) 若 $B(s)$ 的零点 $s_1, s_2, \cdots, s_n$ 都是一级零点,则这些零点都是 $F(s)$ 的一级极点,由留数的计算法则可得

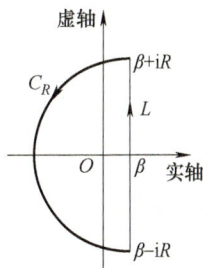

图 8-2

$$\mathrm{Res}\big[F(s)\mathrm{e}^{st},s_k\big]=\lim_{s\to s_k}(s-s_k)\frac{A(s)}{B(s)}\mathrm{e}^{st}=\frac{A(s_k)}{B'(s_k)}\mathrm{e}^{s_k t},k=1,2,\cdots,n.$$

由式(8.21)可得

$$f(t)=\sum_{k=1}^{n}\frac{A(s_k)}{B'(s_k)}\mathrm{e}^{s_k t},\ (t>0).\tag{8.22}$$

(2) 若 $B(s)$ 有 $n-r$ 个一级零点,一个 r 级零点 s^*,则 $s_1,s_2,\cdots,$ s_{n-r} 是 $F(s)$ 的一级极点,s^* 是 $F(s)$ 的 r 级极点,由留数的计算法则可得

$$\mathrm{Res}\big[F(s)\mathrm{e}^{st},s^*\big]=\frac{1}{(r-1)!}\lim_{s\to s^*}\frac{\mathrm{d}^{r-1}}{\mathrm{d}s^{r-1}}\Big[(s-s^*)^r\frac{A(s)}{B(s)}\mathrm{e}^{st}\Big],$$

由式(8.21)可得

$$f(t)=\sum_{k=1}^{n-r}\lim_{s\to s_k}(s-s_k)\frac{A(s)}{B(s)}\mathrm{e}^{st}+$$
$$\frac{1}{(r-1)!}\lim_{s\to s^*}\frac{\mathrm{d}^{r-1}}{\mathrm{d}s^{r-1}}\Big[(s-s^*)^r\frac{A(s)}{B(s)}\mathrm{e}^{st}\Big].\tag{8.23}$$

例 8.14 求 $F(s)=\dfrac{1}{s^2+3s+2}$ 的拉普拉斯逆变换.

解 由于 $s_1=-1,s_2=-2$ 为 $F(s)$ 的两个一级极点,应用定理 8.3 可得

$$f(t)=\mathrm{Res}\big[F(s)\mathrm{e}^{st},-1\big]+\mathrm{Res}\big[F(s)\mathrm{e}^{st},-2\big]$$
$$=\lim_{s\to-1}\frac{\mathrm{e}^{st}}{s+2}+\lim_{s\to-2}\frac{\mathrm{e}^{st}}{s+1}$$
$$=\mathrm{e}^{-t}-\mathrm{e}^{-2t}.$$

例 8.15 已知 $F(s)=\dfrac{4}{s^2(s+2)}$,求 $f(t)=\mathscr{L}^{-1}[F(s)]$.

解 方法 1 利用部分分式求解

$$F(s)=\frac{2}{s^2}-\frac{1}{s}+\frac{1}{s+2},$$

由于 $\mathscr{L}^{-1}\Big[\dfrac{1}{s^2}\Big]=t,\mathscr{L}^{-1}\Big[\dfrac{1}{s}\Big]=1,\mathscr{L}^{-1}\Big[\dfrac{1}{s+2}\Big]=\mathrm{e}^{-2t}$,

故

$$f(t)=2t+\mathrm{e}^{-2t}-1.$$

方法 2 利用卷积求解

设 $F_1(s)=\dfrac{4}{s^2},F_2(s)=\dfrac{1}{s+2}$,则

$$F(s)=F_1(s)\cdot F_2(s),$$
$$\mathscr{L}^{-1}[F_1(s)]=4t,\ \mathscr{L}^{-1}[F_2(s)]=\mathrm{e}^{-2t},$$
$$f(t)=4t*\mathrm{e}^{-2t}$$
$$=\int_0^t 4\tau\cdot\mathrm{e}^{-2(t-\tau)}\mathrm{d}\tau$$

$$= 4e^{-2t} \int_0^t \tau e^{2\tau} \mathrm{d}\tau$$

$$= 2t + e^{-2t} - 1.$$

方法 3　利用留数求解

由于 $s_1 = 0, s_2 = -2$ 为像函数 $F(s)$ 的二级极点和一级极点,应用定理 8.3,有

$$f(t) = \mathrm{Res}\left[F(s) e^{st}, 0 \right] + \mathrm{Res}\left[F(s) e^{st}, -2 \right]$$

$$= \lim_{s \to 0} \frac{\mathrm{d}}{\mathrm{d}s}\left(\frac{4e^{st}}{s+2} \right) + \lim_{s \to -2} \frac{4e^{st}}{s^2}$$

$$= 2t + e^{-2t} - 1.$$

8.4　拉普拉斯变换的应用

8.4.1　求解常微分方程

许多工程实际问题都可以归结为微分方程的初值问题,而拉普拉斯变换对于求解微分方程非常有效,下面主要介绍利用拉普拉斯变换求解微分方程或微分方程组的方法,该方法步骤一般有两步:

第一步:对方程两边取拉普拉斯变换,将关于未知函数的微分方程化为关于像函数的代数方程;

第二步:由代数方程求出像函数,再取拉普拉斯逆变换,就得到原微分方程的解.下面来看一个求常微分方程的初值问题的例子.

例 8.16　求常微分方程的初值问题

$$\begin{cases} y'' + 4y' + 3y = e^{-t}, \\ y(0) = y'(0) = 1 \end{cases}$$

的解.

解　设 $Y(s) = \mathscr{L}\left[y(t) \right]$,对方程两边取拉普拉斯变换,并应用初始条件得

$$s^2 Y(s) - s - 1 + 4(sY(s) - 1) + 3Y(s) = \frac{1}{s+1},$$

解得

$$Y(s) = \frac{s^2 + 6s + 6}{(s+1)^2(s+3)},$$

求 $Y(s)$ 的拉普拉斯逆变换,得微分方程的解为

$$y(t) = \frac{7}{4}e^{-t} + \frac{1}{2}te^{-t} - \frac{3}{4}e^{-3t}.$$

例 8.17　求常微分方程组

$$\begin{cases} x''(t) + y''(t) + x(t) + y(t) = 0, \\ 2x'(t) - y''(t) - x(t) + y(t) = \sin t, \end{cases}$$

满足初始条件 $x(0)=y(0)=0, x'(0)=y'(0)=-1$ 的解.

　　解　设 $X(s)=\mathscr{L}[x(t)], Y(s)=\mathscr{L}[y(t)]$,对方程两边取拉普拉斯变换,并应用初始条件得

$$\begin{cases} s^2X(s)+1+s^2Y(s)+1+X(s)+Y(s)=0, \\ 2s^2X(s)+2-s^2Y(s)-1-X(s)+Y(s)=\dfrac{1}{s^2+1}, \end{cases}$$

解出 $X(s)$ 和 $Y(s)$ 得

$$X(s)=Y(s)=-\frac{1}{s^2+1},$$

取拉普拉斯逆变换,得原方程组的解为

$$x(t)=y(t)=-\sin t.$$

8.4.2　综合应用举例

　　例 8.18　质量为 m 的物体挂在弹性系数为 k 的弹簧一端,如图 8-3 所示,作用在物体上的外力为 $f(t)$,若物体自静止平衡位置 $x=0$ 处开始运动,求该物体的运动规律 $x(t)$.

　　解　根据牛顿定律,有

$$mx''(t)=f(t)-kx,$$

其中 $-kx$ 由胡克定律所得,是使物体回到平衡位置的弹簧的恢复力. 所以物体运动的微分方程初值问题为

$$\begin{cases} mx''(t)=f(t)-kx, \\ x(0)=x'(0)=0, \end{cases}$$

设 $\mathscr{L}[x(t)]=X(s), \mathscr{L}[f(t)]=F(s)$,对方程两边取拉普拉斯变换并考虑初始条件,可得

$$ms^2X(s)+kX(s)=F(s),$$

记 $\omega_0^2=\dfrac{k}{m}$,则

$$X(s)=\frac{1}{m}\frac{1}{s^2+\omega_0^2}F(s),$$

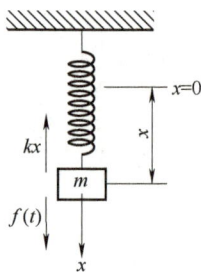

图 8-3

因为 $\mathscr{L}\left[\dfrac{\sin\omega_0 t}{\omega_0}\right]=\dfrac{1}{s^2+\omega_0^2}$,求 $X(s)$ 的拉普拉斯逆变换,并应用卷积定理可得

$$x(t)=\frac{1}{m}\frac{\sin\omega_0 t}{\omega_0}*f(t)=\frac{1}{m\omega_0}\int_0^t f(\tau)\sin\omega_0(t-\tau)\mathrm{d}\tau.$$

　　(1) 当物体在 $t=0$ 时所受冲击力为 $f(t)=A\delta(t)$,其中 A 为常数,此时

$$\mathscr{L}[f(t)]=A\mathscr{L}[\delta(t)]=A,$$

所以

$$X(s) = \frac{A}{m}\frac{1}{s^2 + \omega_0^2},$$

求 $X(s)$ 的拉普拉斯逆变换可得

$$x(t) = \mathcal{L}^{-1}[X(s)] = \frac{A}{m\omega_0}\sin\,\omega_0 t.$$

可见,在冲击力作用下,运动为一正弦振动,振幅为 $\dfrac{A}{m\omega_0}$,角频率为 ω_0,称 ω_0 为该系统的自然频率(或称为固有频率).

(2) 当物体所受作用力为 $f(t) = A\sin\,\omega t(A$ 为常数)时,

$$\mathcal{L}[f(t)] = \frac{A\omega}{s^2 + \omega^2},$$

所以

$$\begin{aligned}X(s) &= \frac{1}{m}\frac{1}{s^2 + \omega_0^2}\frac{A\omega}{s^2 + \omega^2}\\ &= \frac{A\omega}{m}\frac{1}{\omega^2 - \omega_0^2}\left(\frac{1}{s^2 + \omega_0^2} - \frac{1}{s^2 + \omega^2}\right),\end{aligned}$$

求 $X(s)$ 的拉普拉斯逆变换可得

$$\begin{aligned}x(t) = \mathcal{L}^{-1}[X(s)] &= \frac{A\omega}{m(\omega^2 - \omega_0^2)}\left(\frac{\sin\,\omega_0 t}{\omega_0} - \frac{\sin\,\omega t}{\omega}\right)\\ &= \frac{A}{m\omega_0(\omega^2 - \omega_0^2)}(\omega\sin\,\omega_0 t - \omega_0\sin\,\omega t).\end{aligned}$$

这里 ω 为作用力的频率(或称扰动频率).若 $\omega \neq \omega_0$,运动是由两种不同频率的振动复合而成的 . 若 $\omega = \omega_0$(即扰动频率等于自然频率),便产生共振,此时振幅将随时间无限增大.这是理论上的情形,实际上,在振幅相当大时,或者系统已被破坏,或者系统已不再满足原来的微分方程.

例 8.19　求满足积分方程 $f(t) = 2t^2 + \displaystyle\int_0^t f(t - \tau)\mathrm{e}^{-\tau}\mathrm{d}\tau$ 的函数 $f(t)$.

解　方程中的积分是 $f(t)$ 与 e^{-t} 的卷积,可将方程表示为
$$f(t) = 2t^2 + f(t) * \mathrm{e}^{-t},$$
设 $\mathcal{L}[f(t)] = F(s)$,上式两边取拉普拉斯变换可得

$$F(s) = \frac{4}{s^3} + F(s)\frac{1}{s+1},$$

解得

$$F(s) = \frac{4}{s^3} + \frac{4}{s^4},$$

两边取拉普拉斯逆变换可得

$$f(t) = 2t^2 + \frac{2}{3}t^3.$$

第 8 章小结

1. 拉普拉斯变换的概念

（1）**拉普拉斯变换的定义**

设函数 $f(t)$ 是定义在 $[0,+\infty)$ 上的实值函数,如果对于复参数 $s=\beta+\mathrm{i}\omega$,积分

$$F(s)=\int_0^{+\infty}f(t)\,\mathrm{e}^{-st}\mathrm{d}t$$

在复平面 s 的某一区域内收敛,则称 $F(s)$ 为 $f(t)$ 的**拉普拉斯变换**.

（2）**拉普拉斯变换的存在定理**

设函数 $f(t)$ 满足下列条件:

1）在 $t\geqslant0$ 的任何有限区间上分段连续;

2）当 $t\to+\infty$ 时,$f(t)$ 的增长速度不超过某一指数函数,即存在常数 $M>0$ 及 $c\geqslant0$,使得

$$|f(t)|\leqslant M\mathrm{e}^{ct}\quad(0\leqslant t<+\infty)$$

成立(其中 c 称为 $f(t)$ 的**增长指数**),则 $f(t)$ 的拉普拉斯变换

$$F(s)=\int_0^{+\infty}f(t)\,\mathrm{e}^{-st}\mathrm{d}t$$

在半平面 $\mathrm{Re}(s)>c$ 上一定存在,并且在 $\mathrm{Re}(s)>c$ 的半平面内,$F(s)$ 是**解析函数**.

2. 拉普拉斯变换的性质

（1）**线性性质**

设 α,β 为常数,且 $\mathscr{L}[f(t)]=F(s)$,$\mathscr{L}[g(t)]=G(s)$,则有

$$\mathscr{L}[\alpha f(t)+\beta g(t)]=\alpha F(s)+\beta G(s),$$
$$\mathscr{L}^{-1}[\alpha F(s)+\beta G(s)]=\alpha f(t)+\beta g(t).$$

（2）**微分性质**

1）**像原函数的微分性质**

设 $\mathscr{L}[f(t)]=F(s)$,则有

$$\mathscr{L}[f'(t)]=sF(s)-f(0),$$

更一般地,有

$$\mathscr{L}[f^{(n)}(t)]=s^nF(s)-s^{n-1}f(0)-s^{n-2}f'(0)-\cdots-f^{(n-1)}(0),$$

其中 $f^{(k)}(0)=\lim\limits_{t\to0^+}f^{(k)}(t)$.

2）**像函数的微分性质**

设 $\mathscr{L}[f(t)]=F(s)$,则有

$$F'(s)=\mathscr{L}[-tf(t)]=-\mathscr{L}[tf(t)],$$

更一般地,有

$$F^{(n)}(s)=\mathscr{L}[(-t)^nf(t)]=(-1)^n\mathscr{L}[t^nf(t)].$$

（3）积分性质

1）像原函数的积分性质

设 $\mathscr{L}[f(t)] = F(s)$，则有

$$\mathscr{L}\left[\int_0^t f(t)\,\mathrm{d}t\right] = \frac{1}{s}F(s).$$

更一般地，有

$$\underbrace{\mathscr{L}\left[\int_0^t \mathrm{d}t \int_0^t \mathrm{d}t \cdots \int_0^t f(t)\,\mathrm{d}t\right]}_{n\text{次积分}} = \frac{1}{s^n}F(s).$$

2）像函数的积分性质

设 $\mathscr{L}[f(t)] = F(s)$，若 $\int_s^\infty F(s)\,\mathrm{d}s$ 收敛，则有

$$\int_s^\infty F(s)\,\mathrm{d}s = \mathscr{L}\left[\frac{f(t)}{t}\right],$$

更一般地，有

$$\underbrace{\int_s^\infty \mathrm{d}s \int_s^\infty \mathrm{d}s \cdots \int_s^\infty F(s)\,\mathrm{d}s}_{n\text{次积分}} = \mathscr{L}\left[\frac{f(t)}{t^n}\right].$$

（4）**位移性质**

设 $\mathscr{L}[f(t)] = F(s)$，则有

$$\mathscr{L}[\mathrm{e}^{\alpha t}f(t)] = F(s-\alpha) \quad (\alpha \text{ 为一复常数}).$$

（5）**延迟性质**

设 $\mathscr{L}[f(t)] = F(s)$，当 $t<0$ 时，$f(t) = 0$，则对任一非负实数 τ，有

$$\mathscr{L}[f(t-\tau)] = \mathrm{e}^{-s\tau}F(s).$$

（6）**卷积定理**

设 $f_1(t)$ 与 $f_2(t)$ 都满足拉普拉斯变换存在定理中的条件，且 $\mathscr{L}[f_1(t)] = F_1(s)$，$\mathscr{L}[f_2(t)] = F_2(s)$，则有

$$\mathscr{L}[f_1(t) * f_2(t)] = F_1(s) \cdot F_2(s),$$

或

$$\mathscr{L}^{-1}[F_1(s) \cdot F_2(s)] = f_1(t) * f_2(t).$$

3. 拉普拉斯逆变换

拉普拉斯逆变换定理　设 $s_1, s_2, \cdots, s_n$ 是函数 $F(s)$ 的所有孤立奇点（适当选取 c，使这些奇点全在 $\mathrm{Re}(s) \leqslant c$ 的范围内），且当 $s \to \infty$ 时，$F(s) \to 0$，则有

$$\frac{1}{2\pi\mathrm{i}}\int_{\beta-\mathrm{i}\infty}^{\beta+\mathrm{i}\infty} F(s)\mathrm{e}^{st}\,\mathrm{d}s = \sum_{k=1}^n \mathrm{Res}[F(s)\mathrm{e}^{st}, s_k],$$

即

$$f(t) = \sum_{k=1}^n \mathrm{Res}[F(s)\mathrm{e}^{st}, s_k] \quad (t>0).$$

4. 拉普拉斯变换的应用

求解微分方程或微分方程组的方法，方法步骤一般有两步：

第一步:对方程两边取拉普拉斯变换,将关于未知函数的微分方程化为关于像函数的代数方程;

第二步:由代数方程求出像函数,再取拉普拉斯逆变换,就得到原微分方程的解.

第8章习题

1. 求下列函数的拉普拉斯变换.

(1) $f(t) = \cos^2 t$;

(2) $f(t) = \begin{cases} 3, & 0 \leqslant t < \dfrac{\pi}{2}, \\ \cos t, & t \geqslant \dfrac{\pi}{2}; \end{cases}$

(3) $f(t) = \begin{cases} 3, & 0 \leqslant t < 2, \\ -1, & 2 \leqslant t < 4, \\ 0, & t \geqslant 4; \end{cases}$

(4) $f(t) = \sin t \cos t$.

2. 利用拉普拉斯变换的性质,计算 $\mathscr{L}^{-1}[F(s)]$.

(1) $F(s) = \dfrac{1}{s^2 - 2s - 3}$;

(2) $F(s) = \dfrac{s}{(s^2 + a^2)(s^2 + b^2)}$;

(3) $F(s) = \dfrac{2s + 5}{(s + 2)^2 + 3^2}$;

(4) $F(s) = \dfrac{1}{(s^2 + 4s + 13)^2}$;

(5) $F(s) = \dfrac{1}{s^2(s^2 + 1)}$.

3. 利用拉普拉斯变换的性质,计算 $\mathscr{L}[f(t)]$.

(1) $f(t) = \dfrac{\sin kt}{t}$;

(2) $f(t) = t\displaystyle\int_0^t e^{-3t} \sin 2t \, dt$;

(3) $f(t) = \displaystyle\int_0^t \dfrac{e^{-3t} \sin 2t}{t} \, dt$.

4. 计算下列积分的值.

(1) $\displaystyle\int_0^{+\infty} \dfrac{1 - \cos t}{t} e^{-t} \, dt$;

(2) $\displaystyle\int_0^{+\infty} t e^{-3t} \, dt$.

5. 利用拉普拉斯变换的延迟性质,计算

(1) $\mathscr{L}\left[\sin\left(t - \dfrac{\pi}{2}\right)\right]$;

(2) $\mathscr{L}^{-1}\left[\dfrac{1}{s-1} e^{-s}\right]$.

6. 求下列函数在区间 $[0, +\infty)$ 上的卷积.

(1) $t * t$;

(2) $\sin t * \sin t$.

7. 求下列像函数 $F(s)$ 的拉普拉斯逆变换.

（1）$F(s)=\dfrac{1}{s^2+a^2}$；

（2）$F(s)=\dfrac{1}{s^2+2s-3}$；

（3）$F(s)=\dfrac{s}{(s^2+1)(s^2+4)}$.

8. 解下列微分方程.

（1）$y''-2y'+y=\mathrm{e}^t,y(0)=y'(0)=0$；

（2）$y''+3y'+y=3\cos t,y(0)=0,y'(0)=1$；

（3）$y'''+3y''+3y'+y=6\mathrm{e}^{-t},y''(0)=y'(0)=y(0)=0$；

（4）$y'''-3y''+3y'-y=-1,y''(0)=y'(0)=1,y(0)=2$.

9. 解微分方程组.

（1）$\begin{cases} x'(t)+x(t)-y(t)=\mathrm{e}^t,x(0)=1,\\ y'(t)+3x(t)-2y(t)=2\mathrm{e}^t,y(0)=1;\end{cases}$

（2）$\begin{cases} x''-x-2y'=\mathrm{e}^t,x(0)=-\dfrac{3}{2},x'(0)=\dfrac{1}{2},\\ x'-y''-2y=t^2,y(0)=1,y'(0)=-\dfrac{1}{2}.\end{cases}$

10. 求满足积分方程 $f(t)=at-\displaystyle\int_0^t \sin(x-t)f(x)\,\mathrm{d}x(a\neq 0)$ 的函数 $f(t)$.

附录 A　傅里叶变换简表

序号	$f(t)$	$F(\omega)$
1	矩形单脉冲函数 $f(t)=\begin{cases} E, & \|t\|\leqslant\dfrac{\tau}{2}, \\ 0, & 其他 \end{cases}\ (E>0,\tau>0)$	$2E\dfrac{\sin\dfrac{\omega\tau}{2}}{\omega}$
2	指数衰减函数 $f(t)=\begin{cases} 0, & t<0, \\ \mathrm{e}^{-\beta t}, & t\geqslant 0 \end{cases}\ (\beta>0)$	$\dfrac{1}{\beta+\mathrm{i}\omega}$
3	三角形脉冲函数 $f(t)=\begin{cases} \dfrac{2A}{\tau}\left(\dfrac{\tau}{2}+t\right), & -\dfrac{\tau}{2}\leqslant t<0, \\ \dfrac{2A}{\tau}\left(\dfrac{\tau}{2}-t\right), & 0\leqslant t<\dfrac{\tau}{2} \end{cases}\ (E>0,\tau>0)$	$\dfrac{4A}{\tau\omega^2}\left(1-\cos\dfrac{\omega\tau}{2}\right)$
4	钟形脉冲函数 $f(t)=A\mathrm{e}^{-\beta t^2}(A>0,\beta>0)$	$\sqrt{\dfrac{\pi}{\beta}}A\mathrm{e}^{-\frac{\omega^2}{4\beta}}$
5	傅里叶核函数 $f(t)=\dfrac{\sin\omega_0 t}{\pi t}$	$F(\omega)=\begin{cases} 1, & \|\omega\|\leqslant\omega_0, \\ 0, & 其他. \end{cases}$
6	高斯分布函数 $f(t)=\dfrac{1}{\sigma\sqrt{2\pi}}\mathrm{e}^{-\frac{t^2}{2\sigma^2}}(\sigma>0)$	$\mathrm{e}^{-\frac{\sigma^2\omega^2}{2}}$
7	矩形射频脉冲函数 $f(t)=\begin{cases} E\cos\omega_0 t, & \|t\|\leqslant\dfrac{\tau}{2}, \\ 0, & 其他 \end{cases}\ (E>0,\tau>0)$	$\dfrac{E\tau}{2}\left[\dfrac{\sin(\omega-\omega_0)\dfrac{\tau}{2}}{(\omega-\omega_0)\dfrac{\tau}{2}}+\dfrac{\sin(\omega+\omega_0)\dfrac{\tau}{2}}{(\omega+\omega_0)\dfrac{\tau}{2}}\right]$
8	单位脉冲函数 $f(t)=\delta(t)$	1
9	周期性脉冲函数 $f(t)=\displaystyle\sum_{n=-\infty}^{+\infty}\delta(t-nT)$ （$T>0$ 为脉冲函数的周期）	$\dfrac{2\pi}{T}\displaystyle\sum_{n=-\infty}^{+\infty}\delta\left(\omega-\dfrac{2n\pi}{T}\right)$
10	$f(t)=\cos\omega_0 t$	$\pi[\delta(\omega+\omega_0)+\delta(\omega-\omega_0)]$
11	$f(t)=\sin\omega_0 t$	$\pi\mathrm{i}[\delta(\omega+\omega_0)-\delta(\omega-\omega_0)]$
12	$f(t)=u(t)$	$\dfrac{1}{\mathrm{i}\omega}+\pi\delta(\omega)$
13	$u(t-c)$	$\dfrac{1}{\mathrm{i}\omega}\mathrm{e}^{-\mathrm{i}\omega c}+\pi\delta(\omega)$
14	$u(t)t$	$-\dfrac{1}{\omega^2}+\pi\mathrm{i}\delta'(\omega)$

序号	$f(t)$	$F(\omega)$
15	$u(t)t^n$	$\dfrac{n!}{(\mathrm{i}\omega)^{n+1}}+\pi\mathrm{i}^n\delta^{(n)}(\omega)$
16	$u(t)\sin\alpha t$	$\dfrac{\alpha}{\alpha^2-\omega^2}+\dfrac{\pi}{2\mathrm{i}}[\delta(\omega-\omega_0)-\delta(\omega+\omega_0)]$
17	$u(t)\cos\alpha t$	$\dfrac{\mathrm{i}\omega}{\alpha^2-\omega^2}+\dfrac{\pi}{2}[\delta(\omega-\omega_0)+\delta(\omega+\omega_0)]$
18	$u(t)\mathrm{e}^{\mathrm{i}\alpha t}$	$\dfrac{1}{\mathrm{i}(\omega-\alpha)}+\pi\delta(\omega-\alpha)$
19	$u(t-c)\mathrm{e}^{\mathrm{i}\alpha t}$	$\dfrac{1}{\mathrm{i}(\omega-\alpha)}\mathrm{e}^{-\mathrm{i}(\omega-\alpha)c}+\pi\delta(\omega-\alpha)$
20	$u(t)\mathrm{e}^{\mathrm{i}\alpha t}t^n$	$\dfrac{n!}{[\mathrm{i}(\omega-\alpha)]^{n+1}}+\pi\mathrm{i}^n\delta^{(n)}(\omega-\alpha)$
21	$\mathrm{e}^{a\mid t\mid},\mathrm{Re}(a)<0$	$\dfrac{-2a}{\omega^2+a^2}$
22	$\delta(t-c)$	$\mathrm{e}^{-\mathrm{i}\omega c}$
23	$\delta'(t)$	$\mathrm{i}\omega$
24	$\delta^{(n)}(t)$	$(\mathrm{i}\omega)^n$
25	$\delta^{(n)}(t-c)$	$(\mathrm{i}\omega)^n\mathrm{e}^{-\mathrm{i}\omega c}$
26	1	$2\pi\delta(\omega)$
27	t	$2\pi\mathrm{i}\delta'(\omega)$
28	t^n	$2\pi\mathrm{i}^n\delta^{(n)}(\omega)$
29	$\mathrm{e}^{\mathrm{i}\alpha t}$	$2\pi\delta(\omega-\alpha)$
30	$t^n\mathrm{e}^{\mathrm{i}\alpha t}$	$2\pi\mathrm{i}^n\delta^{(n)}(\omega-\alpha)$
31	$\dfrac{1}{a^2+t^2},\mathrm{Re}(a)<0$	$-\dfrac{\pi}{a}\mathrm{e}^{a\mid\omega\mid}$
32	$\dfrac{t}{(a^2+t^2)^2},\mathrm{Re}(a)<0$	$\dfrac{\mathrm{i}\omega\pi}{2a}\mathrm{e}^{a\mid\omega\mid}$
33	$\dfrac{\mathrm{e}^{\mathrm{i}bt}}{a^2+t^2},\mathrm{Re}(a)<0,b$ 为实数	$-\dfrac{\pi}{a}\mathrm{e}^{a\mid\omega-b\mid}$
34	$\dfrac{\cos bt}{a^2+t^2},\mathrm{Re}(a)<0,b$ 为实数	$-\dfrac{\pi}{2a}[\mathrm{e}^{a\mid\omega-b\mid}+\mathrm{e}^{a\mid\omega+b\mid}]$
35	$\dfrac{\sin bt}{a^2+t^2},\mathrm{Re}(a)<0,b$ 为实数	$-\dfrac{\pi}{2a\mathrm{i}}[\mathrm{e}^{a\mid\omega-b\mid}-\mathrm{e}^{a\mid\omega+b\mid}]$
36	$\dfrac{\mathrm{sh}\,at}{\mathrm{sh}\,\pi t},-\pi<a<\pi$	$\dfrac{\sin a}{\mathrm{ch}\,\omega+\cos a}$
37	$\dfrac{\mathrm{sh}\,at}{\mathrm{ch}\,\pi t},-\pi<a<\pi$	$-2\mathrm{i}\dfrac{\sin\dfrac{a}{2}\mathrm{sh}\dfrac{\omega}{2}}{\mathrm{ch}\,\omega+\cos a}$
38	$\dfrac{\mathrm{ch}\,at}{\mathrm{ch}\,\pi t},-\pi<a<\pi$	$2\dfrac{\cos\dfrac{a}{2}\mathrm{ch}\dfrac{\omega}{2}}{\mathrm{ch}\,\omega+\cos a}$

（续）

序号	$f(t)$	$F(\omega)$
39	$\dfrac{1}{\operatorname{ch} at}$	$\dfrac{\pi}{a}\dfrac{1}{\operatorname{ch}\dfrac{\pi\omega}{2a}}$
40	$\sin at^2$	$\sqrt{\dfrac{\pi}{a}}\cos\left(\dfrac{\omega^2}{4a}+\dfrac{\pi}{4}\right)$
41	$\cos at^2$	$\sqrt{\dfrac{\pi}{a}}\cos\left(\dfrac{\omega^2}{4a}-\dfrac{\pi}{4}\right)$
42	$\dfrac{1}{t}\sin at$	$\begin{cases}\pi, & \|\omega\|\leqslant a,\\ 0, & \|\omega\|>a.\end{cases}$
43	$\dfrac{1}{t^2}\sin^2 at$	$\begin{cases}\pi\left(a-\dfrac{\|\omega\|}{2}\right), & \|\omega\|\leqslant 2a,\\ 0, & \|\omega\|>2a.\end{cases}$
44	$\dfrac{\sin at}{\sqrt{\|t\|}}$	$\mathrm{i}\sqrt{\dfrac{\pi}{2}}\left(\dfrac{1}{\sqrt{\|\omega+a\|}}-\dfrac{1}{\sqrt{\|\omega-a\|}}\right)$
45	$\dfrac{\cos at}{\sqrt{\|t\|}}$	$\sqrt{\dfrac{\pi}{2}}\left(\dfrac{1}{\sqrt{\|\omega+a\|}}+\dfrac{1}{\sqrt{\|\omega-a\|}}\right)$
46	$\dfrac{1}{\sqrt{\|t\|}}$	$\sqrt{\dfrac{2\pi}{\|\omega\|}}$
47	$\operatorname{sgn} t$	$\dfrac{2}{\mathrm{i}\omega}$
48	$\mathrm{e}^{-at^2}, \operatorname{Re}(a)>0$	$\sqrt{\dfrac{\pi}{a}}\,\mathrm{e}^{-\frac{\omega^2}{4a}}$
49	$\|t\|$	$-\dfrac{2}{\omega^2}$
50	$\dfrac{1}{\|t\|}$	$\dfrac{\sqrt{2\pi}}{\|\omega\|}$

附录 B 拉普拉斯变换简表

序号	$f(t)$	$F(s)$
1	1	$\dfrac{1}{s}$
2	e^{at}	$\dfrac{1}{s-a}$
3	$t^m\,(m>-1)$	$\dfrac{\Gamma(m+1)}{s^{m+1}}$
4	$t^m\mathrm{e}^{at}\,(m>-1)$	$\dfrac{\Gamma(m+1)}{(s-a)^{m+1}}$
5	$\sin at$	$\dfrac{a}{s^2+a^2}$

（续）

序号	$f(t)$	$F(s)$
6	$\cos at$	$\dfrac{s}{s^2+a^2}$
7	$\text{sh } at$	$\dfrac{a}{s^2-a^2}$
8	$\text{ch } at$	$\dfrac{s}{s^2-a^2}$
9	$t\sin at$	$\dfrac{2as}{(s^2+a^2)^2}$
10	$t\cos at$	$\dfrac{s^2-a^2}{(s^2+a^2)^2}$
11	$t\,\text{sh } at$	$\dfrac{2as}{(s^2-a^2)^2}$
12	$t\,\text{ch } at$	$\dfrac{s^2+a^2}{(s^2-a^2)^2}$
13	$t^m\sin at\,(m>-1)$	$\dfrac{\Gamma(m+1)}{2\mathrm{i}(s^2+a^2)^{m+1}}[(s+a\mathrm{i})^{m+1}-(s-a\mathrm{i})^{m+1}]$
14	$t^m\cos at\,(m>-1)$	$\dfrac{\Gamma(m+1)}{2(s^2+a^2)^{m+1}}[(s+a\mathrm{i})^{m+1}+(s-a\mathrm{i})^{m+1}]$
15	$\mathrm{e}^{-bt}\sin at$	$\dfrac{a}{(s+b)^2+a^2}$
16	$\mathrm{e}^{-bt}\cos at$	$\dfrac{s+b}{(s+b)^2+a^2}$
17	$\mathrm{e}^{-bt}\sin(at+c)$	$\dfrac{(s+b)\sin c+a\cos c}{(s+b)^2+a^2}$
18	$\sin^2 t$	$\dfrac{1}{2}\left(\dfrac{1}{s}-\dfrac{s}{s^2+4}\right)$
19	$\cos^2 t$	$\dfrac{1}{2}\left(\dfrac{1}{s}+\dfrac{s}{s^2+4}\right)$
20	$\sin at\sin bt$	$\dfrac{2abs}{[s^2+(a+b)^2][s^2+(a-b)^2]}$
21	$\mathrm{e}^{at}-\mathrm{e}^{bt}$	$\dfrac{a-b}{(s-a)(s-b)}$
22	$a\mathrm{e}^{at}-b\mathrm{e}^{bt}$	$\dfrac{(a-b)s}{(s-a)(s-b)}$
23	$\dfrac{1}{a}\sin at-\dfrac{1}{b}\sin bt$	$\dfrac{b^2-a^2}{(s^2+a^2)(s^2+b^2)}$
24	$\cos at-\cos bt$	$\dfrac{(b^2-a^2)s}{(s^2+a^2)(s^2+b^2)}$
25	$\dfrac{1}{a^2}(1-\cos at)$	$\dfrac{1}{s(s^2+a^2)}$
26	$\dfrac{1}{a^3}(at-\sin at)$	$\dfrac{1}{s^2(s^2+a^2)}$

（续）

序号	$f(t)$	$F(s)$
27	$\dfrac{1}{a^4}(\cos at-1)+\dfrac{1}{2a^2}t^2$	$\dfrac{1}{s^3(s^2+a^2)}$
28	$\dfrac{1}{a^4}(\operatorname{ch}at-1)-\dfrac{1}{2a^2}t^2$	$\dfrac{1}{s^3(s^2-a^2)}$
29	$\dfrac{1}{2a^3}(\sin at-at\cos at)$	$\dfrac{1}{(s^2+a^2)^2}$
30	$\dfrac{1}{2a}(\sin at+at\cos at)$	$\dfrac{s^2}{(s^2+a^2)^2}$
31	$\dfrac{1}{a^4}(1-\cos at)-\dfrac{1}{2a^3}t\sin at$	$\dfrac{1}{s(s^2+a^2)^2}$
32	$(1-at)\mathrm{e}^{-at}$	$\dfrac{s}{(s+a)^2}$
33	$t\left(1-\dfrac{a}{2}t\right)\mathrm{e}^{-at}$	$\dfrac{s}{(s+a)^3}$
34	$\dfrac{1}{a}(1-\mathrm{e}^{-at})$	$\dfrac{1}{s(s+a)}$
35①	$\dfrac{1}{ab}+\dfrac{1}{b-a}\left(\dfrac{\mathrm{e}^{-bt}}{b}-\dfrac{\mathrm{e}^{-at}}{a}\right)$	$\dfrac{1}{s(s+a)(s+b)}$
36①	$\dfrac{\mathrm{e}^{-at}}{(b-a)(c-a)}+\dfrac{\mathrm{e}^{-bt}}{(a-b)(c-b)}+\dfrac{\mathrm{e}^{-ct}}{(a-c)(b-c)}$	$\dfrac{1}{(s+a)(s+b)(s+c)}$
37①	$\dfrac{a\mathrm{e}^{-at}}{(c-a)(a-b)}+\dfrac{b\mathrm{e}^{-bt}}{(a-b)(b-c)}+\dfrac{c\mathrm{e}^{-ct}}{(b-c)(c-a)}$	$\dfrac{s}{(s+a)(s+b)(s+c)}$
38①	$\dfrac{a^2\mathrm{e}^{-at}}{(c-a)(b-a)}+\dfrac{b^2\mathrm{e}^{-bt}}{(a-b)(c-b)}+\dfrac{c^2\mathrm{e}^{-ct}}{(b-c)(a-c)}$	$\dfrac{s^2}{(s+a)(s+b)(s+c)}$
39①	$\dfrac{\mathrm{e}^{-at}-\mathrm{e}^{-bt}[1-(a-b)t]}{(a-b)^2}$	$\dfrac{1}{(s+a)(s+b)^2}$
40①	$\dfrac{[a-b(a-b)t]\mathrm{e}^{-bt}-a\mathrm{e}^{-at}}{(a-b)^2}$	$\dfrac{s}{(s+a)(s+b)^2}$
41	$\mathrm{e}^{-at}-\mathrm{e}^{\frac{at}{2}}\left(\cos\dfrac{\sqrt{3}at}{2}-\sqrt{3}\sin\dfrac{\sqrt{3}at}{2}\right)$	$\dfrac{3a^2}{s^3+a^3}$
42	$\sin at\operatorname{ch}at-\cos at\operatorname{sh}at$	$\dfrac{4a^3}{s^4+4a^4}$
43	$\dfrac{1}{2a^2}\sin at\operatorname{sh}at$	$\dfrac{s}{s^4+4a^4}$
44	$\dfrac{1}{2a^3}(\operatorname{sh}at-\sin at)$	$\dfrac{1}{s^4-a^4}$
45	$\dfrac{1}{2a^2}(\operatorname{ch}at-\cos at)$	$\dfrac{s}{s^4-a^4}$
46	$\dfrac{1}{\sqrt{\pi t}}$	$\dfrac{1}{\sqrt{s}}$

序号	$f(t)$	$F(s)$
47	$2\sqrt{\dfrac{t}{\pi}}$	$\dfrac{1}{s\sqrt{s}}$
48	$\dfrac{1}{\sqrt{\pi t}}e^{at}(1+2at)$	$\dfrac{s}{(s-a)\sqrt{s-a}}$
49	$\dfrac{1}{2\sqrt{\pi t^3}}(e^{bt}-e^{at})$	$\sqrt{s-a}-\sqrt{s-b}$
50	$\dfrac{1}{\sqrt{\pi t}}\cos 2\sqrt{at}$	$\dfrac{1}{\sqrt{s}}e^{-\frac{a}{s}}$
51	$\dfrac{1}{\sqrt{\pi t}}\mathrm{ch}\,2\sqrt{at}$	$\dfrac{1}{\sqrt{s}}e^{\frac{a}{s}}$
52	$\dfrac{1}{\sqrt{\pi t}}\sin 2\sqrt{at}$	$\dfrac{1}{s\sqrt{s}}e^{-\frac{a}{s}}$
53	$\dfrac{1}{\sqrt{\pi t}}\mathrm{sh}\,2\sqrt{at}$	$\dfrac{1}{s\sqrt{s}}e^{\frac{a}{s}}$
54	$\dfrac{1}{t}(e^{bt}-e^{at})$	$\ln\dfrac{s-a}{s-b}$
55	$\dfrac{2}{t}\mathrm{sh}\,at$	$\ln\dfrac{s+a}{s-a}$
56	$\dfrac{2}{t}(1-\cos at)$	$\ln\dfrac{s^2+a^2}{s^2}$
57	$\dfrac{2}{t}(1-\mathrm{ch}\,at)$	$\ln\dfrac{s^2-a^2}{s^2}$
58	$\dfrac{1}{t}\sin at$	$\arctan\dfrac{a}{s}$
59	$\dfrac{1}{t}(\mathrm{ch}\,at-\cos bt)$	$\ln\sqrt{\dfrac{s^2+b^2}{s^2-a^2}}$
60[②]	$\dfrac{1}{\pi t}\sin(2a\sqrt{t})$	$\mathrm{erf}\left(\dfrac{a}{\sqrt{s}}\right)$
61[②]	$\dfrac{1}{\sqrt{\pi t}}e^{-2a\sqrt{t}}$	$\dfrac{1}{\sqrt{s}}e^{\frac{a^2}{s}}\mathrm{erfc}\left(\dfrac{a}{\sqrt{s}}\right)$
62	$\mathrm{erfc}\left(\dfrac{a}{2\sqrt{t}}\right)$	$\dfrac{1}{s}e^{-a\sqrt{s}}$
63	$\mathrm{erf}\left(\dfrac{t}{2a}\right)$	$\dfrac{1}{s}e^{a^2s^2}\mathrm{erfc}(as)$
64	$\dfrac{1}{\sqrt{\pi t}}e^{-2\sqrt{at}}$	$\dfrac{1}{\sqrt{s}}e^{\frac{a}{s}}\mathrm{erfc}\left(\sqrt{\dfrac{a}{s}}\right)$
65	$\dfrac{1}{\sqrt{\pi(t+a)}}$	$\dfrac{1}{\sqrt{s}}e^{as}\mathrm{erfc}(\sqrt{as})$
66	$\dfrac{1}{\sqrt{a}}\mathrm{erf}(\sqrt{at})$	$\dfrac{1}{s\sqrt{s+a}}$

（续）

序号	$f(t)$	$F(s)$
67	$\dfrac{1}{\sqrt{a}}\mathrm{e}^{at}\mathrm{erf}(\sqrt{at})$	$\dfrac{1}{\sqrt{s}(s-a)}$
68	$u(t)$	$\dfrac{1}{s}$
69	$tu(t)$	$\dfrac{1}{s^2}$
70	$t^m u(t)(m>-1)$	$\dfrac{\Gamma(m+1)}{s^{m+1}}$
71	$\delta(t)$	1
72	$\delta^{(n)}(t)$	s^n
73	$\mathrm{sgn}\,t$	$\dfrac{1}{s}$
74③	$J_0(at)$	$\dfrac{1}{\sqrt{s^2+a^2}}$
75③	$I_0(at)$	$\dfrac{1}{\sqrt{s^2-a^2}}$
76	$J_0(2\sqrt{at})$	$\dfrac{1}{s}\mathrm{e}^{-\frac{a}{s}}$
77	$\mathrm{e}^{-bt}I_0(at)$	$\dfrac{1}{\sqrt{(s+b)^2-a^2}}$
78	$tJ_0(at)$	$\dfrac{s}{(s^2+a^2)^{\frac{3}{2}}}$
79	$tI_0(at)$	$\dfrac{s}{(s^2-a^2)^{\frac{3}{2}}}$
80	$J_0(a\sqrt{t(t+2b)})$	$\dfrac{1}{\sqrt{s^2+a^2}}\mathrm{e}^{b(s-\sqrt{s^2+a^2})}$

① 式中 a,b,c 为不相等的常数.

② $\mathrm{erf}(x)=\dfrac{2}{\sqrt{\pi}}\displaystyle\int_0^x \mathrm{e}^{-t^2}\mathrm{d}t$, 称为误差函数.

$\mathrm{erfc}(x)=1-\mathrm{erf}(x)=\dfrac{2}{\sqrt{\pi}}\displaystyle\int_x^{+\infty}\mathrm{e}^{-t^2}\mathrm{d}t$, 称为余误差函数.

③ $I_n(x)=\mathrm{i}^{-n}J_n(\mathrm{i}x)$, $J_n=\displaystyle\sum_{k=0}^{\infty}\dfrac{(-1)^k}{k!\Gamma(n+k+1)}\left(\dfrac{x}{2}\right)^{n+2k}$ 称为第一类 n 阶贝塞尔(Bessel)函数, I_n 称为第一类 n 阶变形的

贝塞尔函数, 或称为虚宗量的贝塞尔函数.

习题参考答案

第 1 章

1. $\mathrm{Re}(z)=\dfrac{16}{25}$, $\mathrm{Im}(z)=\dfrac{8}{25}$, $z\bar{z}=\dfrac{64}{125}$.

2. $z=2+\mathrm{i}$.

3. (1) $\mathrm{Arg}\, z=\dfrac{2}{3}\pi+2k\pi\,(k\in\mathbf{Z})$, $\arg z=\dfrac{2}{3}\pi$; (2) $\mathrm{Arg}\, z=-\dfrac{3}{4}\pi+2k\pi\,(k\in\mathbf{Z})$, $\arg z=-\dfrac{3}{4}\pi$.

4. (1) $-2=2(\cos\pi+\mathrm{i}\sin\pi)=2\mathrm{e}^{\pi\mathrm{i}}$;

   (2) $\mathrm{i}=\cos\dfrac{\pi}{2}+\mathrm{i}\sin\dfrac{\pi}{2}=\mathrm{e}^{\mathrm{i}\frac{\pi}{2}}$;

   (3) $-1-\sqrt{3}\mathrm{i}=2\left[\cos\left(-\dfrac{2}{3}\pi\right)+\mathrm{i}\sin\left(-\dfrac{2}{3}\pi\right)\right]=2\mathrm{e}^{-\frac{2}{3}\pi\mathrm{i}}$;

   (4) $\mathrm{e}^{1+\mathrm{i}}=\mathrm{e}(\cos 1+\mathrm{i}\sin 1)=\mathrm{e}\mathrm{e}^{\mathrm{i}}$;

   (5) $\dfrac{1-\mathrm{i}}{1+\mathrm{i}}=-\mathrm{i}=\cos\left(-\dfrac{\pi}{2}\right)+\mathrm{i}\sin\left(-\dfrac{\pi}{2}\right)=\mathrm{e}^{\mathrm{i}\left(-\frac{\pi}{2}\right)}$;

   (6) $\sin\alpha+\mathrm{i}\cos\alpha=\cos\left(\dfrac{\pi}{2}-\alpha\right)+\mathrm{i}\sin\left(\dfrac{\pi}{2}-\alpha\right)=\mathrm{e}^{\mathrm{i}\left(\frac{\pi}{2}-\alpha\right)}$;

   (7) $-\sin\dfrac{\pi}{6}-\mathrm{i}\cos\dfrac{\pi}{6}=\cos\left(-\dfrac{2}{3}\pi\right)+\mathrm{i}\sin\left(-\dfrac{2}{3}\pi\right)=\mathrm{e}^{\mathrm{i}\left(-\frac{2}{3}\pi\right)}$;

   (8) $1-\cos\theta+\mathrm{i}\sin\theta=2\sin\dfrac{\theta}{2}\left[\cos\left(\dfrac{\pi}{2}-\dfrac{\theta}{2}\right)+\mathrm{i}\sin\left(\dfrac{\pi}{2}-\dfrac{\theta}{2}\right)\right]=2\sin\dfrac{\theta}{2}\mathrm{e}^{\left(\frac{\pi}{2}-\frac{\theta}{2}\right)\mathrm{i}}$.

5. (1) $-16(\sqrt{3}+\mathrm{i})$;   (2) 16;

   (3) $\sqrt[6]{2}\left(\cos\dfrac{-\dfrac{3\pi}{4}+2k\pi}{3}+\mathrm{i}\sin\dfrac{-\dfrac{3\pi}{4}+2k\pi}{3}\right)$, $k=0,1,2$;

   (4) $\cos\dfrac{\pi+2k\pi}{6}+\mathrm{i}\sin\dfrac{\pi+2k\pi}{6}$, $k=0,1,2,3,4,5$.

6. $n=4k$.

7. $2\left(\cos\dfrac{\pi+2k\pi}{3}+\mathrm{i}\sin\dfrac{\pi+2k\pi}{3}\right)$, $k=0,1,2$.

8. 证明略,几何意义:平行四边形两条对角线长度的平方和等于其四条边长的平方和.

9. 略.

10. $Az\bar{z}+\bar{B}z+B\bar{z}+C=0$,其中 $A=2a$, $B=b+\mathrm{i}c$, $C=2d$.

11. 略.

12. 略.

13. $z=(1-2t)+\mathrm{i}(1-5t)$, $(0\leqslant t\leqslant 1)$.

14. (1) 以 $(0,-1)$ 为圆心,1 为半径的圆周.

（2）$\begin{cases} x>0, \\ y-1>0, \\ x=y-1. \end{cases}$

（3）若 $|a|^2=b$，则 z 的轨迹为一点 $-a$；

若 $|a|^2>b$，则 z 的轨迹为圆，圆心在 $-a$，半径为 $\sqrt{|a|^2-b}$；

若 $|a|^2<b$，无意义.

15. （1）表示负实轴.

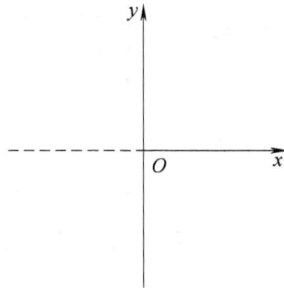

（2）表示直线 $z=\dfrac{1}{2}$.

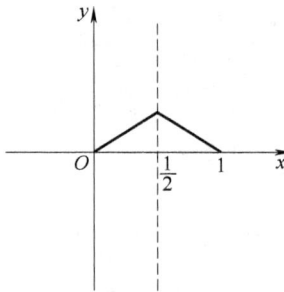

（3）表示以 $-i$ 为圆心，以 1 和 2 为半径的周圆所组成的圆环.

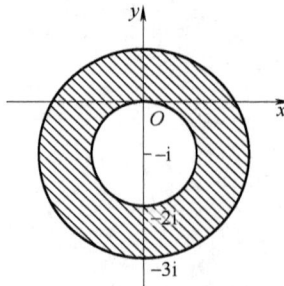

（4）表示直线 $y=x$ 的右下半平面.

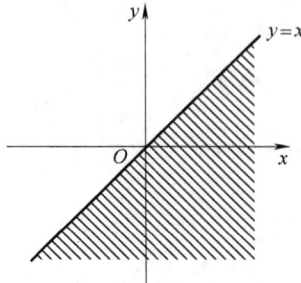

（5）表示圆盘内的一弓形域.

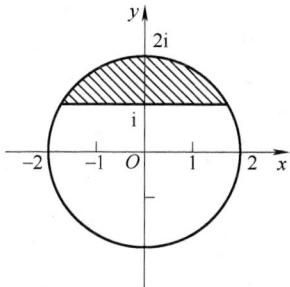

16. $\dfrac{u^2}{\left(\dfrac{5}{2}\right)^2}+\dfrac{v^2}{\left(\dfrac{3}{2}\right)^2}=1$，表示椭圆.

17. （1）以原点为中心，半径为 4 的上半圆.

（2）由直线 $u=1,u=2,v=2,v=4$ 围成的矩形区域.

（3）以原点为焦点，开口向左的抛物线与以原点为焦点，开口向右的抛物线.

18. （1）有界，单连通域.

（2）无界，单连通域.

（3）无界，多连通域.

19. 略.

20. 略.

21. （1）$\dfrac{3}{5}-\dfrac{4}{5}\mathrm{i}$；（2）$-\dfrac{1}{2}$；（3）$0$；（4）$-\dfrac{3}{2}$.

第 2 章

1. 用导数的定义验证.

2. 当 $z\neq0$ 时，导数不存在；当 $z=0$ 时，导数为 0.

3. （1）只在直线 $x=-\dfrac{1}{2}$ 上的点可导；在整个复平面内处处不解析.

（2）在复平面处处可导，处处解析.（3）在复平面处处可导，处处解析.

（4）在复平面处处可导，处处解析.（5）在复平面处处不可导，处处不解析.

（6）在复平面处处不可导，处处不解析.（7）仅在 $z=0$ 点可导，但处处不解析.

（8）仅在 $z=-\mathrm{i}$ 点可导，但处处不解析.

4. （1）在整个复平面内处处解析，且 $\left[(z-1)^5\right]'=5(z-1)^4$.

（2）除 $z=-1,z=\pm\mathrm{i}$ 外可导，且 $f'(z)=\dfrac{-2z^3-7z^2-4z-1}{(z+1)^2(z^2+1)^2}$.

（3）除 $z=0$ 外处处可导，且 $f'(z)=-\dfrac{(1+\mathrm{i})}{z^2}$.

（4）因为 c,d 中至少有一个不为零，则

① 当 $c=0$ 时，函数为 $\dfrac{az+b}{d}$，它在整个复平面内处处解析，且 $\left(\dfrac{az+b}{d}\right)'=\dfrac{a}{d}$；

② 当 $c\neq0$ 时，函数 $\dfrac{az+b}{cz+d}$ 在除去 $z=-\dfrac{d}{c}$ 的复平面内处处解析，且当 $z\neq-\dfrac{d}{c}$ 时

$$\left(\dfrac{az+b}{cz+d}\right)'=\dfrac{ad-bc}{(cz+d)^2}.$$

5. （1）$z=0,\pm i$；（2）$z=-1,\pm i$.

6. $l=-3,m=1,n=-3$.

7. 略.

8. （1）$u(x,y)=-\dfrac{x}{x^2+y^2}+C$；（2）$v(x,y)=-e^x\cos y+C$；（3）$u(x,y)$并非调和函数；

    （4）$v(x,y)=-\arctan\left(\dfrac{x}{y}\right)+C$；（5）$v(x,y)=y^2-x^2+2x-1$；（6）$u(x,y)=\dfrac{1}{2}\ln(x^2+y^2)+C$.

9. （1）$-ei$；（2）$(-1)^k$；（3）$\ln 3+2k\pi i$；（4）$-\dfrac{\pi}{2}i$；（5）$e^{-\left(\frac{\pi}{4}+2k\pi\right)}\left[\cos(\ln\sqrt{2})+i\sin(\ln\sqrt{2})\right],k\in\mathbf{Z}$；

    （6）$27e^{2k\pi}\left[\cos(\ln 3)-i\sin(\ln 3)\right]$；（7）$e^{2k\pi}$；（8）$\dfrac{e^{-1}+e}{2}$.

10. （1）$z=\ln 2+i\left(2k\pi+\dfrac{\pi}{3}\right),k\in\mathbf{Z}$；（2）$z=k\pi-\dfrac{\pi}{4},k\in\mathbf{Z}$；（3）$z=k\pi,k\in\mathbf{Z}$；

    （4）$z=(2k+1)\pi i,k\in\mathbf{Z}$；（5）$z=\left(2k+\dfrac{1}{2}\right)\pi i,k\in\mathbf{Z}$；（6）$z=i,k\in\mathbf{Z}$.

11. 略.

12. 略.

13. 略.

14. $w(z)=\sqrt[3]{r}\left(\cos\dfrac{\theta+2\pi}{3}+i\sin\dfrac{\theta+2\pi}{3}\right)$，其中$r=|z|$，$\theta=\arg z$.

15. $p=\pm 1,f(z)=\begin{cases}e^x(\cos y+i\sin y)+C=e^z+C,&p=1,\\-e^{-x}(\cos y-i\sin y)+C=-e^{-z}+C,&p=-1.\end{cases}$

第3章

1. （1）$-\dfrac{1}{3}-\dfrac{1}{3}i$；（2）$-\dfrac{1}{3}-\dfrac{1}{3}i$.

2. （1）$4\pi i$；（2）$8\pi i$.

3. $-\dfrac{1}{3}+\dfrac{1}{3}i$.

4. 略.

5. 略.

6. （1）0；（2）0；（3）0；（4）0.

7. （1）$\dfrac{1}{2i}(e^{-\pi}-e^{\pi})$；（2）$-\dfrac{1}{3}i$；（3）$-e\sin 1+ie\cos 1$.

8. （1）$2\pi ie^2$；（2）0；（3）$-\pi$；（4）0；（5）$\dfrac{\pi}{3}(e^{-3}-e^3)$；（6）$2\pi i$；（7）$\dfrac{2\pi i}{99!}$；（8）0.

9. （1）0；（2）πi；（3）$-\pi i$；（4）0.

10. 当$r<1$时，$\oint_C\dfrac{1}{(z-i)^n}dz=0$；当$r>1$时，$\oint_C\dfrac{1}{(z-i)^n}dz=\begin{cases}2\pi i,n=1,\\0,\quad n\neq 1.\end{cases}$

11. $f(3-4i)=0$；$f\left(\dfrac{3}{2}i\right)=-2\pi$；$f''(-i)=\dfrac{1}{9}\pi^3(\sqrt{3}+i)$.

12. 略.

第4章

1. （1）发散；（2）收敛，$\lim\limits_{n\to\infty}\alpha_n=-2$；（3）收敛，$\lim\limits_{n\to\infty}\alpha_n=\dfrac{1}{2}$；（4）收敛，$\lim\limits_{n\to\infty}\alpha_n=0$.

2. （1）收敛且绝对收敛；（2）收敛且绝对收敛；（3）发散；（4）收敛且为条件收敛.

3. 略.

4.（1）$R=2$,收敛圆：$|z|=2$;（2）$R=1$,收敛圆：$|z-5|=1$;

（3）$R=0$,仅在 $z=0$ 收敛;（4）$R=+\infty$,处处收敛.

5.（1）$\sum\limits_{n=0}^{\infty}\dfrac{1}{5}\left[(-1)^{n+1}\dfrac{1}{2^{n+1}}-\dfrac{1}{3^{n+1}}\right]z^{n}$,$R=2$;

（2）$\sum\limits_{n=0}^{\infty}\dfrac{(-1)^{n}}{2n+1}z^{2n+1}$,$R=1$;（3）$\sum\limits_{n=1}^{\infty}\dfrac{(-1)^{n+1}2^{2n-1}}{(2n)!}z^{2n}$,$R=+\infty$;

（4）$\sum\limits_{n=0}^{\infty}\dfrac{(-1)^{n}\cos 1}{(2n)!}(z-1)^{2n}-\sum\limits_{n=0}^{\infty}\dfrac{(-1)^{n}\sin 1}{(2n+1)!}(z-1)^{2n+1}$,$R=+\infty$.

6.（1）$-\sum\limits_{n=0}^{\infty}\dfrac{2^{n}}{z^{n}}-\sum\limits_{n=1}^{\infty}\dfrac{z^{n}}{3^{n}}$;（2）$\sum\limits_{n=1}^{\infty}\dfrac{3^{n}-2^{n}}{z^{n}}$;

（3）$\dfrac{-2}{z-2}-3\sum\limits_{n=0}^{\infty}(z-2)^{n}$;（4）$\dfrac{1}{z-3}+2\sum\limits_{n=2}^{\infty}(-1)^{n}\dfrac{1}{(z-3)^{n}}$.

7.（1）$\sum\limits_{n=0}^{\infty}\dfrac{1}{n!}\dfrac{1}{z^{n-2}}$;（2）$\sum\limits_{n=1}^{\infty}nz^{n-2}$;

（3）$\sum\limits_{n=0}^{\infty}-\dfrac{1}{2^{n+1}}(z-1)^{n-1}$,$\sum\limits_{n=0}^{\infty}(-1)^{n}2^{n}\dfrac{1}{(z-3)^{n+2}}$;

（4）$\sum\limits_{n=0}^{\infty}\dfrac{(-1)^{n+1}}{(2n+1)!}\dfrac{1}{(z-1)^{2n}}+\sum\limits_{n=0}^{\infty}\dfrac{(-1)^{n+1}}{(2n+1)!}\dfrac{1}{(z-1)^{2n+1}}$.

8.（1）$\dfrac{\pi i}{2}$;（2）0;（3）$2\pi i$.

第 5 章

1.（1）$z=0$ 是一级极点,$z=\pm i$ 是一级极点.（2）$z=1$ 是可去奇点,$z=2$ 是一级极点.（3）$z=1$ 是本性奇点.

2.（1）如果 $z=a$ 是奇点,则 $f(z)g(z)$ 在 $z=a$ 处是 $m+n$ 级极点.如果 $z=a$ 是零点,则 $f(z)g(z)$ 在 $z=a$ 是 $m+n$ 级零点.

（2）如果 $z=a$ 是奇点,则 $f(z)+g(z)$ 在 $z=a$ 处是 $\max\{m,n\}$ 级极点.如果 $z=a$ 是零点,则 $f(z)+g(z)$ 在 $z=a$ 处是 $\min\{m,n\}$ 级零点.

3.（1）$\mathrm{Res}[f,0]=C_{-1}=\dfrac{1}{n!}$;

（2）$\mathrm{Res}\left[\dfrac{1}{z^{3}-z^{5}},0\right]=C_{-1}=1$,$\mathrm{Res}\left[\dfrac{1}{z^{3}-z^{5}},1\right]=-\dfrac{1}{2}$,$\mathrm{Res}\left[\dfrac{1}{z^{3}-z^{5}},-1\right]=-\dfrac{1}{2}$;

（3）$\mathrm{Res}\left[\sin\dfrac{z}{z+1},-1\right]=C_{-1}=-\cos 1$.

4.$z=\pm i$ 为 $f(z)$ 的二级极点,$z_{k}=i(2k+1)\quad(k=1,\pm 2,\cdots)$ 为 $f(z)$ 的二级极点.

5.（1）$\pi i(e+e^{-1})$;（2）$-2\pi\dfrac{1}{\sqrt{a^{2}-1}}$;

（3）$(-1)^{n}\dfrac{n(n+1)\cdots(2n-2)}{(n-1)!}\dfrac{2\pi i}{(b-a)^{2n-1}}$.

6.$-4n i$.

7.（1）$\mathrm{Res}(f,z_{k}=2k\pi i)=-1$;

（2）$\mathrm{Res}(f,0)=\dfrac{1}{6}$,$\mathrm{Res}(f,\infty)=-\dfrac{1}{6}$;

（3）$\mathrm{Res}(f,-1)=2\sin 2$,$\mathrm{Res}(f,\infty)=-2\sin 2$;

（4）$\mathrm{Res}(f,0)=0$,$\mathrm{Res}(f,\infty)=0$;

（5）$\mathrm{Res}(f,0)=0$,$\mathrm{Res}(f,\infty)=0$.

8. (1) $\dfrac{\pi}{2\sqrt{3}}$;(2) $\dfrac{\pi}{ab(a+b)}$;(3) $\dfrac{2\pi}{1-p^2}$;(4) $\dfrac{\pi}{3(2^m)}$;(5) $\dfrac{\pi}{2\mathrm{e}}$;(6) $\dfrac{\pi}{2\mathrm{e}}$.

9. 4 个根.

10. 略.

11. 5 个.

12. 略.

第 6 章

1. (1) 在点 $z_1=-\dfrac{1}{4}$ 处函数 $w=z^3$ 所构成的映射的伸缩率为 $\dfrac{3}{16}$,旋转角为 0.

在点 $z_2=\sqrt{3}-\mathrm{i}$ 处函数 $w=z^3$ 所构成的映射的伸缩率为 12,旋转角为 $-\dfrac{\pi}{3}$.

(2) 在点 $z_1=\dfrac{\pi}{2}\mathrm{i}$ 处函数 $w=\mathrm{e}^z$ 所构成的映射的伸缩率为 1,旋转角为 $\dfrac{\pi}{2}$.

在点 $z_2=2-\pi\mathrm{i}$ 处函数 $w=\mathrm{e}^z$ 所构成的映射的伸缩率为 e^2,旋转角为 π.

(3) 在任意点处伸缩率为 2,任意点处旋转角为 $\dfrac{\pi}{3}$.

2. (1) 函数 $f(z)=z\mathrm{i}+2\mathrm{i}$ 由 $w_1=\mathrm{i}z$,$w=w_1+2\mathrm{i}$ 复合而成.该映射将区域 $\mathrm{Re}(z)>0$ 映射成区域 $\mathrm{Im}(z)>2$,如下图所示:

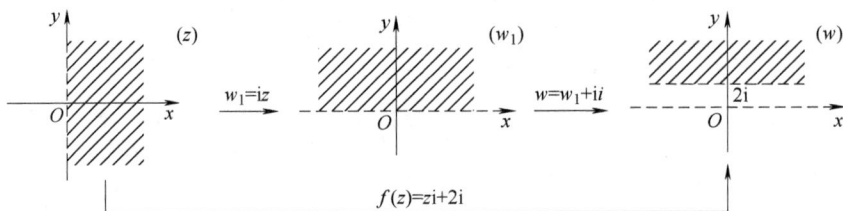

(2) 函数 $f(z)$ 是由 $w_1=-(1+\mathrm{i})z$ 和 $w=w_1+1$ 复合而成,该映射将指定区域映射成如下图所示区域:

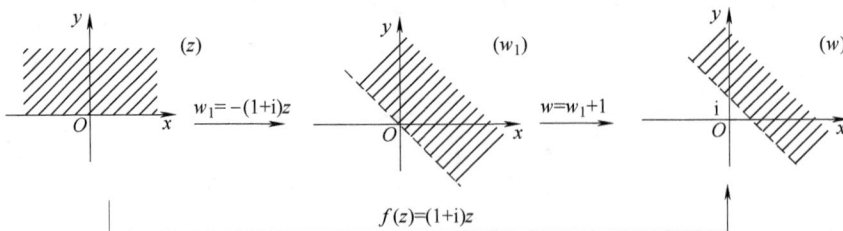

(3) 函数 $f(z)=\dfrac{\mathrm{i}+z}{z}=\dfrac{\mathrm{i}}{z}+1$ 是由 $w_1=\dfrac{1}{z}$,$w_2=\mathrm{i}w_1$,$w=w_2+1$ 复合而成

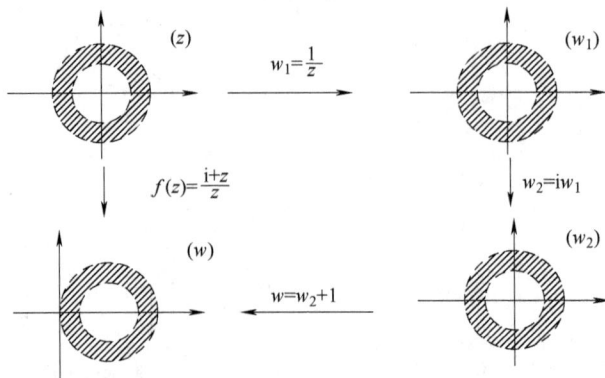

3. $f(z)=2z\mathrm{i}+\mathrm{i}$.

4. （1）$w=\dfrac{2(z+1)}{4iz-5-i}$；（2）$w=\dfrac{z+1+(i-1)z+2}{(1+i)z-2i+z+1}=\dfrac{iz+3}{(2+i)(z-i)}$.

5. $w=\dfrac{(i+1)(z-i)}{(1-3i)z+(1+3i)}$.

6. （1）$w=w_0+Ri\dfrac{z-i}{z+i}$；（2）$w=\dfrac{z+a}{1+\bar{a}z}$；（3）$w=\alpha\dfrac{z-1}{z+1}(\alpha<0)$；（4）$w=\dfrac{1-z}{z+2}$.

7. $w=\dfrac{1+iz}{z+i}$.

8. $w=-\left(\dfrac{z+\sqrt{3}}{z-\sqrt{3}}\right)^3$.

9. $w=a+\sqrt{(z-a)^2+h^2}$.

10. 略.

11. $w=\dfrac{8+4iz}{-z+2+4i}$.

12. $w=e^{2\pi i\frac{z}{z-2}}$.

13. $w=e^{2\pi i\frac{z}{z-4}}$.

14. $w=\dfrac{e^{2iz}-e^{-2iz}}{2i}=\sin 2z$.

15. $w=\dfrac{1}{2}\left(z+\dfrac{1}{z}\right)$.

第 7 章

1. $f(t)=\displaystyle\sum_{n=-\infty}^{+\infty}\dfrac{\dfrac{240}{\pi}}{225-1036n^2+560n^4-64n^6}e^{int}$.

2. $f(t)=\displaystyle\sum_{n=-\infty}^{+\infty}\dfrac{E}{n\pi}\sin\dfrac{n\pi\tau}{T}e^{in\omega_0 t}$.

3. $f(t)=|\sin t|$ 的离散频谱为 $c_n=\dfrac{-2}{(4n^2-1)\pi}$，它的傅里叶级数的复指数形式为 $f(t)=-\dfrac{2}{\pi}\displaystyle\sum_{n=-\infty}^{+\infty}\dfrac{1}{4n^2-1}e^{in\omega_0 t}$.

4. （1）$\dfrac{2b}{b^2+\omega^2}$；（2）$\dfrac{4}{\omega^3}(\sin\omega-\omega\cos\omega)$.

5. $\dfrac{2A}{\omega}e^{-\frac{i\omega T}{2}}\sin\dfrac{\omega T}{2}$.

6. $2\pi e^{-2|\omega|}$.

7. $\mathscr{F}[f(t)]=\dfrac{-4+2i\omega}{(3-\omega^2)+4i\omega}$.

8. 略.

9. $x(t)=\mathscr{F}^{-1}\left[\dfrac{H(\omega)}{ai\omega+b+\dfrac{c}{i\omega}}\right]$.

10. 略.

11. 略.

12. $\mathscr{F}[f(t)]=\dfrac{i\omega}{\omega_0^2-\omega^2}+\dfrac{\pi}{2}[\delta(\omega-\omega_0)+\delta(\omega+\omega_0)]$.

13. $\mathscr{F}[f(t)] = \dfrac{\omega_0}{(\beta+i\omega)^2+\omega_0^2}$.

14. $f(t) * g(t) = \begin{cases} 1-e^{-t}, & t \geqslant 0, \\ 0, & t < 0. \end{cases}$

15. $12e^{-5i\omega}\dfrac{\sin 2\omega}{\omega}$.

16. $i\pi[\delta(\omega+\omega_0)-\delta(\omega-\omega_0)]$.

第 8 章

1. (1) $\dfrac{s^2+2}{s(s^2+4)}$; (2) $\dfrac{3}{s}(1-e^{-\frac{\pi}{2}s})-\dfrac{1}{s^2+1}e^{-\frac{\pi}{2}s}$; (3) $\dfrac{1}{s}(3-4e^{-2s}+e^{-4s})$; (4) $\dfrac{1}{s^2+4}$.

2. (1) $\dfrac{1}{4}e^{3t}-\dfrac{1}{4}e^{-t}$; (2) $\dfrac{1}{b^2-a^2}(\cos at-\cos bt)$; (3) $e^{-2t}\left(2\cos 3t+\dfrac{1}{3}\sin 3t\right)$;

   (4) $\dfrac{1}{54}e^{-2t}(\sin 3t-3t\cos 3t)$; (5) $t-\sin t$.

3. (1) $\dfrac{\pi}{2}-\arctan\dfrac{s}{k}$; (2) $\dfrac{2(3s^2+12s-13)}{s^2[(s+3)^2+4]^2}$; (3) $\dfrac{1}{s}\left(\dfrac{\pi}{2}-\arctan\dfrac{s+3}{2}\right)$.

4. (1) $\dfrac{1}{2}\ln 2$; (2) $\dfrac{1}{9}$.

5. (1) $e^{-\frac{\pi}{2}s}\dfrac{1}{s^2+1}$; (2) $\begin{cases} e^{t-1}, & t \geqslant 1, \\ 0, & t < 1. \end{cases}$

6. (1) $\dfrac{1}{6}t^3$; (2) $\dfrac{1}{2}\sin t-\dfrac{t}{2}\cos t$.

7. (1) $\dfrac{1}{a}\sin at$; (2) $\dfrac{e^t-e^{-3t}}{4}$; (3) $\dfrac{\cos t-\cos 2t}{3}$.

8. (1) $\dfrac{1}{2}t^2e^t$; (2) $\sin t$; (3) t^3e^{-t}; (4) e^t+1.

9. (1) $x(t)=y(t)=e^t$; (2) $x(t)=-\dfrac{3}{2}e^t+2t, y(t)=-\dfrac{1}{2}e^t-\dfrac{1}{2}t^2+\dfrac{3}{2}$.

10. $f(t)=a\left(t+\dfrac{1}{b}t^3\right)$.